GEMÜSE

IN GARTEN UND NATUR

GEMÜSE

IN GARTEN UND NATUR

von

ROGER PHILLIPS & MARTYN RIX

mit Unterstützung von James Compton und Alison Rix
Layout von Jill Bryan, Gillian Stokoe und Lucy Su

Aus dem Englischen
von Ilse und Peter Menzel

Dank

Wir möchten Mike Day und den Mitarbeitern des National Institute of Agricultural Botany Cambridge für ihre Hilfe bei der Durchsicht der Texte und für viele Exemplare danken. Ebenso auch Colin Martin für die zahlreichen Exemplare aus dem Muster-Gemüsegarten in Wisley im Schaugarten der Royal Horticultural Society. Dank gebührt auch James Compton für seine Hilfe bei den *Cucurbitaceae* und Anthony Rix für die vielen Bilder und Pflanzen aus Malawi und der dortigen Chinesischen Landwirtschaftlichen Versuchsstation. Dies gilt auch für Sam Phillips und seine in Bolivien gemachten Aufnahmen wie auch für Leslie Land für sein Material und die Bilder aus Cushing, Maine, sowie Peter Maine für die Muster alter Kartoffelsorten und Herrn und Frau Carvallo von Villandry für die Erlaubnis, dort zu fotografieren.

Nachfolgend seien die genannt, die uns dadurch halfen, daß wir in ihren Gärten fotografieren durften oder die uns auf andere Weise unterstützten: Roger Holland, George Fuller, Bill Chowings, Alan und Carolyn Hardy, Harry Hay, Jacqui Hurst, Andrew Paterson, Ted Rix, Charles und Brigid Quest-Ritson, Gill Stokoe, Anne Thatcher, Rosemary Verey.

Titel der Originalausgabe:
Vegetables
Originalverlag: Pan Books Ltd, London

Umbruch: H. Kloos, München
Printed in Singapur
ISBN 3-426-26809-4

Inhaltsverzeichnis

Der Gemüsegarten in Barnsley House

EINLEITUNG

In diesem Buch bilden wir 650 verschiedene Gemüse ab. Wir haben uns auf die Gemüsearten konzentriert, die für gemäßigte Klimabereiche geeignet sind, aber auch einige mit einbezogen, die in Gegenden mit kühlen Sommern, wie z.B. auf den Britischen Inseln, in Nordeuropa oder im äußersten Nordosten Nordamerikas, im Gewächshaus angebaut werden können. Ebenso haben wir eine Reihe von chinesischen Gemüsen einbezogen, da deren Anbau und Verwendung in der Küche in Nordamerika und Nordeuropa mehr und mehr populär wird. Nicht einbezogen haben wir Getreide wie Weizen oder Gerste oder Ölfrüchte, wie Raps, da sie meist feldmäßig und nicht im Garten angebaut werden.

Die Aufnahmen

Bei Pflanzenaufnahmen im Garten oder in der freien Natur ist es nützlich, mit einem Stativ zu arbeiten, damit auf diese Weise durch die Wahl einer kleineren Blendenöffnung und einer langsameren Verschlußzeit größere Tiefenschärfe erreicht wird. Normalerweise ist dafür eine $^{5}/_{10}$-Sekunde am besten geeignet, obwohl der Wind manchmal $^{1}/_{30}$- oder gar $^{1}/_{60}$-Sekunde erfordert. Bei sehr guten Lichtverhältnissen kann man auch mit $^{1}/_{60}$-Sekunde aus der Hand fotografieren. Die Studioaufnahmen wurden mit einer Hasselblad 500 C/M mit Normalobjektiv und einem Blitzlicht als Lichtquelle gemacht. Die Freilandaufnahmen erfolgten bei natürlichem Licht mit einer Nikon FM. Der Film war in beiden Fällen Ektachrome 64, wobei die Filme von Freilandaufnahmen um eine Stufe tiefer gepuscht wurden. Jede Aufnahme wurde mit mehreren Belichtungszeiten gemacht; eine so, wie sie der Belichtungsmesser der Kamera anzeigte, und die anderen mit 1/2 oder 1 über oder unter dem angezeigten Wert. Bei Kameras mit Belichtungsautomatik kann man den gleichen Effekt dadurch erreichen, daß man die Verschlußzeit variiert.

Die botanische Ordnung

Die Gemüse sind in Familien zusammengefaßt. Sie stehen in der üblichen botanischen Reihenfolge, die mit den *Cruciferae* (oft auch *Brassicaceae* genannt) beginnt, zu denen Kohl, Wasserrüben und Rettiche gehören, und mit den Einkeimblättrigen endet, zu denen die Zwiebel und die eßbaren Gräser, wie z.B. der Mais, gehören. Das ist die gleiche Anordnung, die wir auch in unserem Buch über Stauden verwendet haben, obwohl dort noch eine Einteilung nach Blütezeit hinzukam.

Die Pflanzenfamilien mit Gemüsearten

Nachfolgend werden die Pflanzenfamilien, zu denen Gemüsearten gehören, in alphabetischer Reihenfolge aufgeführt und die Teile der Pflanzen benannt, die natürlicherweise oder durch Entwicklung als Gemüse genutzt werden. Wie sich zeigt, sind die Chinesen besonders innovativ und geschickt gewesen, durch Selektion aus der gleichen Art unterschiedliche Gemüse zu entwickeln. Die Europäer waren dabei weniger kreativ und haben eine solche Entwicklung nur bei der wilden Bete und dem Kohl erreicht, bei denen viele unterschiedliche Gemüse aus der gleichen Stammart entstanden.

Wichtige Gemüsefamilien

Alliaceae (S. 240) Zwiebeln, Knoblauch, Porree und Schnittlauch gehören zu dieser Familie. Von den meisten Arten werden die Zwiebeln verzehrt, bei Lauch und Frühlingszwiebeln der verlängerte Stengelgrund. Die Chinesen essen die gebleichten Blütentriebe von Knoblauch und Schnittlauch. Der charakteristische Zwiebel- und Knoblauchgeruch beruht auf Lauchölen, die in der ganzen Gattung *Allium* und anderen Gattungen der *Alliaceae*, wie z.B. auch in *Tulbaghia*, verbreitet sind.
Chenopodiaceae (S. 70) Spinat und Blattbete sind die verbreitetsten Grüngemüse dieser Familie. Aus der Wildbete wurden auch die Zuckerrübe und die Rote Rübe entwickelt, von denen der verdickte Stengelgrund verzehrt wird. Bei Mangold sind die Blattstengel vergrößert und sukkulent. Zu den selteneren Gemüsen dieser Familie gehören Guter Heinrich und Gartenmelde. Viele dieser Blattgemüse und insbesondere Spinat haben einen sehr hohen Vitamin- und Mineralstoffgehalt und sollten so gekocht werden, daß das Wasser vom Gemüse am Ende des Kochvorganges aufgenommen ist, damit die Inhaltsstoffe nicht weggeschüttet werden.
Compositae (S. 202) Die Familie der Korbblüter enthält so unterschiedliche Gemüse wie Topinambur mit seinen kartoffelähnlichen Knollen und auch die Artischocke, deren distelähnliche Blütenköpfe verzehrt werden, oder den Chicorée, bei dem es um die gebleichten Blätter geht, oder gar den Salat. Die immer erfindungsreichen Chinesen haben den Spargelsalat entwickelt, bei dem die verdickten Stengel gegessen werden, und in Frankreich wird der Löwenzahn als Salatgemüse angebaut. Er gleicht unserem wilden Löwenzahn, ist aber blattreicher und schmeckt weniger bitter. Sonnenblumen werden wegen ihrer großen eßbaren Kerne angebaut. Die Knollen von Topinambur (und die des selteneren Andengemüses Yacon) enthalten Inulin anstelle der sonst verbreiteten Stärke und des Zukkers und eignen sich deshalb für Diabetiker oder als Kartoffelersatz.
Cruciferae (S. 18) Die Kreuzblütlerfamilie enthält eine ganze Reihe von in Europa und China entwickelten Gemüsen. Bei den meisten sind es die Blätter (Kohl), der Blütenstand (Blumenkohl) oder die verdickten Wurzeln (Rettich), die verzehrt werden. Es gibt aber auch in Mittelasien einen Rettich, dessen Schoten eßbar sind. In Europa wird der Raps wegen seiner ölhaltigen Samen angebaut. Aus dieser Art entstand bei uns die Wasserrübe, in China aber eine ganze Reihe von unterschiedlichen Blattgemüsen.
Cucurbitaceae (S. 174) Kürbisse, Zucchini und Gurken gehören zu dieser Familie. Sie stammen aus den amerikanischen Tropen. Als Gemüse dienen oft auch die unreifen Früchte und die Samen. Die großen Kürbisblüten sind ebenfalls eßbar – wenn auch nicht nahrhaft. Die stärkereichen Wurzelknollen der mexikanischen Chayote sind gekocht ebenfalls eßbar. Eine afrikanisch/tropische Kürbisverwandte *Telfairia pedata (Sm. ex Sims.) Hock.* wird hauptsächlich wegen ihrer eßbaren Samen angebaut.

Gemüseterrassen auf Madeira

Lathyrus sativus, ein früher genutztes Gemüse

Gramineae (S. 238) Die Familie der Gräser enthält die Hauptnahrungsmittel aller entwickelten Zivilisationen: Weizen, Mais und Reis. Wenige Ausnahmen, wie z.B. verschiedene Maissorten, werden davon frisch als Gemüse verzehrt. Die geschwollenen Blattgrundbereiche zweier Gräser werden in Ostasien gegessen. Das Zitronengras *Cymbopogon citratus (DC) Stapf.* wird feingeschnitten zum Würzen benutzt, und von *Zizania aquatica L.*, dem wilden Reis, wird der Blattgrund gegessen, wenn er durch Infektion eines Pilzes verdickt ist. Von der gleichen Art wird das Korn von den nordamerikanischen Indianern gesammelt. Bambussprossen werden verbreitet in China gegessen, und zwar nicht nur die jungen Triebe des tropischen Riesenbambus *Dendrocalamus latiflorus*, sondern auch die dünneren Triebe von *Phyllostachys*-Arten aus gemäßigten Klimabereichen.
Labiatae (S. 172) Obwohl reich an Arten, die als Kräuter zum Würzen genutzt werden, wie Thymian, Minze, Salbei und Oregano, hat die Lippenblütlerfamilie wenige Gemüse hervorgebracht. Eßbare knollige Wurzeln finden wir bei Arten der Gattung Ziest, so z.B. *Stachys affinis Bunge*, den Knollenziest, oder auch in der afrikanischen Gattung *Plectranthus*.
Leguminosae (S. 82) Die meisten der eßbaren Leguminosen tragen Hülsen mit großen Samen, die roh giftig sein können. Bei einigen Arten, wie z.B. der Schwertzuckererbse und den Gartenbohnen, sind die jungen Hülsen eßbar. In China werden Erbsen und Luzerne auch wegen ihrer jungen beblätterten Triebe zum Verzehr angebaut. Eine Reihe von Arten tragen auch eßbare Wurzelknollen, so wie die weitverbreitete nordamerikanische Erdbirne *Apios americana Medik.* und die mexikanische Yamsbohne *Pachyrrhizus erosus (L.) Urban*, deren Wurzel einer Stoppelrübe gleicht. Die Verwendung der Keimlinge von Bohnen und Erbsen hat in China Tradition und ergibt auf diese Weise große Vitaminmengen, die in den trockenen Samen nicht enthalten sind. Keimsprossen kann man roh oder kurz gedünstet verzehren, während man Trockenbohnen bis zum Garwerden ausreichend kochen muß, um die giftigen Alkaloide in ihnen zu zerstören.
Solanaceae (S. 134) Zur Nachtschattenfamilie gehören eine ganze Reihe bedeutender Gemüse, die fast alle in Mittel- und Südamerika entwickelt wurden. Kartoffeln, Tomaten und Paprika waren alle in Europa und Asien unbekannt, bis die Spanier Ende des 15. Jahrhunderts Samen aus Mexiko und Kolumbien mitbrachten. Manche davon betrachtete man mit beträchtlichem Argwohn, da die europäischen Vertreter der Nachtschattenfamilie meist sehr giftig waren. Die einzige eßbare *Solanum*-Art, die von außerhalb Amerikas stammt, ist die Aubergine, die wahrscheinlich aus Indien stammt. Kartoffeln sind selbst gekocht reich an Vitaminen, und dabei besonders an Vitamin C und Niacin.
Umbelliferae (S. 114) Aus der Doldenblütler-Familie wurden eßbare Wurzeln, fleischige Blattstengel, wie bei Sellerie und Knollenfenchel, und verdickte Stengelgrundbereiche, wie bei Knollensellerie, entwickelt. Sowohl Petersilie wie auch Blattsellerie liefern eßbare aromatische Blätter für Salate. Möhren sind altvertraut und eine reiche Vitamin-A-Quelle.

Weniger bedeutsame Pflanzenfamilien, die jeweils nur ein oder zwei Gemüse enthalten und in kleineren Mengen angebaut werden, sind nachfolgend genannt: Die wichtigsten sind die *Araceae, Convolvulaceae* und *Dioscoreaceae.*
Aizoaceae – Neuseeländischer Spinat
Alismataceae – Pfeilkrautknollen
Amaranthaceae – Chinesischer Spinat
Araceae – Karo, Elefantenfuß-Yams
Basellaceae – Ulluco, Malabarspinat
Convolvulaceae – Süßkartoffel, Wasserspinat
Cyperaceae – Wasserkastanie
Dioscoreaceae – Yams
Liliaceae – Lilienzwiebeln
Malvaceae – Okra, Malve
Nymphaeaceae – Lotoswurzeln
Oxalidaceae – Oca
Tropaeolaceae – Anu
Valerianaceae – Feldsalat
Zingiberaceae – Ingwer, Turmeric

Gemüsegeschichte

Ein heutiger Gemüsegarten enthält Pflanzen, die von verschiedenen Kontinenten aus aller Welt stammen. Manche davon werden schon seit Tausenden von Jahren kultiviert, andere wurden erst kürzlich entwickelt. In der frühen Menschheitsgeschichte waren die Jäger und Sammler oft sehr hungrig und nutzten auf ihrer Suche nach Nahrung jede ungiftige Wildpflanze. Nur wenige wurden in Kultur genommen, als der Mensch seßhaft wurde. Und nur wenige Arten entwickelten sich zu wirtschaftlich bedeutenden Gemüsearten, die auch heute noch in größerem Umfang ange-

Ein Riesenaronstab *Amorphophallus* in einem Garten auf dem Berg Omei

baut werden. Der Mensch hat die Gemüse nicht nur über die ganze Welt verbreitet, sondern auch Sorten gezüchtet, die Klimaten angepaßt sind, die weit von ihrem ursprünglichen Vorkommen entfernt liegen. Gemüsearten wie die Tomaten, die aus den Tropen stammen, können heute viel weiter nördlich angebaut werden, und frostharte Sorten anderer Gemüse, wie z.B. der Kartoffeln, sind eines der Ziele moderner Pflanzenzüchtung.

Unsere Kenntnis über die Nahrungspflanzen der frühen Menschheit stammt aus der Archäologie, aus früher Kunst und der Literatur. Viele Gemüsearten halten sich in der Erde aufgrund ihrer weichen und fleischigen Konsistenz nur wenige Monate. Samen aber, besonders dann, wenn sie verkohlt sind, findet man oft bei archäologischen Ausgrabungen und erhält durch sie die wichtigsten Informationen über viele heute angebaute Gemüsearten.

Nordeuropa Sehr wenige der heute hier angebauten Gemüse stammen aus Nordwesteuropa. Man kann sich die ersten Bewohner Großbritanniens sehr leicht vorstellen, wie sie irgendwo an der Küste lebten und ihre Nahrung aus Schellfisch und Fleisch mit Seemangold, Queller oder den jungen Trieben von Meerkohl abwechslungsreicher gestalteten und vielleicht dazwischen zur Abwechslung auch noch ein oder zwei Mundvoll wilden Sellerie oder Blätter der wilden Möhre verzehrten. Während sie Eier der Seevögel sammelten, stießen sie auf den Wildkohl und den Queller mit seinen fleischigen, aromatischen Blättern. Einer der beeindrukkendsten Nachweise des früheren Gemüseverzehrs in Nordeuropa ist der Mageninhalt von menschlichen Körpern, die in Mooren in Dänemark gefunden wurden und aus der Eisenzeit, etwa dem 4. Jahrhundert vor Christus, stammen. Die zwei berühmtesten sind der Tollundmann und der Graubollemann. Kurz bevor er umgebracht wurde, hat der Tollundmann eine große Vielfalt von Samen gegessen, zu denen auch 6reihige Gerste, *Polygonum, Camelina, Chenopodium* und *Spergula* gehörten. Der Graubollemann hat 64 Arten verzehrt, zu denen Emmer, Spelt, Hafer, *Polygonum lapathifolium L., Rumex acetosella L., Chenopodium* und *Plantago* gehörten. Man kann nur darüber rätseln, ob solch eine vielfältige Nahrung üblich war oder ob sie Teil eines Rituals war, bei dem der Umgebrachte eine Vielfalt von Samen mit in die Unterwelt nahm, sei es als Opfer oder als Dank für eine gute Ernte. *Spergula arvensis L.*, der Ackermeier oder Ackerspörgel, den wir heute als Unkraut in Getreidefeldern finden, wurde noch bis in dieses Jahrhundert hinein auf den Shetland-Inseln angebaut, und zwar in seiner großsamigen Form *var. sativa*, die man Mealplant, d. h. Schrotmehlpflanze, nannte. *Camelina*, der Leindotter, wurde noch bis vor kurzem wegen seiner ölreichen eßbaren Samen angebaut. *Spergula arvensis, Polygonum lapathifolium* und *Rumex acetosella* sind für ihre Toleranz gegenüber sauren Böden und kaltem Wetter bekannt und waren deshalb in der Eisenzeit in Nordwesteuropa besonders wertvoll. Weizen, Hafer und Gerste, die aus dem westlichen Asien stammen, wuchsen damals in Nordeuropa nicht so gut, wie sie dies heutzutage tun.

Mittelmeergebiet, Mittlerer Osten, Ägypten und Zentralasien Die frühesten archäologischen Nachweise von Feldfruchtanbau fand man im sogenannten fruchtbaren Halbmond, der sich vom heutigen Irak und Syrien bis Ägypten erstreckt. Die ersten Städte gründeten sich dort auf die Landwirtschaft, die die ursprünglichen Weizenformen Emmer und Einkorn wie auch Gerste, Flachs, Erbsen und Linsen anbaute. Die frühesten Nachweise von Linsen stammen aus dem Jahr 8000 v. Christus aus Jericho. Die frühesten Erbsen sind 1000 Jahre jünger und wurden in Jarmo in Irak gefunden. Ein verbreitetes Gemüse dieser Zeit war die Saatplatterbse *Lathyrus sativus L.*, die in trockenen Gebieten als Futterpflanze besonders wertvoll war wie auch als Erbsenersatz, wenn Dürrezeiten eintraten. Die Samen sind, wenn sie in Mengen verzehrt werden, leicht giftig.

Alle diese Samen hielten sich verkohlt bis heute. Sie sind kleiner als die heute angebauten Sorten, jedoch ist anzunehmen, daß sie angebaut und nicht wild gesammelt wurden.

Bei Zwiebeln und Möhren glaubt man, daß sie weiter aus dem Osten, aus Afghanistan oder Zentralasien stammen. Der Nachweis für den Anbau von Zwiebeln, Knoblauch und schwarzen Rettichen geht in Ägypten auf 3200 v. Christus zurück. Als die Israeliten sich um 1500 v. Christus nach ihrem Auszug aus Ägypten in der Wüste von Manna ernährten, bedauerten sie, die guten Dinge, die sie hatten, zurücklassen zu müssen, und nannten dabei auch Gurken, Melonen, Porree, Zwiebeln und Knoblauch. Von den Griechen und Römern haben wir genügend schriftliche Nachweise über die Gemüsevielfalt, die bei ihnen angebaut wurde. Die Römer kultivierten und schätzten Delikatessen wie Spargel und Artischocken und haben wahrscheinlich Kopfkohl, Blumenkohl, dickstämmigen Kohl und Brokkoli entwickelt.

Die angebauten Möhren wurden von den Arabern im 10. Jahrhundert aus dem Osten, und zwar wahrscheinlich aus Afghanistan zu uns gebracht. Sie waren ursprünglich weiß oder durch den Farbstoff Anthocyan dunkelrot, so wie sie es heute noch in Teilen von Pakistan sind. Orangefarbene Möhren mit dem Farbstoff Karotin tauchten im 16. Jahrhundert zuerst in Holland auf.

Ein Gemüsehändler auf einem See in Kaschmir, Indien

Nordamerika Wenige angebaute Gemüsearten stammen aus Nordamerika, und diese wenigen werden von den bedeutenden Gemüsearten überschattet, die bei der Ankunft der Europäer in Amerika schon in Mexiko und in den Anden kultiviert wurden. Topinambur wurde wahrscheinlich von den Indianern angebaut, als Samuel Chaplin aus Nausett Harbour, Massachusetts, erstmals 1605 darüber berichtet. Weder die Erdbirne *Apios americana Medik.* wurde zu einem Gemüse entwickelt, noch der wilde Reis, obwohl er winterhart ist und seine Körner groß sind und hohen Nährwert besitzen. Zwiebeln von *Camassia, Calochortus* und *Fritillaria camschatcensis L. Ker-Gawl.* wurden in verschiedenen Gegenden von den Indianern gegessen, aber nie angebaut. Weitere Einzelheiten über die Wildnahrungspflanzen in Nordamerika finden sich in Roger Phillips' *Wild Food* (Little, Brown 1986).

Mexiko und Südamerika Obwohl der fruchtbare Halbmond allgemein als Wiege der Zivilisation betrachtet wird, gibt es doch in Zentral- und Südamerika frühere Nachweise des Anbaus von Gemüse. In den Guitarrerohöhlen-Ablagerungen in Peru finden sich Nachweise der Verwendung, wenn nicht gar der Kultur von Bohnen und Kürbissen ab 10 000 v. Christus. Überreste angebauter Kartoffeln fand man aus der Zeit um 8000 v. Christus in der Nähe des Titicacasees und in der Chilcaschlucht im trockenen Küstengebiet.

In Mexiko wurden Kürbisse wahrscheinlich schon um 8500 v. Christus angebaut, wie Überreste von *Cucurbita pepo L.* zeigen, die man in den Höhlen im Oaxaca-Tal fand. Der Mais stammt aus Mexiko, und die frühen Kulturen der Mayas, der Azteken und der Inkas beruhten auf dem Anbau von Mais, Kürbissen und Bohnen.

Beweise für die frühe Inkulturnahme von Mais und Gartenbohne finden sich in den Höhlen im Tehuacan-Gebiet südlich von Mexiko City und stammen aus der Zeit von etwa 5000 v. Christus, während die der Tepary-Bohnen aus etwas späteren Schichten um etwa 3000 v. Christus stam-

Auspflanzen von Paprika in Sichuan, China

men. Paprikasamen, die eher von wild gesammelten denn von kultivierten Früchten stammen, fanden sich in den frühesten Ablagerungen aus etwa 7000 v. Christus. Einjährige Unkräuter wie Paprika und Tomaten sind wahrscheinlich Bewohner von Brachland und Düngerhaufen im Bereich der frühen Höhlen gewesen. Sie gehörten auf diese Weise wahrscheinlich unbeabsichtigt zu den frühesten kultivierten Pflanzen, da ihre Samen den Magen und Darm des Menschen ohne Verlust der Keimkraft passieren. Auf Mais basierende Landwirtschaft in großem Stil hat nach allgemeiner Annahme um 5000 v. Christus in Mexiko begonnen und sich weiter südwärts ausgebreitet. Kartoffeln blieben besonders in den Hochanden wichtig, wo die Wachstumszeit zu kurz war, um Mais als ertragreiche Frucht anzubauen.

China und Ostasien Gemüse wurde zuerst von den Menschen im tropischen Asien, ungefähr um 8000 v. Christus, angebaut. Yams und Taro waren wahrscheinlich die ersten angebauten Arten, da sie sich leicht vermehren lassen und in den nährstoffreichen feuchten Böden entlang der Flüsse wachsen, die bei den Monsunregen überschwemmt werden. Sie wachsen auch auf frischen Brandrodungsflächen. Eine Art des wandernden Ackerbaus, die in den Tropen sehr verbreitet ist. Da sie wegen ihrer Knollen und Blätter angebaut werden, haben sich keine Überreste erhalten.

Reis wird oft für eine indische Pflanze gehalten, stammt aber wahrscheinlich aus den feuchtwarmen Gebieten Südwestchinas, Thailands oder Malaysias, von wo aus er sich etwa um 7000 v. Christus verbreitete. Eine geniale Theorie verbindet den Beginn der Reiskultur mit dem Beginn des Ansteigens der Meereshöhe zum Ende der letzten Eiszeit, wodurch große Gebiete Südostasiens überflutet wurden. Die dadurch bedingte höhere Bevölkerungsdichte auf den verbleibenden Flächen zwang die Menschen, sich mehr auf den Ackerbau als auf die Jagd und das Sammeln wilder Nahrung zu verlassen. Die frühesten bekannten archäologischen Nachweise von Reis stammen aus der Zeit um 5000 v. Christus aus Nordthailand, während die weiter nördlich in China gefundenen Überreste aus der Zeit um 4000 v. Christus und die ältesten verbindlichen Nachrichten über Reis aus Indien aus der Zeit von 2500 v. Christus stammen.

Heutzutage ist die Sojabohne die wichtigste Nahrungspflanze, die aus China stammt. Von ihrem Gebrauch wird aus der Zeit um 1000 v. Christus berichtet, wobei man annimmt, daß sie aus Nordostchina stammt und sich im 3. Jahrhundert v. Christus in ganz Südostasien verbreitet hat. Die meisten der sehr vielfältigen Gemüsearten, die heute im gemäßigten Klimabereich Chinas angebaut werden, sind relativ jungen Ursprungs, und viele von ihnen dürften sich erst seit den regelmäßigen Handelsverbindungen mit Europa entwickelt haben, die im 15. Jahrhundert begannen. Die auf der großzügigen Verwendung von Cayennepfeffer beruhende scharf schmeckende Küche von Sichuan kann sich erst seit dem 16. Jahrhundert entwickelt haben, da vor dieser Zeit nur andere Gewürze wie z.B. der Echte Pfeffer *(Piper nigrum L.)* benutzt wurden.

Eine Körnerfrucht, die wahrscheinlich aus China stammt, ist die Kolbenhirse *(Setaria italica (L.) P. Beauv.)*, die im Lößgebiet Nordwestchinas um etwa 5000 v. Christus angebaut wurde. Die Rispenhirse *(Panicum miliaceum L.)* mag auch aus China stammen, da von Ablagerungen in China aus der gleichen Zeit berichtet wird. Es gibt aber auch noch frühere Nachweise ihrer Verwendung in Griechenland.

Afrika Von den verbreiteten Gemüsearten, die aus Afrika stammen, ist die Augenbohne (Vigna) heute die wichtigste. Wilde Augenbohnen findet man quer durch das südliche Sahara-Gebiet, von wo aus sie wahrscheinlich in Westafrika oder Äthiopien in Kultur genommen wurden. Von hier aus verbreiteten sie sich vor etwa 2000 Jahren nach Indien und nach China, wo aus ihnen die Spargelbohne entwickelt wurde.

Der frühe Ackerbau in Afrika beruhte auf dem Hirseanbau, besonders Sorghum-Arten und Perlhirse *(Pennisetum americanum (L.) Leeke)*, deren Anbau bis auf die Zeit um 3000 bis 4000 v. Christus zurückgeht. Es bestehen Zweifel darüber, ob die afrikanische Landwirtschaft in Äthiopien begann, und zwar durch Menschen, die dorthin aus dem Mittleren Osten gekommen waren, oder unabhängig davon in Westafrika entstand, der wahrscheinlichen Heimat der Perlhirse. Diese Hirsearten verbreiteten sich um etwa 1000 v. Christus über das Meer nach Indien. Die afrikanischen Yams *(Dioscorea rotundata Peir.* und *D. cayensis Lam.)* gehen mit ihrem Anbau auch weit zurück. Sie verbreiteten sich mit dem Sklavenhandel nach Mittelamerika und in die Karibik und wurden neben den heimischen amerikanischen Arten wichtige Feldfrüchte.

Bambus in der Nähe eines Bauernhauses in Sichuan

Die Kalahari-Wüste und andere Trockengebiete Südafrikas sind das natürliche Verbreitungsgebiet der Wassermelone, wo sie für die dort lebenden Buschmänner eine wertvolle Wasser- und Nahrungsquelle war.

Tagetes als biologisches Mittel gegen Älchen

Gartenkultur

Dieses Buch ist keine Anleitung zum Anbau von Gemüse. Diese Information geben in ausgezeichneter Weise andere Bücher, in England z.B. *The Vegetable Garden Displayed* der Royal Horticultural Society, das 1941 im Krieg zur Unterstützung des verstärkten Nahrungsanbaues erstmals erschien. Die neueste Ausgabe, bearbeitet von Joy Larkcom, erschien 1991. Ein ähnliches Handbuch für Nordamerika ist *The Home Vegetable Garden Handbook Nr. 69* vom Brooklyn Botanic Garden. (Hinweise auf deutschsprachige Bücher finden sich auf Seite 264.) Wir haben jedoch meist auf eigener Erfahrung beruhende kurze Hinweise für den Anbau gegeben, die ausreichen, daß Hobbygärtner vernünftige Ernten erzielen.

Wachstumszeit bis zur Ernte

Amerikanische Gemüsebücher und Samenkataloge nennen oft die Zahl der Tage, die die jeweilige Sorte benötigt, um erntereif zu werden. Diese Informationen beruhen auf Erfahrungen aus dem östlichen Teil der USA und variieren bedingt durch Wachstumsbedingungen, Temperatur usw. Eine Zuckermaissorte, die im östlichen Amerika in 70 Tagen reift, kann in kühleren Bereichen der USA oder Kanadas eine Woche länger benötigen und 50 oder 60 Tage länger in Südengland oder kühlen Bereichen der Westküste bei durchschnittlichem Sommer. Ähnliche Informationen für England finden sich in dem Wisley-Handbuch *Vegetable Varieties for the Gardener*.

Düngemittel und Pflanzennährstoffe

Bei Mineraldüngern und vielen organischen Düngern wird der Gehalt an Pflanzennährstoffen genannt. Die Hauptnährstoffe sind Stickstoff (N), Phosphor (P) und Kalium (K). Von weiteren Nährstoffen, insbesondere Magnesium, Kalzium und Eisen, benötigen die Pflanzen kleinere Mengen. Sie werden, obwohl in den meisten Böden vorhanden, oft den Handelsdüngern beigemischt. In manchen Böden sind sie vorhanden und trotzdem nicht pflanzenverfügbar. Andere Nährstoffe, von denen nur sehr geringe Mengen benötigt werden, heißen Spurenelemente, die meist ebenfalls in Volldüngern vorhanden sind, obwohl sie in der Regel reichlich im Boden enthalten sind.

»Organisch« gegen »Anorganisch«

Die derzeitige Welle sogenannten 'organischen Gärtnerns' sollte in Wirklichkeit 'Gärtnern ohne Chemikalien' oder möglicherweise auch 'natürliches Gärtnern' genannt werden. In der Chemie bedeutet der Ausdruck *organisch*, daß eine Substanz Kohlenstoff- und Wasserstoff-Atome enthält, während der Begriff *anorganisch* zeigt, daß die Substanz keine Kohlenstoff- und keine Wasserstoff-Atome enthält. Zwei deutliche Bereiche, Düngung und Pflanzenschutz, werden bei dieser Diskussion durcheinandergeworfen. Diejenigen, die es vorziehen, keine Chemikalien zu verwenden, sind der Meinung, daß die Pflanzen besser wachsen und schmecken, wenn sie mit Stalldünger, Kompost oder ähnlichen Substanzen ('organisch') gedüngt werden, statt mit reinen Chemikalien, die ebenfalls die erforderlichen Nährstoffe ('anorganisch') enthalten. Der Humusgehalt einer kräftigen Mistgabe verbessert die Struktur vieler Böden und auch das Pflanzenwachstum und fördert die Bakterien- und Pilzorganismen im Boden. Mineraldünger können bei hohen Gaben leichter in das Grundwasser ausgewaschen werden und werden dabei nicht nur verschwendet, sondern auch schädlich, wenn sich das Nitrat im Wasser so stark anreichert, daß es die menschliche Gesundheit beeinflußt. Aus Düngungsanleitungen lassen sich die Nährstoffbedarfsmengen der einzelnen Gemüse ablesen. Eine Bodenanalyse sollte den Bodengehalt an Nährstoffen ermitteln, damit entsprechend dem Bedarf der Pflanzen nachgedüngt werden kann. Kleinere Mineraldüngergaben ermöglichen als Startdüngung bei der Pflanzung den guten Entwicklungsbeginn und sollten, falls nötig, während des Wachstums durch kleine, dem Pflanzenbedarf angepaßte Kopfdüngergaben ergänzt werden.

Nach Süden geneigte Beete in Trengwainton, Cornwall, Großbritannien

In dieser Diskussion sollte man erwähnen, daß Phosphatgesteine, eine der Hauptquellen für den Phosphor im Mineraldünger, eine ganz natürliche Substanz sind. Bevor sie in großen Mengen importiert wurden, gewann man viele Phosphordünger aus tierischen oder sogar aus menschlichen Knochen. Ähnlich natürliche Herkunft finden wir beim Stickstoff, der aus der Luft stammt oder aus dem Chilenischen Salpeter, der auch Kalium enthält sowie das Kaliumchlorid vom Toten Meer oder der Kainit aus dem Bergbau in Deutschland, der eine Mischung aus Kochsalz (Natriumchlorid), Kalium- und Magnesiumchlorid ist. Alle diese Salze sind natürlichen Ursprungs, verhältnismäßig rein und leicht löslich. Andere Dünger, wie z.B. Ammoniumsulfat, werden auf chemischem Wege hergestellt.

Weitere Einzelheiten zu natürlichen Düngern und Komposten findet man in England in der Zeitschrift *Month by Month Organic Gardening* von Lawrence D. Hills, die von der Henry Doubleday Research Association veröffentlicht wird.

Stickstoff-liebende und Phosphor/Kali-liebende Arten

Gemüse haben für die jeweiligen Nährstoffe unterschiedlichen Bedarf und unterschiedliches Aneignungsvermögen. Blattgemüse, wie Spinat oder Salat, benötigen in der Regel reichlich Stickstoff zur Erzeugung von Blattmasse, wobei auch Nährstofffresser wie Zucchini und Kürbisse, ebensolche Mengen für das Wachstum ihrer großen Früchte benötigen. Dafür kann man entweder mit organischen Düngern wie z.B. Stalldünger oder mit Mineraldüngern sorgen. Für Kalkböden mit hohem pH-Wert eignet sich besonders gut Ammoniumsulfat und für saure Böden Stickstoff in Form

Joy Larkcoms Gemüsegarten in Suffolk

von Ammoniumnitrat, das in der Form von Nitrokalk oft mit Kalk (Kalziumkarbonat) vermischt ist. Erbsen und Bohnen brauchen wie alle Hülsenfrüchtler wenig Stickstoff für ihr Wachstum und sind außerdem in der Lage, durch die Bakterien in ihren Wurzelknöllchen Stickstoff aus der Luft zu nutzen. Soweit bei ihnen gedüngt werden muß, kann es sich dann nur um Phosphat und in geringem Maße um Kalium handeln. Bodenanalysen sollten aber zur Ermittlung des Bedarfs genutzt werden, da die meisten Haus- und Kleingärten ausreichend mit Phosphor und Kali versorgt sind.

Wurzelgemüse wie Möhren und Pastinaken gehen bei reichlicher Stickstoffdüngung zu stark ins Blatt. Sie benötigen einen ausgeglichenen Volldünger mit ausreichendem Kaliumgehalt, um die Wurzelentwicklung und die Bildung von Zucker zu fördern. Stärkehaltige Wurzelknollen wie Kartoffeln werden auch durch zusätzliche Kalidüngergaben gefördert.

Fruchtgemüse wie die Tomate lagern Zucker ein. Bei ihnen wird Stickstoff in ausreichender Menge zum Aufbau einer kräftigen Pflanze benötigt und bei Beginn der Blüte hohe Kalium- und Phosphordüngung, um Fruchtentwicklung und Reife zu fördern.

Stalldünger und Kompost

Die Verwendung von ausreichend organischem Dünger ist für den Erfolg im Gemüsegarten wesentlich, und ganz besonders für die, die ihn auf sandigem oder lehmigem Boden neu anlegen. Organische Masse liefert Nährstoffe für die Pflanzen, und zwar insbesondere Stickstoff und Phosphor. Sandige und leicht kalkhaltige Böden werden durch Humus in ihrer Wasserhaltung verbessert, und Tonböden werden durch Humus leichter zu bearbeiten sein. Organische Masse für den Gemüsegarten liefert traditionell der Stalldünger, und zwar meist Rinder- oder Pferdedünger. Im Idealfall sollte der Mist in etwa 1,5 m hohen Mieten aufgesetzt werden, damit er sich erwärmt und das Stroh durch Bakterien zersetzt wird. Nach ein paar Wochen wird die Miete umgesetzt, damit das Äußere nach innen kommt und die Umsetzung insgesamt erfolgt. Der abgelagerte Mist ist dann sehr dunkelbraun und nicht naß, sondern krümelig und enthält oft große, leuchtend rosafarbene Regenwürmer, die Tauwürmer. Er kann im Garten direkt verwendet werden, und zwar als Mulch oder durch Einarbeiten in den Boden, damit er den Pflanzenwurzeln zugänglich wird. Nur sehr nährstoffbedürftige Pflanzen wie Kürbisse und Mangold wachsen in frisch gedüngtem Boden, wo ihnen die reichliche Stickstoffversorgung zu üppigem Blattwuchs verhilft. Für die meisten Gemüse ist es besser, den abgelagerten Dünger vor dem Winterfrost auszubringen und gut einzuarbeiten, damit die vom Frost durchfrorene Oberfläche ein besser krümeliges Saat- und Pflanzbett ergibt und die Regenwürmer den Kompost mit dem Boden darunter gut vermischen können. In Mieten aufgesetzter Mist benötigt etwa 4 Monate zur Umsetzung. Lawrence Hills beschreibt in *Month by Month Organic Gardening*, daß man diese Zeit auch auf 4–6 Wochen verkürzen kann, indem die Miete auf einer dicken Polyäthylenfolie angelegt wird, um etwa auslaufende Sickersäfte aufzufangen, und nach dem Festklopfen der Miete mit einer Polyäthylenfolie abgedeckt und mit Steinen, Planken oder alten Reifen beschwert wird. Das hält Wärme und Feuchtigkeit hoch und beschleunigt so die Kompostierung außen wie innen gleich schnell.

Komposthaufen aus organischem Material aus Haus und Garten sind eine weitere gute Quelle für wertvolle Humus- und Pflanzennährstoffe. Alle Gemüseabfälle aus der Küche kann man kompostieren und ebenso eine gewisse Menge von kleingerissenem Zeitungspapier. Kompostierbar ist ebenso alles organische Material aus dem Garten, wobei die Umsetzung zu Kompost um so länger dauert, je gröber und fester das Material ist. Solches Material sollte man zum Vermischen mit Mähgut verwenden, da dies in zu dicken Lagen matschig wird. Gejätete Unkräuter lassen sich auch gut kompostieren, sollten aber möglichst frei von Erde sein.

Laub sollte man getrennt aufsetzen, um Laubmull oder Laubkompost zu erhalten. Kompostmieten aus pflanzlichem Material benötigen Luft zum Verrotten, die man über Gräben, Röhren oder auf Abstand ausgelegte Ziegel, die man mit Zweigen abdeckt, unter dem Komposthaufen zuführen sollte. Dann wird in etwa 30 cm dicken Schichten aufgefüllt und durch Aufstreuen von Kompoststartern oder einigen Schaufeln in Umsetzung befindlichen Komposts die Verrottung in Gang gesetzt. Auch die nächste 30 cm dicke Lage sollte eine leichte Kalkung erhalten. So wird dann in Schichten bis maximal 1,5 m Höhe eine Kompostmiete aufgebaut, immer vorausgesetzt, daß sie mit ausreichend Luft von unten versorgt wird. Wie bei der Kompostierung von Mist muß auch eine Kompostmiete nach der ersten Erwärmung umgesetzt werden. Wenn man eine Kompostmiete mit einem alten Teppich oder Plastikfolien abdeckt, verläuft die Rotte schneller und erspart oft die Umsetzung. Wenn die Umsetzung zu langsam beginnt, hilft es oft, mit einer Eisenstange Löcher von

Comfreyanbau in Yunnan, China

Senf als Gründüngung

Lupinen als Gründüngung

oben nach unten zu stechen, damit die Luft besser in den Komposthaufen gelangt. Wenn kleine rote Regenwürmer den Haufen besiedeln, ist der Kompost verwendungsreif.

Hervorragender Kompost läßt sich herstellen, wenn man schreddert. Er zerkleinert Zweige, Schnittholz, große Blätter und feste Stengel, die dann schneller verrotten. Zweigstücke helfen, den Kompost besser zu belüften und die Rotte in wenigen Monaten abzuschließen. Kompoststarter und Kalkgaben beschleunigen die Rotte ebenfalls, machen ihn aber weniger brauchbar für säureliebende Pflanzen im Garten.

Hin und wieder erhält man auch Pferdemist aus Ställen, die als Einstreu Hobelspäne verwenden. Die Berichte über die Brauchbarkeit dieses Mistes sind sehr unterschiedlich. Ich habe ihn einige Jahre verwendet und festgestellt, daß er gut zur Verbesserung der Bodenstruktur geeignet ist, wobei ich dann oft Flüssigstickstoff nachgedüngt habe, da Hobelspäne zur Umsetzung selbst Stickstoff benötigen und er dann den Pflanzen fehlt. Es gibt zwei Theorien gegen die Verwendung von Mist mit Hobelspänen. Die eine sagt, daß bei der Umsetzung der Hobelspäne Stickstoff verbraucht wird, der dann den Pflanzen fehlt und den Boden verarmt, und bei der zweiten glaubt man, daß das Wachstum der holzumsetzenden Pilze auch dem Gemüse schaden kann. Ich habe keines der beiden Probleme bemerkt, aber es ist wichtig, daß Hobelspäne vor der Verwendung gut verrottet sein müssen und man sehr genau darauf achten sollte, ob Stickstoffmangel bei der Gemüsepflanzung auftritt. Die verrotteten Hobelspäne eignen sich ausgezeichnet für die Kultur von Waldlilien und anderen Gartenpflanzen ähnlicher Lebensbereiche. Auch die, die Verwendung von Mist mit Hobelspänen im Gemüsegarten nicht befürworten, erkennen an, daß er als Mulch sehr nützlich ist, um Unkraut niederzuhalten und die Feuchtigkeit im Boden zu bewahren.

Laubkompost ist als Humusquelle im Garten für Gemüse wie auch für Sträucher, Sommerblumen, Beet- und Gruppenpflanzen und Stauden sehr wertvoll. Die Blätter werden im Herbst gesammelt und mit seitlichem Maschendraht zu Mieten aufgefüllt. Sie setzen sich nur langsam um und benötigen meist mehr als ein Jahr zur Kompostierung. Die Umsetzung erfolgt schneller, wenn die Blätter mit Jauche benetzt werden, da dies den verfügbaren Stickstoff vermehrt, oder wenn sie im Frühjahr mit frischem Rasenschnitt in Schichten aufgesetzt werden. Bei der Verwendung für Gemüse kann auch Aufkalken des sauren Laubhumus erforderlich sein. Für die, die weder Zeit noch Platz zur Eigenkompostierung haben, gibt es ein reiches Angebot organischer Dünger. Als Zwischenlösung könnten auch die vielfältig angebotenen Kompostbehälter benutzt werden, die die Möglichkeit der schnelleren Kompostierung kleinerer Mengen ermöglichen.

Gründüngung

Alle dicht gesäten Pflanzen, die im vollen Wachstum tief in den Boden eingearbeitet werden, liefern bei ihrer Umsetzung Stickstoff und andere Pflanzennährstoffe. Sie werden zur Förderung der Bodenfruchtbarkeit und Erhöhung des Humusgehaltes im Boden benutzt. Viele Arten können dazu verwendet werden, wobei diejenigen am wertvollsten sind, die den Winter hindurch wachsen und im Frühjahr vor dem Gemüseanbau eingearbeitet

Phacelia tanacetifolia Benth. als Gründüngung lockt Schwebfliegen an

Schwarze Polyäthylenfolie als Mulch

Gemüseanbau in großen Kübeln in Wisley

Blockpflanzung von Gemüse in Wisley

werden. Sie nehmen während des herbstlichen und winterlichen Wachstums auch im Boden verbliebene Nitratmengen auf und speichern sie in der Pflanzenmasse zur Umsetzung für die Nachlieferung der Gemüse im Frühjahr und Sommer. Je höher die Temperatur, desto schneller setzt sich die Gründüngung im Boden um und werden ihre Nährstoffe verfügbar.

Viele Arten und besonders solche der Leguminosen reichern den Boden mit Stickstoff an, da sie dies über die Knöllchenbakterien in ihren Wurzeln tun. Auch nehmen sie andere Nährstoffe auf und schützen sie vor der Auswaschung. Gründüngung kann auch angebaut werden, um sie mit zu kompostieren. Dazu eignen sich tiefwurzelnde Stauden wie Comfrey *(Symphytum asperum Lepech.)* und Luzerne *(Medicago sativa L.)*.

Die meistverwendeten Arten sind die verschiedenen Arten von Raps, Senf, Wicken und Klee, insbesondere der robuste Inkarnatklee *(Trifolium incarnatum L.*, der Buchweizen und einjährige Gräser wie das italienische Raygras.

Im Anfangsstadium der Umsetzung wird Stickstoff vom Boden benötigt, d. h. wenn Pflanzen kurz nach der Einarbeitung gesetzt werden, müssen sie eine Stickstoffstartdüngung erhalten, um ihnen einen guten Wachstumsbeginn zu ermöglichen.

Pflanzenschutz

Biologisch gegen chemisch Wie bei der Düngung wurde auch die Anwendung chemischer Pflanzenschutzmittel in diese Diskussion einbezogen. Seit der Veröffentlichung des Buches *Der stumme Frühling* von Rachel Carson 1962 ist sich die Öffentlichkeit der Gefahren bei der Anwendung von Chemikalien wie DDT, Dieldrin, 2,4,5-T und ähnlichen Zusammensetzungen bewußt geworden. Sie wurden von der chemischen Industrie entwickelt und sind sehr komplexe organische Verbindungen, d. h. sie enthalten Kohlenstoff und oft ebenso Chlor- und Phosphorverbindungen. Der anfängliche Nutzen dieser Mittel war groß. Sie waren bei sehr niedrigen Konzentrationen für Insekten und Unkräuter tödlich und in geringerem Maße toxisch für Nutzpflanzen. Sie ermöglichten es, weite Gebiete der Welt malariafrei zu machen und führten zu riesigen Ertragssteigerungen bei der Nahrungserzeugung. Unglücklicherweise haben sie ernste Langzeit- und heimtückische Nebenwirkungen, durch die sowohl die Tierwelt betroffen wird wie auch die Krebshäufigkeit beim Menschen gesteigert. Viele Mittel wie z.B. Aldrin und Dieldrin sind in der Nahrungskette sehr resistent und reicherten sich bei Fleischfressern wie Falken und Habichten an und reduzierten dadurch deren Population drastisch. In anderen Fällen wurden solche chemischen Mittel in großem Umfang viele Jahre zur Nahrungsmittelbehandlung benutzt, bevor sie unter dem Verdacht der Krebserregung beim Menschen verboten wurden. Aus diesen Gründen ist die 'Bio'-Lobby gegen die Verwendung synthetischer, technisch richtiger gesagt, organischer Verbindungen. Andere einfache anorganische Mittel, wie z.B. das Fungizid Bordeauxbrühe, eine Mischung aus Kupfersulfat und Kalk, oder organische Verbindungen wie Schmierseife und Nikotin, wurden als Insektizide benutzt und haben trotz langjähriger Verwendung soweit ich weiß nie irgendwelche schädliche Langzeiteffekte auf die menschliche Gesundheit gehabt. (Zur Pflanzenschutzmittelanwendung im Haus- und Kleingarten siehe Seite 264.)

Eine neuere Entwicklung ist das Angebot natürlicher Schädlingsbekämpfung, besonders geeignet für die Anwendung im Gewächshaus. Es sind Insekten, Milben oder Bakterien, die gewisse Schädlinge töten und bei den richtigen Voraussetzungen gut wirken. Wenn sie die Schädlingspopulationen niedrighalten, machen sie die Anwendung chemischer Pflanzenschutzmittel unnötig. (Dies entspricht der deutschen gesetzlichen Vorgabe des integrierten Pflanzenschutzes, bei dem chemische Mittel erst nach Ausschöpfung aller anderen Möglichkeiten angewandt werden dürfen; siehe Seite 264, wo auch Bezugsquellen für Nützlinge angegeben sind.)

Sensible, aber nicht fanatische Hobbygemüsegärtner nutzen jede verfügbare Anbaumethode, um Krankheiten und Schädlinge zu vermeiden, und entscheiden im genauen Einzelfall, ob chemische Pflanzenschutzmittel und welche auf welche Weise eingesetzt werden müssen. (Dabei sind in Deutschland regional besondere Regelungen zu beachten und die Möglichkeiten der Beratung insbesondere durch die Pflanzenschutzämter zu nutzen.) Sie wenden auch alle physikalischen, biologischen oder biotechnologischen Möglichkeiten an wie z.B. Kohlkragen zum Abfangen der Eiablage der Kohlfliege oder gemischte Pflanzungen von Möhren und Zwiebeln, damit die Möhrenfliege, durch den Zwiebelgeruch verwirrt, die Möhren nicht wie üblich dem Geruch nach findet und schädigt.

Die Henry Doubleday Research Association Informationen über das 'Organic'-Gärtnern in Europa kann man von der Henry Doubleday Research Association, Ryton-on-Dunsmore, Coventry CV8 3LG erhalten. Sie betreibt einen großen Schaugarten in Ryton und veröffentlicht zahlreiche Informationsblätter. Auch war sie sehr aktiv bei der Rettung alter Gemüsesorten, deren Überleben durch neue Sorten gefährdet war, weil diese für den Erwerbsanbau geeigneter waren oder durch unnötige Rechtsregelungen der EG in Brüssel gefährdet wurden. Ihr 'Heritage Seed Programme' will alte Gemüsesorten schützen und deren Saatgut für die Mitglieder verfügbar machen. Die Anwendung natürlicher Methoden zur Schädlingsbekämpfung und die Bewahrung der Vielfalt der Gemüsesorten waren Gegenstand langer Kampagnen des bemerkenswerten Gründers der HDRA, Lawrence D. Hills. Er benannte die Gesellschaft nach Henry Doubleday of Coggeshall (1813 – 1902), einem Quäker und Verwandten des Gründers des American Publishing House. Henry Doubleday hatte eine Leimfabrik, die den Briefmarkendrucker La Rue belieferte. Er importierte eine Comfrey-Hybridsorte aus Rußland, um einen Ersatz für Gummi arabicum herzustellen. Das Gummi-arabicum-Projekt ging schief, aber er setzte seine Versuche mit Comfrey als Futterpflanze fort. Lawrence Hills arbeitete mit Comfrey und förderte ihn als eine Quelle natürlichen Düngers und organischen Materials, da sein kräftiges Wurzelwerk Mineralstoffe sehr tief aus dem Boden erschließen kann. In Amerika ist das Interesse an alten Sorten der 'Heritage Vegetables' (alte Landsorten) sehr ausgeprägt, und einige Betriebe haben sich auf den Verkauf solchen Saatgutes spezialisiert.

Neue Gemüsesorten streben Einheitlichkeit in Größe, Form und Reifezeit an. Diese Einheitlichkeit ist für den gewerblichen Anbauer erforderlich, aber für den Hobbygärtner nachteilig, da er sich einer Fülle von Gemüsearten gegenübersieht, wenn eine ganze Menge auf einmal reift. Unterschiedliche Größe und Reifezeiten in einer Reihe sind für ihn sinnvoll und bei vielen Gemüsesorten auch gegeben, damit über einen längeren Zeitraum hinweg geerntet werden kann. Diese Charakteristika zusammen mit Resistenz oder Toleranz gegenüber Krankheiten und Schädlingen und der Fähigkeit, Ernten auch unter wenig optimalen Bedingungen zu erbringen, finden sich oft in alten Landsorten.

Garten an der Küste in Inverewe, Nordwest-Schottland

Gemüsegarten in Villandry, vom Schloß aus gesehen

Bezugsquellen

Der Bezugsquellennachweis: *The Vegetable Finder* der Henry Doubleday Research Association mit allen in England angebotenen Gemüsesorten und Adressen, die diese anbieten. Diese Liste enthält einige, mit denen wir selbst in Verbindung standen:

Bakker Holland, P.O. Box III, Spalding, Lincs PE126EL
Thomas Butcher, 60 Wickham Road, Shirley, Croydon, Surrey CR9 8AG
Carters Tested Seeds Ltd, Herle Road, Torquay, Devon TQ2 7QJ
Chiltern Seeds, Bortree Stile, Ulverston, Cumbria LA12 7PB
Mr Fothergill's Seeds Ltd, Gazeley Road, Kentford, Newmarket, Suffolk CB8 7QB
S.E. Marshall & Co. Wisbech, Cambs, PE13 2RF
Suttons Seeds Ltd, Hele Road, Torquay, Devon TQ2 7QJ
Scotston Garden Potatoes, Laurencekirk, Grampian AB3 1ND
Suffolk Herbs Ltd, Sawyers Farm, Little Conard, Sudbury, Suffolk CO10 ONY
Thompson and Morgan (Ipswich) Ltd, London Road, Ipswich, Suffolk IP2 oBA
A.L. Tozer, Pyports, Downside Bridge Road, Cobham, Surrey Unwins Seeds Ltd, Histon, Cambridge CB4 4ZZ

In Amerika bietet *The Complete Vegetable Gardener's Sourcebook* von Duane Newcomb und Karen Newcomb (Prentice Hall Press, New York 1989) ein Verzeichnis aller angebotenen Gemüsesorten und ihre Bezugsquellen wie auch solche für Nützlinge und ausgezeichnete Kapitel mit Hinweisen für Anbau und Pflanzenschutz. Wir nutzen selbst:

Seeds Blum, Idaho City Stage, Boise, Idaho, 83706
W. Atlee Burpee Co., 300 Park Av., Warminster, PA 18991-0001
The Cooks Garden, Box 65, Londonderry, VT 05148
Harris Moran Seed Co., 3670 Buffalo Road, Rochester, NY 14624 and 1155 Harkins Road, Salinas, CA 93901
Nichols Garden Nursery, Albany, OR 97321
Park Seed Co., Cokesbury Road, Greenwood, SC 29647
The Pepper Gal, 10536 119th Ave.N., Largo, FL 34643
Thompson & Morgan, P.O. Box 1308, Jackson, NY 08527
Vermont Bean Seed Co., Fairhaven, VT 05743-0250
Willhite Seed Co., Poolville, Texas 76487
Wilton's Organic Potatoes, P.O. Box 28, Aspen, CO 81611

(Bezugsadressen für Saatgut und Nützlinge in Deutschland siehe Seite 264.)

Lotos-Rhizome zum Verkauf in Chengdu, China

LOTOS

Nelumbo nucifera Gaertn. *(Nymphaeaceae)*
Sacred Lotus (GB); Lin Ngau und Lin Tze (Rhizom und Samen in China)

Keine Pflanze ist schöner als die Lotosblume mit ihren wachsglänzenden, rein grünen Blättern, die sich aus stinkendem schwarzem Morast erheben und ihre riesigen blaßrosa Blüten auf elegant gebogenen Stielen tragen. Sie wird in China seit mindestens 14 000 Jahren angebaut und wird heute verbunden mit Kuan Yin, der Göttin der Barmherzigkeit, und mit Buddha sowie als heiliges Symbol ewigen Lebens betrachtet. Sie stammt aus stehenden Gewässern des Wolga-Deltas und ist an der Küste des Kaspischen Meeres in Persien und ostwärts bis China, Japan und Nordostaustralien verbreitet. Obwohl wegen ihrer außergewöhnlichen Schönheit angebaut, wird sie ebenso verbreitet in China und Japan gegessen.

Die Wurzelstöcke, die aus einer kurzen Kette ovaler Teilstücke entstehen, zeigen im Querschnitt ein hübsches Muster runder Luftröhren. Sie werden in Essig oder Sirup eingelegt oder mit anderen Gemüsen zusammen gekocht. Die jungen Blätter können roh oder gekocht gegessen werden und werden auch dazu benutzt, kleine Nahrungsmengen vor dem Kochen darin einzuwickeln. Die Samen, die in Pfefferstreuer-ähnlichen Fruchtständen mit runden Löchern sitzen, können geröstet gegessen oder in der Küche wie Nüsse verwendet werden. Sie besitzen einen bitter schmeckenden grünen Keimling, der vor dem Kochen entfernt werden muß. Dieser Keimling besteht aus einem oder zwei jungen Blättern, die in einer zarten Hülle eingeschlossen sind und zwischen den dicken fleischigen Keimblättern stecken.

Die Kultur ist einfach. Voraussetzung sind nur ausreichende Wärme und Licht. Lotospflanzen benötigen eine Temperatur von 20–30°C, um gut zu wachsen, und eine Wachstumszeit von etwa 5 Monaten. Ich habe in China schöne Pflanzen in chinesischen Eiereinlegegefäßen wachsen sehen, wie man sie auch in England kaufen kann. Die jungen Rhizome sollten in stickstoffreichem Schlamm etwa 10–20 cm tief gepflanzt werden. Die reifen Rhizome werden am besten im Herbst geerntet, wenn die Blätter abgestorben sind. Sie sollten in einem Gefäß oder in feuchtem Sand frostfrei gelagert werden. Joy Larkcom berichtet, daß in China rosablühende Sorten bei der Samengewinnung und weißblühende Sorten wegen ihrer Rhizome bevorzugt werden. Es gibt mehrere schöne Ziersorten, die in Japan und in den wärmeren Teilen Nordamerikas angebaut werden.

Es gibt eine zweite Art *Nelumbo lutea* (Willd.) Pers., die aus Nordamerika stammt. Sie hat blaßgelbe Blüten und wächst in Teichen und in Mündungsbereichen von Florida und Texas nordwärts bis New York und bis zum südlichen Ontario, Minnesota und Iowa. Ihre Samen und Knollen sind eßbar.

Junge, nach innen eingerollte Lotosblätter tauchen auf

Lotosblume

Lotos im Dalsee in Kaschmir, Indien

Wilde Kohlpflanzen auf den Klippen von Dover, GB

KOHL UND VERWANDTE GEMÜSE

Brassica oleracea L.*(Cruciferae)*
Cabbage (GB)

In den gut 3000 Jahren, in denen Kohl angebaut wird, haben sich aus der Wildart verschiedene deutlich eigenständige Gemüsearten entwickelt. Am verbreitetsten ist der Kopfkohl in seinen vielen Formen, der Blumenkohl, der Brokkoli, der Rosenkohl und der Kohlrabi. Verwandte *Brassica*-Arten führten zu Herbstrüben und Kohlrüben, den verschiedenen Formen chinesischer Kohlsorten und dem Raps.

Der wilde Kohl *Brassica oleracea L. subsp. oleracea* wächst entlang den Küsten Südenglands, Westfrankreichs und Nordwestspaniens. Eine nahe verwandte Art *Brassica montana Pourret syn. B. oleracea subsp. robertiana (Gay) Rouy & Foucaud* finden wir entlang der Mittelmeerküste von Nordostspanien bis Norditalien. Andere verwandte Arten wachsen an der Küste von Korsika, Sardinien und Nordafrika (*Brassica insularis Moris*), in Süditalien und Sizilien (*Brassica repustris Rafin., B. incana Ten., B. villosa Biv.* und *B. macrocarpa Guss.*) und im östlichen Mittelmeergebiet (*Brassica cretica Lam.* und *B. hilarionis*) sowie auf den Kanarischen Inseln (*Brassica bourgeaui (Webb.) O. Ktze.*). Man vermutete, daß *Brassica cretica* der Urahn des Blumenkohls gewesen sein könnte, aber neueste Untersuchungen der wilden *Brassica*-Arten durch Snogerup, Gustafsson & von Bothmer meinen, daß alle heutigen Kultursorten aus *Brassica oleracea subsp. oleracea* entstanden sind.

Die meisten Arten haben gelbe Blüten, *B. insularis* jedoch weiße und *B. cretica, B. bourgeaui* und *B. hilarionis* öfters weiße. Die kultivierten var. *alboglabra* und 'Couve Tronchuda' haben oft weiße Blüten.

In England wächst der wilde Kohl immer auf Kalk oder kreidigen Klippen an der Küste, bildet niedrige, vielverzweigte Pflanzen, die Winterbrokkoli ähneln. Es gab darüber Diskussionen, ob die Art in England ursprünglich heimisch war oder ob sie durch die Römer oder Angelsachsen eingeführt wurde, die beide große Kohlliebhaber waren. Man findet wilden Kohl an etwa 20 Stellen von Ost-Kent bei Broadstairs und auf den Weißen Klippen von Dover westwärts die Küste herum bis zu Great Orme's Head in Nord-Wales. Er wächst sowohl auf isolierten Klippen wie auch in der Nähe von Städten und Dörfern und ist gemeinsam mit Brutkolonien von Möwen zu finden. In der Bundesrepublik finden wir ihn auf Helgoland. Den ältesten verläßlichen Hinweis auf Kohl als Wildpflanze finden wir in William Turners neuem Kräuterbuch von 1551. Demnach wächst er am Hang von Dover Castle, das aber seit römischen Zeiten bewohnt wird.

Wildvorkommen an der Südostküste von Schottland und Nordostengland werden als relativ junge Ansiedlungen betrachtet, da sie erst im frühen 19. Jahrhundert erwähnt werden. Ähnliche Zweifel bestehen über die Ursprünglichkeit der Wildvorkommen an der Atlantikküste Frankreichs, Snogerup und seine Mitverfasser jedoch betrachten diese Populationen als ursprünglich.

Die frühesten Nachrichten über angebauten Kohl stammen aus den Jahren um 600 v. Christus, wenn er in der frühen griechischen Literatur erwähnt wird. Das verwendete Wort weist darauf hin, daß die Stengel gegessen wurden, so daß die damals kultivierte Pflanze wohl eine einfache Form von Blumenkohl oder Brokkoli war. Blattkohl mit 30 cm großen Köpfen und eine dem Kohlrabi sehr ähnliche Form wurden von Plinius 77 n. Christus beschrieben. Diese alten Kultursorten sind möglicherweise aus Mittelmeerarten entstanden, und es gibt Berichte, daß *Brassica cretica* in den vergangenen Jahren noch auf Samos angebaut wurde. Populationen der italienischen Art *Brassica incana* auf der Krim und der kretischen *Brassica cretica* im Libanon werden von Snogerup *et al.* als alte Einführungen betrachtet. Die Geschichte der verschiedenen, heute kultivierten Kohlgemüse kann seit dem Mittelalter nachgezeichnet werden und wird in den folgenden Texten erläutert:

'Couve Tronchuda', Rippenkohl, Tronchudakohl, auch Braganza, Portugal oder Seakale cabbage genannt, ist ein durch weiße fleischige Blattrippen deutlich unterscheidbarer Typ, der weiß und manchmal auch gelb blüht. Sowohl die äußeren Blätter wie auch das relativ kleine Herz sind zart. Er übersteht Fröste sehr gut und kann vom Herbst an den Winter hindurch geschnitten werden, besonders wenn andere Wintergemüse knapp sind. In Madeira, wo er verbreitet angebaut wird, werden die äußeren Blätter im Frühling feingeschnitten für Kohlsuppen verwendet.

Blühende wilde Kohlpflanzen auf den Klippen von Dover

Der Wildkohl ähnelt dem Brokkoli

Verschiedene Kohlgemüse in Wisley

KOPFKOHL

Brassica oleracea L. var. *capitata* (L.) Alef *(Cruciferae)*
Cabbage (GB)

Die heutigen Kopfkohlsorten sollen in Deutschland entstanden sein, wo um 1150 Rotkohl und Weißkohl angebaut wurden. Wirsing mit den stark gewellten Blättern war in Deutschland um 1543 bekannt, aber wahrscheinlich aus Italien eingeführt.

Die Kopfkohlsorten lassen sich in mehrere Gruppen nach Anbauzeit und Verwendung einteilen:

Frühkohl (Spring cabbage) Mit zwei Formen lockerköpfiger Spitzkohl und Sorten mit rundlicher, festerer Kopfbildung. Frühkohlsorten können in wintermilden Gegenden angebaut werden. Die Pflanzung erfolgt Ende September mit Erntereife im April und Mai. Zum Teil Regionalsorten aufgrund der besonderen günstigen Klimaverhältnisse. Die abgebildete Sorte 'Durham Early' gehört zu dieser Gruppe.

Sommerkohl (Summer cabbage) Dazu gehören alle kopfbildenden Kohlarten, ob rund oder spitzköpfig. Sie werden nach Pflanzenanzucht unter Schutz im April, Mai ausgepflanzt und von Juni bis August geerntet. Manche der hierzu gehörenden Sorten wie z.B. 'Minicole' bleiben auch gut schnittfest als Kopf bis in den Herbst auf dem Feld. 'Hispi' und 'Greyhound' sind frühe spitzköpfige Sorten. 'Stonehead' ist eine späte, lange haltende Sorte. Dies gilt sowohl für Weißkohl wie für Rotkohl.

Herbstkohl Wird Ende Juni ausgepflanzt und reift September und Oktober. 'Shamrock' ist eine Sorte, die zu dieser Gruppe gehört.

Winterkohl-Dauerkohl. Große Kopfkohlsorten zur Lagerung. Pflanzung Anfang Juni und Ernte spät vor dem ersten Frost. Manche Sorten halten sich in der Lagerung gut als feste Köpfe bis in das Frühjahr hinein.

Wirsing Unterscheidet sich vom Weißkohl durch seine stark blasig aufgetriebenen gewellten Blätter, die oft bläulichgrün überlaufen sind. Pflanzung Anfang Juli und Ernte von Oktober und in wintermilden Gegenden bis März je nach Sorte. Wirsing verträgt mehr Winterkälte.

Der weißblühende Tronchudakohl in Madeira

'Midway' (Text S. 23)

'Castello' (Text S. 23)

Hierzu gehören auch die Kreuzungen zwischen Wirsing und Weißkohl, die von letzterem die festeren Köpfe geerbt haben. Sie sind sehr frosthart und halten sich in wintermilden Gegenden meist bis März in gutem Zustand. In Deutschland wird entsprechend der Anbauweise unterschieden zwischen: Adventswirsing mit Pflanzung im Herbst und Ernte ab Mai und lockeren Köpfen; mittelfesten Köpfen beim Frühwirsing, dessen Ernte ab Ende Juni beginnt; Sommerwirsing mit Erntezeit ab Ende Juni bis Ende Juli und Pflanzung im Frühjahr und Herbst, bzw. Dauerwirsing mit Ernte ab Oktober, wobei die zu geringe Winterhärte in unseren Klimaten, von besonders günstigen Klimasituationen abgesehen, keine Freilandüberwinterung des Wirsings erlaubt.

Rotkohl oder Blaukraut Mit früh reifenden Sorten zur Ernte ab Juli oder mittelfrühen Sorten zur Ernte ab Ende August und Herbst- oder Dauerrotkohl mit Ernte ab Oktober und November, zu denen auch die Sorten gehören, die für den Winter eingelagert werden. 'Autoro' ist eine bekannte Hybridsorte dieses Typs.

Eine alte Kohlsortengruppe sind die Futterkopfkohle mit riesengroßen grobblättrigen, ziemlich blau überlaufenen Winterkohlsorten, die heute nur noch selten angebaut werden.

Gartenkultur

Kopfkohl und andere Kohlgemüse wachsen am besten in fruchtbaren, nährstoffreichen Böden in offener, vollsonniger Lage mit gutem Wasserabzug. Kohl wird meist in Saatbeeten oder einzeln in Töpfen oder Erdtöpfen ausgesät und dann nach 1–2 Monaten Vorkultur ausgepflanzt. Die Pflanzen sollen so kräftig wie möglich sein und gut gedüngt werden. Die Pflanzung erfolgt am besten in festem Boden, der nicht gerade vorher umgegraben und gelockert worden ist. Nach der Pflanzung kann die Fläche zwischen den Pflanzen gelockert werden. Gedüngt wird am besten im engen Bereich der Pflanze, nachdem sie eingewurzelt ist. Durch Wässern ist bis zur Ernte für ausreichende Feuchtigkeit zu sorgen. Schnell wachsende Gemüse wie Buschbohnen oder Salat können zwischen langsam wachsende Kohlsorten zur zusätzlichen Nutzung des Zwischenraumes gepflanzt werden.

Auf leichten Böden kann in flache Furchen gepflanzt werden, wobei die Pflanzen dann während des Wachstums angehäufelt werden, eine besonders für überwinternde Kohlpflanzen gute Kulturmethode. Hochwachsende Kohlsorten können Stützen erfordern, falls die Pflanzsituation zu windig ist. Dies kann für Rosenkohl oder Palmkohl erforderlich werden.

Krankheiten

Die schlimmste Krankheit an Brassica-Arten ist die Kohlhernie, bei der ein bodenbürtiger Pilz in das Wurzelsystem eindringt und die Wurzeln zum Anschwellen bringt und damit grotesk deformiert. Die Pflanzen bleiben am Leben, wachsen jedoch kaum und welken bei heißem Wetter. Der Pilz bleibt im Boden und infiziert Folgeanbau von Brassica-Gemüse oder auch generell Kreuzblütlern. Alle befallenen Pflanzen müssen so früh wie möglich vernichtet werden, wobei der Befall durch Kohlhernie auf gut wasserdurchlässigen und kalkhaltigen Böden seltener erfolgt. Befallene Flächen dürfen etwa 7 Jahre nicht mit Kreuzblütlern bepflanzt werden. Kalkung und hohe Kalkstickstoffgaben können zur Bekämpfung eingesetzt werden. Der Boden muß bei einem pH-Wert von 7,2 liegen, damit die Sporen nicht auskeimen können.

Falscher Mehltau kann die Blätter befallen, ist aber selten eine ernste Gefahr, es sei denn bei feuchtem Wetter und zu dichter Pflanzung.

Schädlinge

Brassica-Arten werden von einer Reihe von Schädlingen befallen. Der gefährlichste Kohlschädling ist die kleine Kohlfliege, die ihre Eier an den Wurzelhals der Pflanzen legt. Die ausschlüpfenden kleinen Maden zerstören Wurzel und Wurzelhals. Bei infizierten Pflanzen zeigen sich bald Vergilbung der äußeren Blätter und Welken der Pflanzen bei Hitze. Der Hauptbefall erfolgt im April und Mai vor der Kastanienblüte. Zum Schutz könnten Kohlkragen um die Pflanze gelegt werden, die dann auf Eiablage und deren Vernichtung regelmäßig zu untersuchen sind.

Die Raupen des großen und des kleinen Kohlweißlings schaden dem Kohl ebenso. In dem klassischen Werk von E.B. Ford 'Butterflies' werden die unterschiedlichen Gewohnheiten und Geschmäcker dieser zwei Arten dargestellt. Die Raupen des großen Kohlweißlings sind behaart und deutlich sichtbar, zeigen gelbe und schwarze Zeichnungen und fressen auf der Blattoberseite. Die Raupen des kleinen Kohlweißlings sind grün und unauffällig und verstecken sich meist in der Pflanzenmitte und zwischen den Blättern. Er schreibt: 'Für mich ist der Geschmack der Raupen des kleinen Kohlweißlings mild, während der des großen Kohlweißlings schwach, aber unangenehm ist!' Beide Raupen können mit Insektiziden bekämpft werden. Geeigneter sind aber Spritzmittel mit Bazillus turingiensis, wobei auch kräftiges Abspritzen mit reinem Wasser durchaus geeignet ist. Salzwasser ist ebenso wirksam und bekämpft gleichzeitig auch Schnecken. Kapuzinerkresse in der Nähe von Kohl verlockt die Kohlweißlinge zur Eiablage auf diesen Pflanzen.

Kohlgemüse können auch durch die mehlige Kohlblattlaus auf den Blattunterseiten befallen werden, die die Pflanzen im Wachstum hemmt und für den Verzehr ungenießbar macht. Bekämpfung durch frühzeitiges Zerstören kleiner Befallherde oder Bekämpfung mit Schmierseifenlösung.

Die Kohlmottenschildlaus kann im Garten auch alle Brassica-Arten befallen. Sie ähnelt der weißen Fliege im Gewächshaus oder im Zimmer. Sie kann an Kohlpflanzen in wintermilden Gegenden im Freien überwintern und im Frühjahr für Neuinfektion sorgen. Alte Pflanzen müssen also befallfrei sein. Da die Eier meist an den unteren Blättern abgelegt werden, kann durch deren Entfernung schon vorsorgliche Bekämpfung durchgeführt werden, wenn Befall festzustellen ist (Punktartige Puparien auf der Blattunterseite). Bekämpfung ist durch Schmierseifenlösung möglich, wenn die Spritzung auf der Blattunterseite in wöchentlichen Abständen wiederholt wird. Die Henry Doubleday Research Association empfiehlt, in der Nähe von Kohl Doldenblütler anzupflanzen, wie Fenchel und Maggikraut, da sie durch ihre Blüten oder die von *Phacelia tanacetifolia* die Schlupfwespe *Aphelinus* anlocken, die als Nützling die Puparien der Kohlmottenschildlaus parasitiert.

Junger Spitzkohl

Sommerkohlsorte 'Greyhound' (Text S. 23)

Befall durch Kohlhernie

Wirsinganbau in Sandling Park

Ein Kohlkragen gegen die Kohlfliege

Kopfkohl von NIAB, Cambridge, aufgenommen am 15. Februar

Wirsinghybridsorte 'Santana'

Wirsinghybridsorte 'Saga'

'January King' im herbstlichen Sonnenlicht

Wirsingsorte 'Wivoy'

Hybridsorte 'Julius'

'January King'

'Castello' (Abb. S. 20) F1-Hybride, deren Qualität auch bei längerer Standzeit im Garten erhalten bleibt. Feste, runde, graugrüne Köpfe. Erntereif in 80 Tagen ab Pflanzung.
'Comet' Eine Kreuzung aus 'January King' mit einer Weißkohlhybridsorte. Gezüchtet von Asmer Seeds.
'Greyhound' (Abb. S. 20) Früh reifende Sommerkohlsorte zur Pflanzung im zeitigen Frühling mit vorkultivierten Pflanzen und Erntereife in 62 Tagen ab Pflanzung.
'January King' syn. 'Pontoise', 'Blaugrüner Winter', 'Chou Milan de l'Hermitage'. Alte französische, von Vilmorin 1883 angebotene Sorte, die heute zur Sortengruppe wurde. Bei Pflanzung Anfang Juli sehr winterhart.
'January King Hardy Late Stock 3' Besonders winterharter, spät reifender Typ von Tozers mit mittelgroßen Köpfen und guter Haltbarkeit bis März und April.
'Julius' Wirsingsorte; gezüchtet von Sluis & Groot BV mit 17 cm breiten und etwa 19 cm hohen Köpfen mit kurzem Strunk im Kopf. Früh reifende F1-Sorte.
'Midway' (Abb. S. 20) Eine Wirsingsorte.
'Saga' Eine F1-Hybride einer von Royal Sluis Ltd. gezüchteten Wirsingsorte. Mittelfrüh reifend, klein mit sehr festem Kopf.
'Santana' F1-Wirsingsorte. Gezüchtet von Royal Sluis Ltd. Frühe Sommersorte.
'Winterton' Eine Kreuzung zwischen Weißkohl und einer January-King-Sorte, die in kühlem Wetter rötlich wird. Züchtung von Bejo Zaden BV.
'Wintessa' Späte Wirsingsorte; gezüchtet von Bejo Zaden BV. Die spätreifendste Sorte 200 Tage nach der Pflanzung. Ziemlich lockere Köpfe.
'Wivoy' Gezüchtet von Nickerson Zwaan. Kälteresistent, leicht wirsingartig gekräuselte Sorte mit kleinen Köpfen, die den Winter hindurch bis März und April stehen können. Eine der härtesten Wirsingsorten.

Kohl von NIAB, Cambridge, aufgenommen am 1. November

'Kissendrup'

Rotkohl ist generell sehr frostverträglich, hat dicke Blätter und eignet sich in Gegenden mit sehr kalten Wintern auch zur Einlagerung. Beim Kochen kann die rote Farbe bläulich werden, wenn das Wasser alkalisch ist, aber mit etwas Essig wird das »Blaukraut« wieder zu »Rotkraut«. Kulturansprüche sind die gleichen wie für Weißkohl.

'Kissendrup' Alte, seit 1889 bekannte deutsche Sorte. Blätter graurot.

'Late Purple Flat Poll' Sehr großer Futterkohl, der in der Vergangenheit als Viehfutter für den Winter angebaut wurde. Die Aufnahme stammt vom 1. November.

'Mohrenkopf' syn. 'Negrohead'. Pflanzen etwa 50 cm hoch mit Umblatt, etwa 80 cm breit mit rundem, ca. 20 cm großem Kopf. Alte, schon vor 1911 bekannte Sorte.

'Red Drumhead' Geeignet für die Konservenindustrie. Resistent gegen virusbedingte Vergilbung (yellow virus). Alte Sorte.

'Red Dutch' Bildet feste große Köpfe, die spät reifen und für die Konservenindustrie geeignet sind. Wahrscheinlich sortengleich mit 'Mohrenkopf'.

'Vesta' Für Lagerung geeignete Rotkohlsorte.

Verschiedene Dauerweißkohlsorten in Sandling Park

'Late Purple Flat Poll'

Links 'Mohrenkopf' und rechts 'Vesta'

'Red Drumhead'

Beete mit Kohl und Spinat bei Joy Larkcom

'First of June'

Kohl von NIAB, Cambridge, aufgenommen am 10. Juli

'Delphi' F1-Hybride, gezüchtet bei Royal Sluis Ltd. Nur wenig später als 'Golden Cross' reifender Primotyp.

'Derby Day' Gezüchtet von Dr. C.D.R. Dawson und durch A.L. Tozer Ltd. in den Handel eingeführt. Köpfe etwa 15 cm hoch und breit mit Schnittreife von Juni bis August.

'First of June' Gezüchtet von Dr. C.D.R. Dawson und eingeführt von A.L. Tozer Ltd. Pflanze etwa 27 cm hoch und 63 cm breit. Kopf etwa 11 cm hoch und 22 cm breit.

'Golden Cross' F1-Hybridsorte für Früh- und Spätsommerernte. Schnell reifend.

'Green Express' F1-Hybridsorte für Sommerernte. Köpfe 20 cm hoch und breit.

'Hispi' Gezüchtet und eingeführt von Bejo Zaden BV. Spitze, etwa 18 cm breite und 25 cm hohe Köpfe. Schnell reifende F1-Hybridsorte mit Erntemöglichkeit Ende Mai bei frühzeitiger Jungpflanzenanzucht unter Schutz.

'Hornspi' Züchtung von Nickerson Zwaan BV. Spitzkopfsorte; früh reifend und für Anbau in Frühbeetkästen geeignet.

'Jersey Wakefield' Bereits 1788 eingeführt und damit wohl die älteste noch angebaute Sorte. Spitzkopfkohl für Sommerernte.

'Myatt's Offenham Compacta' Züchter Dr. C.D.R. Dawson und Einführer A.L. Tozer Ltd. Pflanzen 30 cm hoch und 43 cm breit. Kleine Köpfe, aber bei Aussaat Anfang August für frühe Ernte im April bis Mai geeignete Sorte.

'Pixie' Von A.L. Tozer Ltd. eingeführte Züchtung von Dr. C.D.R. Dawson. Bei Herbstaussaat Erntereife im Mai. Pflanzen etwa 23 cm hoch. Feste, kleine, 15 cm breite und 22 cm hohe Köpfe. Sehr früh reifend und sowohl als Blattkohl wie Kopfkohl geeignete Sorte für kleine Gärten.

'Quickstep' Geeignet für Sommer- oder Herbsternte. Pflanzen 23 cm breit und 21 cm hoch mit etwa 17 cm großen Köpfen. Ein Drumhead-Typ für Herbsternte des Züchters Nickerson Zwaan BV.

'Spitfire' F1-Hybridsorte mit Spitzkopf, die später reift als 'Hispi'. Dunkelgrünes Blatt und lange auf dem Feld standfähig.

'Spring Hero' F1-Hybridsorte mit für Frühkohl ungewöhnlichen runden, bis 1 kg schweren, zarten und wohlschmeckenden Köpfen.

Erntereifer Sommerkohl

'Jersey Wakefield'

'Pixie'

'Myatt's Offenham Compacta'

'Hispi'

'Spring Hero'

'Spring Hero'

'Quickstep'

Rosenkohl von NIAB, Cambridge, aufgenommen am 1. November

Eine Reihe junger Pflanzen von 'Rubine'

'Oliver'

ROSENKOHL

Brassica oleracea L. var. *gemmifera* DC. (Cruciferae)
Brussels Sprouts (GB)

Von Rosenkohl wird erstmals in Belgien um 1750 berichtet. Er kam dann um 1800 nach England und Frankreich und ist auch in Deutschland die jüngste Kohlvariante. In vielen Sprachen ist sein Name mit dem Wort Brüssel verbunden als Hinweis auf seine Geschichte von Belgien aus. Es gab einen älteren ähnlichen Kohl, der *Brassica capitata polycephalos* hieß und 1587 in D'Alechamps's *Historia Generalis Plantarum* abgebildet ist.

Moderne Rosenkohlsorten haben ebenmäßige Röschen, von denen möglichst viele gleichzeitig erntereif sind. Es sind häufig F1-Hybriden, die wüchsig und einheitlich sind. Eine alte, für den Hobbygärtner in England geeignete Sorte ist 'Noisette'. Sie ist winterhart und ermöglicht eine lange Erntezeit von Oktober bis Februar. Die neueren Sorten 'Peer Gynt' und 'Widgeon' können auch über eine lange Zeit geerntet werden. Varianten des Rosenkohls sind die rötlichen Sorten 'Rubin Red' und der neue Kohl-Rosenkohl, bei dem sich an der Spitze der Pflanze ein kleiner Kopfkohl bildet.

Man sollte im Garten die abgeernteten Rosenkohlpflanzen nicht zu früh ausreißen, da kleinere oder lockere Röschen im Frühjahr einen ausgezeichnet schmeckenden Blütentrieb ähnlich dem Brokkoli treiben.

Kulturansprüche hat der für Winter- bzw. Frühjahrsernte angebaute Kopfkohl. Aussaat erfolgt zwischen Februar und April, so daß kräftige Pflanzen im Mai und Juni mit etwa 60–90 cm Abstand aufgepflanzt werden können. Weitere Abstände in der Reihe ergeben größere Pflanzen, die über längere Zeit abgeerntet werden können. Sehr hohe Pflanzen bedürfen manchmal in Lagen, die dem Wind ausgesetzt sind, einer Stütze. Wenn man mehrere Sorten verwendet, ist es möglich, den Erntezeitraum vom September bis zum April auszudehnen.

Die mehlige Kohlblattlaus kann großen Schaden anrichten, und man sollte im Spätsommer und wiederum im Frühling die Pflanzen genau kontrollieren, um überwinterte Kolonien frühzeitig zu entfernen, bevor sie im Frühjahr als Infektionsherde für neue Kohljungpflanzen dienen.

'Bedford Fillbasket' Alte Sorte mit großen Röschen und hoher Erntemenge. Für Ernte von Oktober bis Dezember. Suttons Auslese dieser Sorte wurde erstmals 1925 angeboten. Die Röschen sind außerordentlich groß, aber trotzdem sehr fest und von guter Qualität.
'Early Half Tall' Gezüchtet von Messrs A. Hansen in Dänemark. Niedrige, etwa 45–50 cm hohe und 75 cm breite dunkelblaugrüne Pflanzen mit Erntemöglichkeit von Oktober bis Dezember.
'Mallard' Eine von Tozer's of Cobham vor 1984 gezüchtete F1-Hybridsorte, die von Unwins angeboten wird.
'Montgomery' F1-Hybridsorte von Marshalls, deren Züchter Tozer's von Cobham ist. Röschen glatt und dunkelgrün und erntereif ab Dezember.
'Oliver' F1-Hybridsorte für Septemberernte und damit die früheste der neueren Rosenkohlsorten.
'Rubine' Rotblättrige Sorte von gutem Geschmack mit später Erntereife, in der Regel erst ab November.

'Mallard'

'Montgomery'

Grünkohl 'Frosty'

Palmkohl

BLATTKOHL, GRÜNKOHL

Brassica oleracea L. var. *acephala* DC. (Cruciferae)
Kale, Borecole, Collards, Colewort (GB)

Blattkohl umfaßt verschiedene, nicht kopfbildende Kohlformen. Die meisten haben hohe dicke Stengel, sind sehr winterhart und können im Frühling, wenn die jungen Blätter und Triebe sich entwickeln, noch geerntet werden. Der Markstammkohl (Marrow-stem kale – GB, auch als Chou moellier – F bezeichnet) hat besonders dicke Stengel. Viele dieser Blattkohlformen werden als Gemüse angebaut und haben gewellte und gekrauste Blätter. Hierher gehören auch die großen grobblättrigen, als Vieh- und Schaffutter angebauten Futterstaudenkohle.

Blattkohle waren wahrscheinlich die zuerst angebauten Kohltypen, da sie auf vielfältige Weise der Wildart *Brassica oleracea L.* gleichen.

Grünkohl (GB: Scotch kale oder Borecole) hat sehr stark gekrauste, meist dunkelgrüne oder bläulichgrüne Blätter.

Der **Strauch- oder Staudenkohl** (GB: Siberian kale) kann sehr unterschiedlich sein und hat meist breitere Blätter, die manchmal gewellt oder am Rande gekraust sind. Es gibt auch eine rotblättrige Sorte 'Russian Red'. 'Laciniato', eine italienische Sorte, hat tief eingeschnittene flache Blätter. Eine alte staudige Sorte 'Ragged Jack' hat gewellte rote Blätter. 'Thousand-headed' ist außerordentlich winterhart und treibt im zeitigen Frühjahr wie der früher bei uns angebaute »1000köpfige« Kohl.

Der Zierkohl (GB: Ornamental kales) zeigt alle Übergänge zwischen grün, bläulichgrün, rot, rosa und weiß mit glatten und gewellten Blättern und offenen rosenblütigen Kopfformen. Er wurde um die Jahrhundertwende zur Beetbepflanzung gezogen, aber auch als Tischdekoration genutzt, und ist jetzt wieder in vielfältigen Form- und Farbvarianten erhältlich.

In wärmeren Klimaten werden **Blattkohlarten** gezogen (GB: Collard). Sie haben glatte Blätter und sind besonders in den südlichen Staaten der USA verbreitet. In kühlen Gegenden werden sie im Frühling gesät und während des Sommers und Herbstes geerntet. In wärmeren Gegenden erfolgt die Aussaat im Spätsommer für die Winterernte. Diese Blattkohltypen sind problemloser als andere Brassica-Formen anzubauen, da sie auch auf armen Böden wachsen. Blattkohlarten sind außerordentlich winterhart und sollen auch weniger unter Taubenfraß im Winter leiden.

Riesen- oder Baumkohl (GB: Tree cabbage, Walking-stick cabbage, Giant Jersey kale; F: Chou Cavalier) ist nahe mit dem Markstammkohl verwandt und hat sehr hohe Stengel, aus denen früher auf der Kanalinsel Jersey Spazierstöcke hergestellt wurden. Die glatten, nicht gekrausten Blätter stehen schopfartig wie bei einer Palme am Stengelende.

Palmkohl (GB: Palm tree cabbage; F: Chou Palmier) ist eine alte, seit dem 19. Jahrhundert bekannte Sorte mit schmalen gebogenen, wirsingkohlähnlichen Blättern, die in einer palmartigen Rosette am Stengelende stehen.

Gartenkultur

Blattkohle werden im Mai ausgesät und im Juni oder Anfang Juli aufgepflanzt. Reihenabstand bei niedrigen Typen 45 cm und bei großen 75 cm. Der Boden sollte nicht so nährstoffreich sein, da darunter die Winterhärte leidet. Eine stickstoffbetonte Kopfdüngung im Spätwinter fördert die Entwicklung üppiger junger Triebe. Dieser Kohl läßt sich auch spinatartig bei etwa 15 cm Höhe als Frühlingsgemüse ernten, wenn man im Januar oder Februar unter Glas dicht aussät. Bei nicht zu tiefem Schnitt treiben die Pflanzen nochmals aus. Die Sorte 'Spurt' von Thomson & Morgan eignet sich besonders für diesen Zweck. Die englischsprachig »Collards« genannten Blattkohlsorten für Anbau in warmen Klimaten werden in Gegenden mit kühlen Sommern im Mai gesät, in wintermilden oder heißeren Gegenden dagegen im Spätsommer. Die Sorte 'Florida' reift in 45 Tagen am schnellsten. Die verbreitete Sorte 'Georgia' benötigt dazu 70–80 Tage. Diese Blattkohltypen sollten mit etwa 16 cm Abstand gepflanzt werden.

CHINESISCHER BROKKOLI

Brassica oleracea L. var. *alboglabra* (Bailey) Sun syn. *B. alboglabra L.H. Bailey (Cruciferae)*
Chinese Broccoli, Chinese Kale (GB); Gai Lohn (China)

Dieser einjährig angebaute chinesische Typ ist eng mit dem europäischen Brokkoli und dem portugiesischen 'Couve Tronchuda', dem Tronchuda-, Rippen- oder portugiesischen Kohl, verwandt, der heute noch in Portugal und auf Madeira angebaut wird. Wahrscheinlich stammt er von frühen portugiesischen Einführungen dieses Kohls nach China ab, da die Portugiesen schon 1517 nach Kanton in China kamen.

Der Chinesische Brokkoli ähnelt einem schlanken blättrigen, europäischen Brokkoli oder auch einem niedrigen Blattkohl mit einem kleinen Blumenkohlkopf auf einem festen fleischigen Stengel. Die Blüten sind meist weiß, können aber bei einigen Sorten auch gelb sein. Dr. Herklots erwähnt auch eine rotblütige Form. Einige Sorten wachsen am besten bei heißem Wetter, andere wachsen besser in kühlen Klimaten und werden z.B. als Wintergemüse in den tropischen Bereichen Thailands angebaut. In geeigneten Klimaten kann die Ernte etwa 6 Monate andauern, da kontinuierlich neue Triebe nachwachsen. In kühleren Klimaten sollte man erst ab Hochsommer aussäen, damit sich die Pflanzen vor Blühbeginn kräftig entwickeln können. Die F1-Sorte 'Green Lance' gehört zu den schnell wachsenden hitzeresistenten Sorten, die nach etwa 50 Tagen erntereif sind. Eine andere Sorte, die als 'Gai Lohn', 'Gai Choi', 'Kaai Laan' oder 'Chinese Kale' verkauft wird, eignet sich besser für kühleres Wetter und ist dann nach etwa 70 Tagen erntereif (S. 49).

Chinesischer Kohl, ähnlich Tronchudakohl

Zierkohl 'Coral Queen'

Gemüsegarten in Chengdu, Sichuan, China

Blaugrüne Grünkohlsorte

Kohlpflanzung mit Zwischensaat in China

Schossender Grünkohl im Frühling

Zierkohl 'Russian Red'

Pflanzenmaterial von NIAB, Cambridge, aufgenommen am 29. März

Kopfbrokkoli unter Schutz im Kasten im November

'Mercedes' in Blüte

BROKKOLI

Brassica oleracea L. var. *italica Plenck (Cruciferae)*
Broccoli, Calabrese (GB)

Brokkoli soll im 17. Jahrhundert aus Kreta, Zypern oder dem östlichen Mittelmeergebiet nach Italien gekommen sein. Von Italien aus hat er sich nach Nordeuropa verbreitet und wurde 1724 in Millers *Gardener's Dictionary* 'Italian asparagus' genannt.

Heute werden hauptsächlich 3 Brokkoli-Typen angebaut: Der einjährige grüne oder seltener purpurne Brokkoli, der im Sommer erntereif ist (GB: Calabrese; NL: Sommerbrokkoli. Es ist der uns in Deutschland vertraute Brokkoli, der genau mit verzweigtem Brokkoli oder Spargelkohl bezeichnet werden müßte.). Der Kopfbrokkoli (GB: Romanesco) ist im Spätsommer oder Herbst erntereif, hat einen aus spiralig angeordneten, kleinen, gelbgrünen, kegeligen Blumenkohlröschen gebildeten Kopf. Der nach Überwinterung im Frühjahr blühende Winterbrokkoli kann einjährig oder staudig sein und ist mit seinen weißen oder purpurnen Köpfen im zeitigen Frühjahr erntereif. Die dritte Gruppe, der staudige Brokkoli, ist eine alte, heute noch erhältliche Sorte mit Namen 'Nine Star'. Alle diese Brokkoli-Typen werden seit dem frühen 19. Jahrhundert angebaut. Früher wurden oft in den wintermilden Gegenden überwinternde, im Frühjahr geerntete Blumenkohle als Brokkoli bezeichnet. Sie werden aber heute wieder dem Blumenkohl zugeordnet und zeigen, wie fließend die Übergänge zwischen Blumenkohl und Brokkoli sind.

Gartenkultur

Der in wintermilden Gegenden überwinternde Brokkoli wird im April oder Anfang Mai in Saatbeeten ausgesät, und die Jungpflanzen werden im Juni oder Juli mit 60 cm Reihenabstand aufgepflanzt. Kulturziel ist, zähe, abgehärtete Pflanzen zu erzielen, die im Winter nicht absterben. Große Pflanzen können gegebenenfalls eine Stütze erfordern. Der Boden sollte gut wasserdurchlässig und nicht zu stickstoffreich sein, da dies die Pflanzen weich und saftig und mit zu starkem Blattwachstum in den Winter gehen läßt.

Brokkoli und Kopfbrokkoli werden oft in Dreiergruppen mit 20 cm Reihenabstand an Ort und Stelle ausgesät. Nach dem Auflaufen wird auf Einzelpflanzen ausgedünnt und für zügiges Wachstum bei trocknem Wetter ausreichend gewässert. Der überwinternde Brokkoli kann bei Schutz vor Frost und Regen den ganzen Winter hindurch in geeigneten Klimaregionen geerntet werden. Abgeerntete Pflanzen können entfernt werden, da sie weder aus den Blattachseln weitere erntereife Köpfe entwickeln noch Seitentriebe bringen. Manche Brokkolisorten sind in der Lage, Seitentriebe für kontinuierliche Ernte zu entwickeln.

Ausdauernder Staudenbrokkoli wird wie überwinternder Brokkoli angebaut. Alle Blütentriebe, die bei der Sorte 'Nine Star' weiß sind, sollten jedes Jahr geerntet und die Pflanze den Sommer über gut gepflegt werden. Nach der Ernte ist eine Kopfdüngung erforderlich, damit die Pflanze für die nächste Saison kräftig wächst.

'Mercedes' F1-Sorte. Schnell reifender grüner Brokkoli mit dicken Stengeln und ziemlich flachen, etwa 15 cm breiten Köpfen. Für schnelle Sommerernte im Juni ausgepflanzt, ist sie in etwa 50 Tagen erntereif.
'Oasis' Eigentlich ein purpurner Blumenkohl, der wegen seines unregelmäßig geformten Kopfes früher zum Brokkoli gerechnet wurde. Pflanzung im Sommer für Ernte im folgenden Frühling. Dieser Typ von Blumenkohl ist winterhärter als die weißen Sorten und geschmackvoller.
'Early Purple Sprouting' Bei dieser alten Sorte beginnt die Ernte je nach Witterungsentwicklung im März und dauert mit immer kleiner werdenden Trieben bis in den Mai (Abb. S. 35).
'Late Purple Sprouting' (Abb. S. 35) Verlängert die Erntezeit, da sie bei dieser Sorte erst 14 Tage später beginnt.
'Early White Sprouting' Dies ist das weiße Gegenstück zu 'Purple Sprouting', wobei die »Early«-Sorte etwa 2 Wochen früher ist als die »Late«-Sorte.

Blaugrüne Kopfbrokkoli-Sorte in Malawi

'White Sprouting'

'Emperor'

'Green Comet'

White Sprouting-Brokkoli (S. 33)

'White Sprouting'

'Minaret'

'Citation' Mittelfrühe F1-Sorte mit dünnen Stengeln und großen, manchmal bläulichen Köpfen. Resistenz gegen Falschen Mehltau.

'Cruiser' Mittelgroße, in den USA in 58 Tagen erntereife Köpfe. Gut geeignet für heiße, trokkene Bedingungen und treibt nach Ernte des Hauptkopfes Seitentriebe.

'Emperor' Tolerant gegen Adernschwärze und Falschen Mehltau. Erntereife im Sommer in etwa 70 und im Frühling in etwa 85 Tagen. F1-Sorte mit hohen Ernteerträgen, aber ungleichen Köpfen.

'Green Comet' Schnell erntereife Sorte innerhalb 80 Tagen nach Aussaat. Der endständige Kopf und die zahlreichen Seitentriebe sind zusammen etwa 23 cm breit.

'Lancelot' Mittelfrühe F1-Sorte; kurzstämmig mit etwas ungleichem Kopf.

'Minaret' Kopfbrokkoli, dessen in einzelne spitzkegelige Gruppen zerfallender Kopf sich erst im Spätherbst ausbildet. Bei Aussaat von Mai bis Juli Ernte im Herbst oder bei Schutz bis in den Dezember.

'Shogun' Züchtung von T. Sakata & Co. Yokohama. Große Pflanzen mit endständigem, etwa 10,5 cm großem Kopf auf dünnem Stengel. Köpfe blaugrün, groß und von unregelmäßiger Form. Tolerant gegen feuchtes Wetter. Geeignet für Kultur unter Schutz für frühe Ernte im Mai und Juni, bei Anzucht unter Schutz im Oktober zur Ausplanzung für spätere Ernte.

'White Sprouting' Selektion der Gartenbauforschungsanstalt Wellesbourne (87500).

'Late Purple Sprouting' (S. 33)

'Purple Sprouting' (S. 33)

'Lancelot'

'Citation'

'Cruiser'

'Shogun'

'Markanta' in den Versuchsfeldern des National Institute of Agricultural Botany (NIAB) in Cambridge

Purpurner Winterblumenkohl 'Purple Cape'

BLUMENKOHL

Brassica oleracea L. var. *botrytis* L. (Cruciferae)
Cauliflower (GB), Karfiol (A)

Im Sommer und Herbst geernteter Blumenkohl stammt von Pflanzen, die in der gleichen Vegetationsperiode gesetzt worden sind. Winterblumenkohl ist nur in sehr wintermilden Gegenden wie in der Bretagne oder in Cornwall möglich, denn Blumenkohl benötigt Tagesdurchschnittstemperaturen von über 4°C. Kurze Frostperioden bis zu –10°C verträgt der Blumenkohl nur, solange er noch keine Köpfe angelegt hat. Die am schnellsten reifenden Blumenkohlsorten wie 'Early Snowball' sind in etwa 50 Tagen erntereif. Bei Anbau über Winter in wintermilden Gegenden dauert es bis zur Ernte fast ein Jahr. Der Winterblumenkohl (GB: Cape broccoli) hat oft purpurfarbene Köpfe (siehe auch S. 32). Einige Sorten sind leuchtend gelbgrün, andere orange, und »floccoli«, eine Kreuzung aus Brokkoli und Blumenkohl, hat blaßgrüne Köpfe.

Neuere Züchtungen sind Mini-Blumenkohle mit nur etwa 8 cm Durchmesser. Sie sind schnell erntereif und werden dicht gepflanzt. Dazu gehören die Sorten 'Garant' und 'Predominant', von denen ersterer früher schnittreif ist. Man schätzt diese Mini-Blumenkohlköpfe für kleine Familien und Mahlzeiten für Einzelpersonen.

Mini-Blumenkohl

'Limelight', ein hellgrüner Blumenkohl

Ein rosafarbener Blumenkohl

Man nimmt an, daß Blumenkohl aus Kreta, Zypern oder dem östlichen Mittelmeergebiet stammt und um 1490 Italien erreichte – auch wenn ein ähnliches Gemüse bereits schon von den Römern angebaut wurde. In England berichtet erstmals Gerard Ende des 16. Jahrhunderts vom Blumenkohl, der aber erst gegen Ende des 18. Jahrhunderts bekannter wurde. Von Italien gelangte der Blumenkohl durch die regen Handelsverbindungen auch bald ins nördliche Mitteleuropa.

'Garant' und **'Predominant'** Zwei Mini-Blumenkohlsorten, die sich nur dadurch unterscheiden, daß 'Garant' eine Woche früher reif ist. Sie werden bei warmem Wetter nach etwa 90 Tagen mit Kopfgrößen von 4–11 cm geerntet.

'Limelight' Mittelfrühe Sorte für Ernte Ende September bei Saat Ende Mai. Röschen hellgrün.

'Markanta' Eine Winterblumenkohlsorte des Walcheren-Wintertyps zur Ernte Ende April und Kultur in wintermilden Gegenden.

'Purple Cape' Eine purpurfarbene Winterblumenkohlsorte zur Frühjahrsernte bei Aussaat Mitte Mai und Kultur in wintermilder Gegend.

Gartenkultur

Blumenkohl braucht einen höheren Kalkgehalt im Boden als die meisten Kohlarten, so daß der Boden vor der Pflanzung ausreichend mit Kalk versorgt werden muß. Der Stickstoffgehalt sollte nicht so hoch sein, der Boden jedoch gut wasserhaltend, so daß die Pflanzen ohne Trockenstreß wachsen können. Wassermangel führt zu deformierten oder sehr kleinen Köpfen.

Jungpflanzenanzucht kann unter Schutz, in Saatbeeten im Freien oder durch Direktsaat erfolgen. Ganz früher Blumenkohl wird meist im Oktober ausgesät, und die Pflanzen werden frostfrei bis zur Auspflanzung im März auf 50 cm Abstand überwintert. Zur Spätsommer- und Herbsternte wird meist von März bis April ausgesät und nach 6 Wochen ausgepflanzt. Die schnellsten Sorten sind nach etwa 50 Tagen erntereif ('Abuntia' und 'Snow King' sollen dies schon in 45 Tagen schaffen). Die langsamer wachsenden Sorten benötigen dazu 100 oder mehr Tage. Mini-Blumenkohl kann in Folgesaaten angebaut werden, wobei die Reihen in 15 cm Abstand stehen. Sie brauchen etwa 85 Tage. Eine Sortengruppe, zu der 'Angers No 1', 'Penzance' oder 'Veitch's Self-Protecting' gehören, eignet sich für fast frostfreie Gegenden zur Ernte im Winter. Sie wird dazu im Mai ausgesät und Ende Juli mit etwa 70 cm Abstand aufgepflanzt.

Winterblumenkohl zum Anbau in wintermilden Gegenden sollte so abgehärtet wie möglich in die kalte Jahreszeit gehen, d.h. z.B. so wenig Stickstoff wie möglich, damit die Pflanzen nicht schwach und weich sind und den Winter besser überstehen. Sie sind dann von März bis Mai erntereif und benötigen im Spätwinter eine Kopfdüngung mit Stickstoff zur besseren Entwicklung der Blumenkohlköpfe. Die purpurfarbenen Winterblumenkohlsorten sind besonders widerstandsfähig. Früh reifende Blu-

Roter Herbstblumenkohl 'Violet Queen'

'Alverda', hellgrüner Blumenkohl

'Andes', Sommerblumenkohlsorte

menkohlsorten lassen sich besonders für den Winteranbau in subtropischen Klimagebieten nutzen.

Als »Purple Cape« wird die Gruppe der roten Winterblumenkohlsorten beschrieben, die im englischsprachigen Raum oft auch als Winterbrokkoli bezeichnet wurden, die aber in Form und Anbau Blumenkohl entsprechen und ihm heute auch zugerechnet werden. Sie werden mit Sizilien und dem Kap der Guten Hoffnung Südafrikas in Verbindung gebracht. Dies assoziiert, daß sie milde Winter zur guten Entwicklung brauchen. Es gibt aber auch solche rotköpfigen Sorten zur Herbsternte und robustere, die sich in wintermilden Gegenden oder mit Schutz auch für die Frühjahrsernte anbauen lassen. Die Röschen werden beim Kochen grün.

'Alverda' Mittelfrüher grüner Blumenkohl mit dunkelgrünen Röschen zur Ernte Ende September bei Aussaat Mitte Mai. Eine Sorte von Suffolk Herbs.

'Andes' Eine hitze- und kältetolerante Sorte, die zur Ernte im Juli und August Mitte März ausgesät wird. Köpfe etwa 16 cm groß, selbstbedekkend.

'Arcade' F1-Sorte von Winterblumenkohl mit zeitiger Kopfausbildung im Frühjahr bei Aussaat Mitte Mai.

'Armado April' (Walcheren-Wintertypsorte) Winterblumenkohl zur Ernte im April bei Aussaat Mitte Mai.

'Markanta' (Walcheren-Wintertypsorte) Winterblumenkohl zur Ernte Ende April bei Aussaat Mitte Mai.

'Purple Cape' Winterblumenkohl zur Frühlingsernte bei Aussaat Mai oder Juni.

'Violet Queen' F1-Herbstblumenkohlsorte mit schneller Reife innerhalb von 2 Monaten bei idealen Wachstumsbedingungen und Frühsommeraussaat.

Roter Winterblumenkohl

Winterblumenkohl 'Arcade'

Winterblumenkohl 'Armado April'

Winterblumenkohl 'Markanta'

Kohlrabi auf dem Markt in China

KOHLRABI, OBERRÜBE

Brassica oleracea L. convar. *caulorapa* (DC.) Alef. var. *gongylodes* L. *(Cruciferae)*

Diese Kohlform hat einen kurzen Stamm, durch dessen Verdickung eine Sproßknolle, der Kohlrabi, entsteht. Der Kohlrabi entstand im 15. Jahrhundert in Nordeuropa und dürfte mit Formen des Markstammkohls verwandt sein. Plinius beschrieb bereits im Jahr 70 eine ähnliche Form. Es gibt zwei Farbtypen: weiß oder blaßgrün und purpurrot. Kohlrabis wachsen schnell und vertragen mehr Trockenheit als die meisten anderen Brassica-Arten. Je nach Sorte sind sie in 40–70 Tagen erntereif. Die Knollen sollten möglichst jung und zart ab Tennisballgröße gegessen werden. Es gibt aber auch Formen, die sehr groß werden und dennoch zart bleiben. (Bei uns z.B. 'Blauer Speck' oder 'Superschmelz'.) Vor dem Kochen sollte man sie schälen, da sich die faserigen, holzigen Teile im Bereich der Knollenaußenhaut befinden.

Gartenkultur

Kohlrabi werden in warmen Klimaten meist an Ort und Stelle gesät mit einigen Folgesaaten ab Februar und bis September. Ausgedünnt wird, wenn die Pflanzen etwa 5 cm hoch sind. Der Abstand in der Reihe sollte 25 cm betragen, und die überzähligen Pflanzen können wieder aufgepflanzt werden. Die purpurroten Sorten sind robuster und werden meist spät für die Spätherbst- und Frühwinterernte ausgesät. Letzteres wiederum nur in wintermilden Gegenden. In Deutschland erfolgt in der Regel Pflanzung von Jungpflanzen aus Anzucht unter Schutz (Aussaat ca. 60 Tage vor Pflanzung: im Kasten oder unter Folie oder im Freien ab den Eisheiligen, da Frost schossen bewirkt.).

Krankheiten und Schädlinge wie bei Kopfkohl. Besonders zu beachten sind die Kohlfliege und auf sauren Böden Kohlhernie.

Sorten
Noch immer werden die verbreiteten alten Sorten in Weiß und Rot von 'Wiener Glas' (syn. GB: 'White Vienna' und 'Purple Vienna') angebaut. Die Züchtung versucht heute schneller reifende Sorten zu erreichen und hat inzwischen auch F1-Hybridsorten geschaffen. Saatgut sehr alter Sorten wie z.B. 'Purple Delicacy' und 'Rolano' sind aber immer noch in Saatgutkatalogen zu finden.

Junge Kohlrabi in Verzehrgröße in Malawi

Kohlrabiangebot beim morgendlichen Gemüsemarkt auf dem Dalsee in Kaschmir

Kohlrabi 'Purple Vienna'

Kohlrabi 'White Vienna'

Kohlrabi 'White Vienna'

Sarepta Senf (siehe S. 44)

WASSER-, STOPPEL-, MAI-, HERBST-, SPEISE-, WEISSE RÜBE, TELTOWER RÜBCHEN

Brassica rapa L. *emend.* Metzg. syn. *Brassica campestris* L. *(Cruciferae)*
Turnip (GB)

Brassica rapa ist die Art, von der die Stoppelrüben, auch Rübsaat genannt, und viele Sorten des Chinakohls (siehe S. 47) abstammen. Die Art ist auch mit dem gewöhnlichen Kopfkohl verwandt, mit dem durch Kreuzung die Kohlrübe *Brassica napus* entstanden sein soll. Andere verwandte Gemüsearten sind der Sarepta Senf *(Brassica juncea)* und der Rettich. Die Art *Brassica rapa* wird in einige Unterarten eingeteilt. (Dies ist bei den aus China und Japan stammenden sehr komplex und unklar.)

Als **Subspecies** *sylvestris* wird der noch in ganz Europa und vielen Teilen Asiens als Unkraut auf offenem Boden oder entlang an Ufern verbreitete Typ bezeichnet. Er ist entweder einjährig oder zweijährig, wobei er dann im ersten Herbst eine Blattrosette bildet, die im folgenden Frühling blüht. Das natürliche Verbreitungsgebiet ist unbekannt, dürfte aber wahrscheinlich in Mitteleuropa gelegen haben. Dieser Typ ist heute auch ein verbreitetes Unkraut in Nordamerika.

Die Subspecies *rapa* ist die angebaute Stoppelrübe. Die fleischige Pfahlwurzel ist in den heutigen europäischen Sorten meist rund, in Japan gibt es aber auch lange, schmale, karottenförmige Sorten, die 'Hinona Kabu' heißen. Joy Larkcom nimmt an, daß diese wohl von der alten europäischen Sorte 'Long Red Tankard', die im 19. Jahrhundert angebaut wurde, abstammen. Heutige Sorten können weiß- oder gelbfleischig sein und am Rübenkopf gelblich, weißgrün oder purpurn. Die Art wird auch bei dichter Saat als Rübstiel, auch als Stielmus oder Blattstielgemüse bezeichnet, angebaut. Dabei wird spät ausgesät und im Freiland überwintert oder sehr früh im Frühling ausgesät und geerntet, wenn ca. 15 cm hoch.

Gartenkultur

Stoppelrübenanbau ist problemlos. Sie müssen nur zügig im Wachstum bleiben und dürfen nicht unter Trockenheit leiden. Erntereife ist dann etwa 70 Tage nach Saat erreicht. Frühsommerernte erfordert Aussaat im Februar unter Schutz oder im März und April im Freien. Wasserrüben zur Einlagerung und Überwinterung werden meist im Juli und August ausgesät und bei Trockenheit gut gewässert. Von diesem Zeitpunkt stammt auch ihr Name Stoppelrübe, da sie oft als Folgefrucht nach der Getreideernte angebaut wurde. Der Abstand sollte 15 cm betragen, um für den Verzehr ausreichend große Rüben zu erzielen. Frühlingssorten können dichter stehen, damit kleinere köstlich schmeckende Rüben geerntet werden können. Frühe Sorten mit Ernte im Mai haben diesem Gemüse auch den Namen Mairübchen eingebracht. Die schnell wachsende 'Tokyo Cross' F1 sollte besser im Juli oder August ausgesät werden und ist etwa 35 Tage später erntereif. 'Snowball' eignet sich für Frühlingsaussaat, 'Manchester Market' und die gelbfleischige 'Golden Ball' werden für späte Aussaat und Überwinterung in wintermilden Gegenden empfohlen.
'Purple Top Milan' Flache, weiße Wurzeln mit purpurnen Zeichnungen. Früh reif und gut zur Überwinterung.
'Purple Top White Globe' Hält man heute für identisch mit 'Veitch's Red Globe', einer alten Sorte mit runden oder leicht flachen Wurzeln, die oberhalb des Bodens rötlich purpurn und im Boden weiß ist.
'Tokyo Cross' Eine F1-Sorte von Takii & Co. in Japan. Runde, weiße, schnell reifende und hitzetolerante Sorte für Aussaat im Hochsommer zur Frühherbsternte, kann aber auch bis in den Winter hinein stehen.
'Snowball' syn. 'Early Six Weeks' Schnell reifend, weiß.
'Golden Ball' Gelbfleischig, für Winterernte bei Frühherbstaussaat.
Für den Futteranbau gibt es auch neuere tetraploide Sorten mit hoher Frosttoleranz, damit sie lange auf dem Acker stehen und maschinell geerntet werden können. Sie eignen sich auch für den Gartenanbau.

KOHLRÜBE, STECKRÜBE, OLDENBURGER ANANAS, WRUKE

Brassica napus L. ssp. *rapifera* Metzg. *(Cruciferae)*
Swede, Rutabaga, Swedish Turnip (GB)

Neben der Kohlrübe wird auch noch die verwandte *B. napus ssp. napus*, Raps, Ölraps, Lewart, Kohlsaat oder Kohlsamen genannt, angebaut, deren gelbblühende Felder uns im Frühling in Europa vertraut sind. Es gibt auch noch eine blattreiche Rapsform, die als Viehfutter besonders für Schafe in Nordeuropa und Neuseeland angebaut wird.

Brassica napus stammt aus einer Kreuzung zwischen *B. rapa*, der Herbstrübe, und *B. oleracea*, dem Kohl, auch wenn diese Kreuzung heute künstlich schwer durchzuführen ist. Die Kohlrüben entstanden wahrscheinlich in den Gärten des Mittelalters, wo Herbstrüben und Kohl zusammen angebaut wurden und auch der Raps aus einer Kreuzung von Grünkohl mit einer nicht rübenbildenden Form von *Brassica rapa* entstand.

Das östliche Gegenstück zu *Brassica napus, B. napella*, scheint nicht als Gemüse angebaut worden zu sein.

Kohlrüben wurden erstmals in Europa von Caspar Bauhin 1620 in seinem Kräuterbuch erwähnt, sind aber wahrscheinlich beträchtlich älter. Sie kamen gegen 1795 von Schweden nach England, weshalb sie dort auch »Swede« heißen. Sie sind ein traditionelles schottisches Wintergemüse, das zu »haggis« verzehrt wurde, einem Gericht aus gehackten Schafsinnereien und Haferschrot, das im Schafsmagen gekocht wurde. Kohlrüben sind winterhärter als Herbstrüben, und ihre meist gelbfleischigen Rüben sind weniger wäßrig, was besonders auf die Sorte 'Marian' zutrifft. Einige Sorten, wie z.B. 'Merrick', haben weißes Fleisch und sind wäßrig wie Herbstrüben und werden meist für Futterzwecke angebaut.

Gartenkultur

Kohlrüben lieben leichten nährstoffreichen Boden in offener Lage. Sie sind im Herbst erntereif bei Aussaat im Mai oder Juni, wobei sie im Norden auch früher ausgesät werden, damit die Wachstumszeit möglichst

Kohlrübensorte 'Marian'

Gewelltblättriger Sarepta Senf in Lijiang in der chinesischen Provinz Yunnan

lange dauert. Es wird direkt gesät und auf 20–30 cm ausgedünnt. Bei trocknem Wetter muß gewässert werden. Die Rüben können in milden Wintern bis zum Verbrauch im Boden bleiben, sonst ist Einlagerung in einer Miete oder frostfreie Einlagerung unter Strohdeckung erforderlich. Kohlrüben werden kaum von Schädlingen oder Krankheiten befallen, nur der Erdfloh kann lästig sein, da er die Pflanzen durch seinen Fraß schwächt. Späte Aussaat und schnell wachsende Pflanzen sind die beste Voraussetzung für gute Entwicklung und Ernte.

SAREPTA SENF, AMSOI

Brassica juncea (L.) Czern. syn. *B. rugosa hort.*
Chinese Mustard, Mustard Greens, Brown Mustard, Kai Tsoi (GB)

Diese Art hat heute den alten schwarzen Senf *Brassica nigra (L.) W.D.J. Koch* ersetzt und wird verbreitet als Senfkörner in Europa angebaut. Die Art hat in Indien eine lange Anbaugeschichte als Ölsaat und für die gleiche Nutzung auch in China und Japan. In China entstanden aus ihr jedoch auch einige unterschiedliche Gemüse. *Brassica juncea* entstand durch Kreuzung zwischen *Brassica rapa* und *Brassica nigra*. Aus dieser Kreuzung entstand durch Chromosomenverdoppelung eine neue Art. Dies wurde experimentell bewiesen, wobei noch Zweifel darüber bestehen, welche Unterart von *B. rapa* dabei beteiligt war und ob diese neue Art nur einmal oder mehrmals entstand. *Brassica juncea* ist besonders in den vier Verbreitungsgebieten sehr unterschiedlich:

Zentralasien und Himalaja mit dem wohl ältesten Anbau; dem Kaukasus; Indien; und China, besonders in der warmen Provinz Sichuan.

Herklots teilt die Hongkong-Sorten in vier Gruppen ein:

Var. sareptana Sinskaja mit verdickten Blattstielen und leicht verdicktem Trieb. Die Blätter sind leierförmig mit 3 Paar getrennten Grundlappen. Die Pflanzen werden zur Winterernte angebaut, die Triebspitzen werden – oft auch eingesalzen – verzehrt.

Var. integrifolia (Rupr.) Sinskaja einschließlich *var. rugosa (Roxb.) Tsen & Lee* und *var. foliosa Bailey*, die zusammen 'Swatow Mustard' genannt werden, bilden eine blattreiche salatähnliche Pflanze, die oft ein rundes dichtes Herz hat. Einige japanische Sorten wie 'Osaka Purple' und 'Red Chirimen' haben rote oder purpurne Blätter, andere wiederum auch runzelige Blätter wie Wirsing. 'Big Stem Mustard' hat verdickte Stämme wie Stengelsalat und einfache ovale Blätter. 'Wrapped Heart' hat ein sehr kleines Herz auf einer ziemlich großen Pflanze. Bei 'Bamboo Mustard' sind die Stengel sehr lang und rund und werden meist frisch gegessen, da sie sehr angenehm schmecken und weniger scharf sind.

Var. japonica (Thunb.) Bailey umfaßt mehrere unterschiedliche Sorten mit zackig, gelappten oder fein geschnittenen Blättern. Manche sind außergewöhnlich winterhart und werden als 'Green-in-the-Snow' oder auch 'Luxuriant-in-the-Snow' oder 'Red-in-the-Snow' *(var. multiceps Tsen & Lee)* bezeichnet. Diese werden in China meist mit Salz eingemacht oder eingelegt, können aber auch frisch in Salaten oder gekocht verzehrt werden. Die Sorte, die in England als 'Green-in-the-Snow' angebaut wird, ist auch zur Zeit, während ich dies schreibe, Mitte Januar, frisch und unbeschädigt, trotz des Frostes von –6°C. Der Geschmack ist gut, aber deutlich scharf wie ein scharfer Rettich.

Var. crispifolia Bailey Blätter sind gewellt und fein gekräuselt wie Grünkohl. Junge Blätter werden geerntet und gekocht oder selten roh verzehrt. Zur Überwinterung wertvoll für frisches Grüngemüse im Frühling.

Herklots berichtet von drei anderen Unterarten, die in Sichuan angebaut und nach Hongkong eingesalzen exportiert werden; *var. tumida Tsen & Lee,* als 'Cha tsoi' bezeichnet, hat verdickte Stengel mit 8 Ausbuchtungen, die aus den unteren Stengelansätzen entstanden, und wird eingelegt für 'Zhacai' benutzt; *var. strumata Tsen & Lee*, der als 'Parcel-and-Pocket mustard' bezeichnet wird und kleine Knubbel auf der Oberfläche der flachen Blattstiele entwickelt. Die dritte Unterart *var. megarrhiza Tsen & Lee* hat kräftig verdickte Wurzeln.

Gartenkultur

Diese Senfgemüse werden am besten wie Chinakohl angebaut (siehe S. 47), was ja nicht überrascht, da sie aus dem gleichen Klima kommen. Das Klima von Sichuan, wo diese Senfformen gut wachsen, ist sehr warm, feucht, oft mit bewölktem Himmel und reichlich Regen von Juni bis Ende August, und wird danach kühler und trockner. Der Winter ist kalt, es friert aber kaum. In Europa und im gemäßigten Klima Nordamerikas benötigen die Sarepta-Senfformen warmen fruchtbaren Boden mit ausreichend Wasser im Jugendstadium, können aber kältere oder auch tiefere Temperaturen ertragen, wenn sie ausgewachsen sind. Kälte oder Trokkenheit bewirken bei jungen Pflanzen, daß sie bald zur Blüte und Samenbildung kommen. In kühlen Gegenden wird am besten im Juli gesät; in wärmeren Gegenden sät man im August oder September, damit die Pflanzen den Winter hindurch wachsen können. Die klein bleibenden, schnell wachsenden Sorten sind oft schon einen Monat nach der Aussaat erntereif. Krankheiten und Schädlinge gleichen denen des Kopfkohls, wobei die Senfarten meist härter und unempfindlicher sind.

Komatsuna

Wenn auch in Gestalt und Geschmack sehr ähnlich blattreichen Formen des Sarepta Senfs *Brassica juncea*, sind es doch Formen der Wasserrübe (*B. rapa)*, die man auf Blätter und Blattstengel gezüchtet hat. Die hier abgebildeten Sorten sind **'Big Top' F1**, syn. 'All Top', bildet auch die üblichen Stoppelrüben aus; **'Tendergreen' F1** gleicht sehr dem ursprünglichen 'Komatsuna' und kann das erste Mal bereits 20 Tage nach Aussaat geerntet werden (siehe auch S. 48 und 49).

Hierher gehören auch die bei uns angebauten Rübstiele oder Stielmusgemüse, die als *Brassica cernua (Thbg.) Forb. et Hemsel* oder *Brassica rapa var. nipposinica Bailey* bezeichnet werden und als 'Namenia' mit der dazugehörenden F1-Hybridsorte 'Hymenia' im Handel sind. Verwandt ist der Äthiopische Senf *Brassica carinata A.Br.*, dessen saftiges Brokkoliblättern ähnliches Blattgemüse als 'Texelgreens' angeboten wird.

'Chrysanthemum' Text siehe S. 321. **Ipomoea aquatica** Abb. S. 45 und Text S. 132. **'Mei Quing Pak Choi'** Text S. 48. **'Mizuna Early'** Text siehe S. 48. **Pak Choi** Abb. S. 45 und Text siehe S. 48.

Chinakohl 'Eskimo'

Pak Choi

Verschiedene asiatische Blattgemüse

'Green-in-the-Snow' in Sellindge, Kent, im Januar

Chinakohl von NIAB, Cambridge, aufgenommen am 28. September

Breitblättriger Sarepta Senf *Brassica juncea var. rugosa* in Malawi

CHINAKOHL

Brassica rapa L. subspecies pekinensis (Lour.) Hanelt syn. Brassica pekinensis (Lour.) Rupr. (Cruciferae)
Chinese Leaves, Celery Cabbage, Pe Tsai, Peking cabbage (GB)

Das ist die Pflanze, die verbreitet als Chinakohl angebaut wird. Die Pflanzen ähneln großen Bindesalaten oder Blattkohl, haben aber ein knackiges wäßriges Blatt und senfähnlichen Geschmack. Es gibt ovale, hochovale und längliche Formen und Sorten mit festem Herz oder offenen blättrigen Köpfen mit breiten Blattstielen oder auch selbstbleichende Sorten, z.B. 'Eskimo', die einem großen Endiviensalat mit weißem Herz ähnlich sieht. Chinakohl kann roh oder gekocht gegessen werden.

Gartenkultur

Die großen kopfbildenden Chinakohlformen mit weißem knackigem Herz sind schwieriger zu kultivieren. Man sät sie am besten spät von Juli bis Mitte August, so daß sie besser im kühleren Herbst oder in den Tropen im Winter wachsen. Reichliche Wasserversorgung und nährstoffreicher Boden sind der Schlüssel zu erfolgreicher Kultur, da die Pflanzen dann schnell wachsen. Die Pflanzen werden einzeln in Töpfen vorgezogen oder an Ort und Stelle gesät und dann auf 30 cm Abstand ausgedünnt. Sie vertragen keine Wurzelstörungen und sind nur durch Direktaussaat ähnlich wüchsig und trockenheitsresistent wie normaler Kohl. Entsprechend Sorte und Temperatur kann die Ernte nach 45 Tagen ab Aussaat erfolgen. Sorten wie 'Spring A-1' sind schoßfest und geeignet für Frühlingsaussaat in kühlen Klimaten.

Wenn auch Chinakohl von den gleichen Schädlingen und Krankheiten befallen wird wie der normale Kohl, scheinen diese doch den Chinakohl vorzuziehen, so daß besonders auf Schädlinge und Krankheiten geachtet werden muß. Die dünnen Blätter werden auch besonders leicht von Schneckenfraß geschädigt.

'Early Jade Pagoda' Michichili-Sortengruppe; schnellreifender Typ von 'Jade Pagoda'.

'Eskimo' Ungewöhnliche F1-Sorte mit selbstbleichendem Herz cremeweißer Blätter.

'Jade Pagoda' Michichili-Sortengruppe; F1-Sorte; dunkelgrüne lockere Köpfe mit langem inneren Strunk, bis 35 cm hoch und 15 cm breit. Gut schoßfest.

'Kasumi' Dichte schwere Köpfe mit kurzem inneren Strunk und guter Schoßfestigkeit.

Chinakohl in Malawi

Chinakohlsorte 'Early Jade Pagoda'

Pak Choi

Ein großes Exemplar von 'Joi Choi', aufgenommen am 27. September

PAK CHOI

Brassica rapa L. subspecies *chinensis* (L.) Hanelt *(Cruciferae)*
Pak Choi, Bok Choi (Kantonesisch), Qing Cai

Pak Choi ist im Anbau problemlos und erfordert nur ausreichend Wasser, nährstoffreichen Boden und Wärme. Für Ernte im Spätsommer und Herbst wird am besten im Hochsommer gesät, da er auch bei hohen Temperaturen gut wächst.

Var. chinensis
Pak Choi ist eine kleine Pflanze mit einer Rosette aufrechter Blätter, bei denen die verdickten flachen, meist weißen Stiele und glatten rundlichen Blätter auffallen. Er wird in China seit dem 5. Jahrhundert angebaut. Pak Choi ist eine schnell wachsende, einjährige Pflanze, von der einige Sorten in heißem, feuchtwarmem Sommerklima gut wachsen und nach 5 Wochen erntereif sind. Andere wachsen langsamer und sind besser für den Herbst und kühlere Klimate geeignet. Pak Choi wird meist vor dem Kochen kleingeschnitten, wobei kleinere Pflanzen auch im ganzen gedünstet werden können. Falls Pflanzen vorzeitig in Blüte gehen oder man sie blühen ließ, können die Blütentriebe auch gegessen werden.
'Joy Choi' ist eine F1-Sorte dieser Gruppe und hat sehr weiße Blattstiele.
'Mei Quing Pak Choi' ist eine andere F1-Sorte mit grünen Blattstielen. Sie besitzt gute Schoßfestigkeit bei Temperaturen von 18–21°C.
Var. parachinensis Pak Choi sum, auch Flowering white cabbage (GB) genannt, hat weiße Blattstiele und gelbe Blüten. Er wird wegen der Blütentriebe angebaut, die kurz vor dem Öffnen der Blüten gegessen werden und zu diesem Zeitpunkt meist 4 Blätter unterschiedlicher Breite besitzen.
Var. rosularis oder **var. atrovirens** (möglicherweise identisch mit subsp. *narinosa Bailey*), »Rosetten Pak Choi« oder 'Tat Soi' genannt. Dieser Typ hat dunkelgrüne, löffelförmige Blätter in einer perfekten Rosette, die dem Boden flach aufliegt, wobei manchmal die Blätter aber auch mehr aufrecht stehen können. Der chinesische Name bedeutet »sehr alter Kohl«, so daß es sich wohl um eine sehr alte Sorte handelt. Die Pflanze ist im Rosettenstadium sehr winterhart und kann sowohl einige Grade Frost wie auch Schnee überstehen.

Subspecies oleifera (DC.) Metzg. Der Rübsen oder die Rübsaat (GB: Turnip-rape, Flowering rape) ist der Wildart *Brassica rapa* am nächsten und wird hauptsächlich als Ölfrucht angebaut. Die jungen Blütentriebe werden in China manchmal gegessen.

MIZUNA

Brassica rapa L. Subspecies nipposinica var. laciniata (syn. var. japonica) syn. B. cernua (Thbg.) Form. et Hemsel (Cruciferae)

Mizuna-Blattgemüse wird verbreitet in Japan angebaut. Es wächst sehr schnell und problemlos und bildet dichte Büschel fein zerteilter Blätter, die lange stehen bleiben können, ohne zäh zu werden. Sie können jederzeit geerntet werden und wachsen nach. Verwendung in Salat oder gekocht. Sie sind verhältnismäßig hart und können einige Grade Frost ohne Schaden vertragen und deshalb auch in den Winter hinein geerntet werden.

'Tokyo Beau' ist eine Hybridsorte mit breiten dunkelgrünen Blättern.

Mibuna greens, die im Mibunagebiet bei Kyoto angebaut werden, sind im Gemüsebuch von Joy Larkcom, *Oriental Vegetables*, beschrieben. Die Pflanzen bilden Büschel langgestielter, schmaler, glatter, aber nicht wie bei Mizuna fein zerteilter Blätter.

Subspecies *perviridis Bailey (syn. var. komatsuna Hara)* wird allgemein als 'Spinach Mustard', 'Mustard Spinach' oder 'Komatsuna Na' bezeichnet und ist ein in China unbekanntes japanisches Gemüse. Es ist eine große, schnell wachsende, einjährige Pflanze, die bei später Aussaat überwintert und oft Ende September nach der Reisernte auf Reisfeldern aufgepflanzt wird. Die Blätter werden wie Spinat oder junger Kohl verzehrt und sind deshalb besonders wertvoll, da sie bis etwa –10°C winterhart sind. In Japan wurde 'Komatsuna' sowohl mit der Herbstrübe wie mit Pak Choi gekreuzt.

Subspecies *dichotoma Toria*, der indische Raps oder Brown Sason, wird als Ölfrucht angebaut, wie dies auch für die Subspecies *trilocularis (Roxb.) Hanelt*, den Yellow Sarson, auch Indian Colza genannt, gilt. Aus beiden wird das indische Senföl hergestellt.

Von links nach rechts 'Shanghai Pak Choi', 'Bok Choi' und der chinesische Brokkoli 'Gai Choi' (Text S. 30)

Tat Soi *(var. rosularis)*

'Mei Quing' Pak Choi in Malawi

'Mizuna Early', in Kent angebaut

Große alte Meerkohlpflanzen kurz vor dem Aufblühen bei Dungenes, Grafschaft Kent

Sommerblätter vom Meerkohl

Blätter aus der Nähe

MEERKOHL

Crambe maritima L. (Cruciferae)
Seakale (GB), Chou Marin (F)

Meerkohl wird im zeitigen Frühjahr gebleicht, wenn die jungen Blattstiele und Blütentriebe einen milden feinen Geschmack haben. Sie werden ähnlich wie Spargel gekocht und mit zerlassener Butter und einer milden Sauce gegessen. Die jungen knospigen Blütentriebe können ebenso wie Roter Brokkoli zubereitet und gegessen werden. Da der Anbau von Meerkohl auf dem Kontinent nie sehr verbreitet gewesen ist, blieb Meerkohl ein ganz besonders englisches Gemüse. Dies, wie Jane Grigson berichtet, trotz der Tatsache, daß der große französische Chefkoch Carême seine Verwendung 1816 kennenlernte, als er für den Prinzregenten in Brighton kochte, ihn schätzen lernte und dafür den Namen »Sickell« prägte.

Meerkohl ist eine langlebige Staude, die wild an den Kiesstränden der Atlantikküste, der Baltischen See und des Schwarzen Meeres vorkommt. Sie ist an der Südküste Englands an ihr entsprechenden Stränden verbreitet, sonst aber selten. Im Sommer bilden sich beachtliche graugrüne Blattrosetten, die im Winter bis zum Boden absterben, während die Blätter des Wilden Kohls auf unterschiedlich hohen Stämmen während des ganzen Winters über grün bleiben. Andere *Crambe*-Arten finden sich in den Steppenregionen Osteuropas und Zentralasiens. Sie sollen ebenfalls als Gemüse genutzt werden, sind aber, soweit ich weiß, nirgendwo in nennenswertem Umfang in Kultur. Der riesige Blütenstand von *Crambe cordifolia Stev.*, einer prachtvollen Solitärstaude, würde sich auch – wenn gebleicht und zart – für ein gutes Staudengemüse eignen und wäre für den Anbau in kalten Kontinentalklimaten geeignet.

An Sorten sind bekannt:

'Lily White', die wir nicht selbst gesehen haben, soll eine sehr blasse Auslese sein, die nur noch wenig von dem purpurnen Farbhauch hat, den man oft bei wilden Pflanzen findet. Andere ältere Sorten heißen 'Ordinary Pink-tipped' und 'Ivory White'.

Gartenkultur

Der Meerkohl ist problemlos anzubauen. Die Samen werden im Frühjahr in tiefem sandigem Boden mit gutem Wasserabzug gesät und bis zu ihrer vollen Größe zwei Jahre kultiviert. Pflanzen, die man schon nach dem ersten Jahr nutzt, bleiben klein.

Es gibt zwei Kulturverfahren. Die Pflanzen können an ihrem Standort bleiben und werden dort gebleicht mit Meerkohl-Treibglocken oder Rahmengestellen mit dicker schwarzer Polyethylenfolie oder durch das Aufbringen von etwa 30 cm Torflaubmull oder Sand. Das 1,5 m oder breitere Beet sollte bei zu schwerem Boden höher liegen und aus nährstoffreichem, aber steinigem Boden bestehen. Die obersten 15 cm kann man auch Sand und Kies anschütten. Jungpflanzen, die auch aus Wurzelschnittlingen gezogen werden können, werden im Frühjahr in mindestens 75 cm Abstand gepflanzt und den ganzen Sommer hindurch gepflegt. Algendünger eignet sich für eine Sommergabe, und alte Bücher empfehlen auch Salz, das wahrscheinlich besonders die Schnecken bekämpft.

Die Pflanzen werden im zeitigen Frühjahr, Februar und März in Südengland, gebleicht und ergeben 2–3 Ernten je Pflanze. Die Ideallänge beim Ernten ist etwa 20 cm. Danach sollen die Pflanzen in vollem Licht wachsen und gut gedüngt werden, damit ausreichender Wuchs für die nächste Saison erfolgt. Nach ungefähr 5 Jahren sollen die Beete neu bepflanzt werden.

Als Alternative bietet sich an, die Pflanzen einjährig in Reihen zu ziehen und ab Dezember unter Dach zu treiben. Wenn die Blätter im Herbst abgestorben sind, werden die jungen Pflanzen aufgenommen und die Wurzeln sorgfältig auf 10 bis 15 cm Länge geschnitten. Die abgeschnittenen Stücke und Seitenwurzeln werden für die Vermehrung durch Wurzelschnittlinge im nächsten Jahr aufbewahrt. Dabei muß darauf geachtet werden, daß der obere Teil der Wurzel nach oben gerichtet bleibt, da sonst kein Austrieb erfolgt. Die Wurzelschnittlinge werden gebündelt in große Blumentöpfe mit feuchtem Sand gesetzt oder in warmen Ecken des Gartens eingeschlagen, um sie dann im Frühjahr wieder mit 30 cm Abstand aufzupflanzen. Der Hauptwurzelstock wird dann nach Erfordernis in einem warmen Keller oder Schrank oder in einem Topf mit feuchtem Sand oder Torf in völliger Dunkelheit getrieben. Früher wurden die Wurzelstöcke oft in Kühlhäusern zurückgehalten, um die Saison bis in den Mai hinein auszudehnen.

Gebleichter Blütenstand

Krankheiten und Schädlinge

Meerkohl leidet höchstens darunter, daß Spätfröste die jungen Triebe erfrieren lassen oder hungrige Kaninchen die Triebknospen im Boden finden und abfressen. Schnecken und andere Liebhaber der jungen Triebe können durch Sand oder Asche, die im Herbst über die Pflanzen aufgebracht wird, abgehalten werden. Die fleischigen Pflanzenteile können bei zu viel Feuchtigkeit im Schatten oder wenn die Blätter bei feuchtem Sommerwetter zu dicht stehen, faulen oder von Krautfäule befallen werden. An offenem, windreichem Strand gibt es damit keine Probleme.

Meerkohl-Treibglocke

Im Hintergrund unter schwarzer PE-Folie gebleichter Meerkohl

Eine Reihe Meerrettichpflanzen in einem schottischen Garten

Buntblättriger Meerrettich

MEERRETTICH

Armoracia rusticana P. Gaertner, B. Meyer & Scherb. (Cruciferae)
Horseradish (GB)

Meerrettich wird weit verbreitet wegen seiner scharfen Wurzel angebaut, die meist gerieben und mit Öl und Essig oder Sahne zusammen zu Rindfleisch, geräuchertem Fisch oder Spargel gegessen wird. Die Pflanze bildet einen Busch großer Blätter und hat eine tiefgehende fleischige gegabelte Wurzel. Die kleinen weißen Blüten stehen in hohen verzweigten Blütenständen.

Meerrettich soll ursprünglich aus Südrußland und der Ukraine stammen, ist heute aber an Straßenrändern durch ganz Europa und Nordamerika verwildert. Er wird mindestens seit dem klassischen Altertum angebaut und ist wahrscheinlich von den Römern in Europa aus medizinischen und kulinarischen Gründen verbreitet worden. Eine zweite Art *A. macrocarpa (Waldst. & Kit.) Kit ex Baumg.* aus den Donausümpfen in Ungarn und aus Jugoslawien hat ungezähnte Blätter und größere Samenschoten mit über 20 Samen.

Meerrettich ist problemlos in der Kultur und aus Wurzelschnittlingen zu vermehren, denn aus jedem lebenden Stückchen Wurzel entsteht eine neue Pflanze. Die heutigen Gartenauslesen sind meist steril und erzeugen keine keimfähigen Samen. Wurzelschnittlinge oder junge Pflanzen werden im Frühjahr in mindestens 60 cm Abstand gesetzt und ergeben im folgenden Herbst erste fähige Wurzeln. Einmal eingewurzelt, benötigt der Meerrettich kaum Pflege, gedeiht jedoch nicht im Schatten von Bäumen. Ergänzend zu der dunkelgrünen Art gibt es eine attraktive buntblättrige Form, die selten angebaut wird, aber bei einigen Gärtnereien erhältlich ist.

ÖLRAUKE, RAUKE, RUKE

Eruca sativa Miller, syn. *Eruca vesicaria (L.) Cav. subsp. sativa (Mill.) (Cruciferae)*
Rocket (GB), Arugula (I), Roquette (F), Rucola (I)

Rauke ist ein Salatgemüse, das sich neuerdings in Amerika großer Beliebtheit erfreut. Es hat in Europa eine lange Anbautradition sowohl als Salatgemüse als auch als Heilpflanze. Das aus den Samen gewonnene Öl galt als Aphrodisiakum. Ausgesät wird meist im Frühjahr ins freie Land oder in wintermilden Gegenden auch im frühen Herbst, da dort die Pflanzen dann den Winter im Freien überdauern können. Etwa 40 Tage nach der Saat ist die Rauke erntefähig.

Die Pflanze bildet eine Rosette tiefgelappter Blätter mit einem großen Endlappen und zwei bis fünf schmaleren Lappen auf jeder Seite. Die Blüten sind etwa 2 cm lang, blaßgelb oder cremefarben mit purpurnen Adern. Die Blätter werden jung geerntet, wenn sie etwa 7,5 cm groß sind. Sie können entweder wie Spinat gekocht oder roh im Salat gegessen werden, dem sie einen bekannten scharfen Geschmack verleihen. Sie passen am besten zu mildem Kopfsalat und weniger zu anderen selbst kräftig schmeckenden Salatsorten.

HIRTENTÄSCHEL

Capsella bursa-pastris (L.) Medik. var. auriculata Makino (Cruciferae)
Shepherd's Purse (GB)

Dieses verbreitete und sehr vielgestaltige Unkraut findet man auf der ganzen Welt. Sowohl G.H. Herklots sowie Joy Larkcom berichten, daß es sowohl in Taiwan als auch in Shanghai angebaut und verkauft wird. Man kann Hirtentäschel roh im Salat oder gekocht wie Spinat oder auf chinesische Art als Einlage in einer klaren Suppe genießen. Diese einjährigen Pflanzen bilden in gutem Boden bis 20 cm große Rosetten gezackter Blätter. Die jung auch eßbaren Blütenstände wachsen im Frühjahr aus den überwinterten Rosetten, können aber auch zu jeder anderen Jahreszeit aus rosettenlosen Pflanzen wachsen.

Das Hohe Zackenschötchen *Bunias orientalis L.*, Turkish Rocket (GB) und das Keulenzackenschötchen *Bunias erucago L. (Cruciferae*, nicht abgebildet) sind beide gelbblütige Unkräuter des Mittelmeergebietes. Das erstere wird manchmal als Salat genutzt und ist eine Staude oder zweijährige Pflanze mit tiefeingeschnittenen Blättern. Von der zweiten meist zweijährigen Art werden die jungen Stengel und Wurzeln gegessen.

SENF UND GARTENKRESSE

Sinapis alba L. und Lepidium savitum L. (Cruciferae)
Mustard und Cress (GB)

Beide Arten werden oft als schnell wachsendes würziges Grün für Salate und belegte Brote gezogen. Die Saatkistchen enthalten in England oft Senf, da er schneller wächst und mit 10 Tagen 2–4 Tage früher fertig ist als Kresse. In Deutschland wird meist Kresse angeboten.

Sinapis alba, der Weiße Senf, ist eine verbreitete heimische Pflanze in den meisten Teilen Europas und wurde schon von den Römern in England angebaut. Er ist in allen Teilen der Welt verbreitet und in Kalifornien ein besonders schlimmes Unkraut, wo er in heimische Grasfluren eindringt und durch seine Beschattung die einjährigen Wildpflanzen verdrängt. Fruchtend ist er leicht an den flachen behaarten Enden der Samenschoten zu erkennen. Die dunkelgrünen rundlichen Keimblätter stehen auf einem weißen Stengel, dem Hypocotyl, das um so länger wird, je wärmer und dunkler kultiviert wird. Sinapis-alba-Samen gibt dem englischen Mostrich den scharfen Geschmack und wird um die Stadt Norwich angebaut; in gleicher Weise auch für Tafelsenf genutzt. Bei Anbau für Salatgrün werden die blaßbraunen oder gelblichen Samen auf nasse Papiertücher oder Torf gesät und dürfen nicht austrocknen.

Gartenkresse, *Lepidium sativum*, ist durch ihre schmalen rötlichbraunen Samen und tief dreilappigen Keimblätter kenntlich. Die ausgewachsene Pflanze ist etwa 40 cm hoch mit tief eingeschnittenen Blättern, kleinen weißen Blüten und 5–6 mm langen Samenschoten. Sie kommt aus früherem Anbau an vielen Plätzen vor, stammt aber wahrscheinlich aus dem östlichen Mittelmeergebiet und Ägypten. Gartenkresse sollte 3 Tage vor dem Senf gesät werden, damit beide zugleich schnittreif sind.

Meerrettich am Wegesrand

Rauke

Hirtentäschel, Capsella bursa-pastoris

links Senf und rechts Kresse

Winterkresse *(Barbarea sp.)*

Amerikanische Winterkresse-Art *(Barbarea sp.)*

BRUNNENKRESSE

Nasturtium officinale R.Br. (Cruciferae)
Watercress (GB)

Brunnenkresse ist ein verbreitetes und wichtiges Gemüse. Da sie aber ganz besondere Bedingungen für gutes Wachstum benötigt, wird sie selten von Privatleuten angebaut. Nur diejenigen, deren Garten eine Quelle mit kalkhaltigem Wasser oder einen Bach mit absolut sauberem Wasser besitzt, können eine sichere Ernte erzielen, da jede Wasserbelastung auch den belastet, der diese Brunnenkresse ißt.

In ganz Europa verbreitet finden sich zwei Wasserkressearten: *N. officinale R.Br.*, die diploid, und *N. microphyllum (Boenn.) Reichenb.*, die tetraploid ist. Die sterile triploide Hybride beider Arten ist in der Natur weit verbreitet und wurde oft als »braune« Kresse kultiviert, da sie oft in kaltem Wasser ein leicht bräunliches Grün hat. Ihr Anbau hat nachgelassen, da die vegetative Vermehrung eine Virusinfektion verbreitet hat. Brunnenkresse ist in Nordamerika und Neuseeland verwildert und droht zum invasiven Unkraut zu werden.

Brunnenkresse wird seit römischen Zeiten als wertvolle Salatpflanze, in erster Linie als Vitaminquelle gegen Skorbut geschätzt. Vom Erwerbsanbau von Brunnenkresse wird zuerst aus Deutschland, und zwar von Erfurt um 1750, und aus England um Gravesend um 1808 berichtet. Das Hauptanbaugebiet in England liegt zur Zeit in Hampshire im Gebiet der Kalkwasserquellen in den Tälern von Test und Itchen. Das austretende Wasser ist 10 °C warm und ermöglicht die Ernte den ganzen Winter hindurch.

Die Düngung erfolgt durch die wassereigenen Nitratmengen und durch Superphosphat bei der Vorbereitung der neuen Pflanzbeete. Wasserkresse wird heute meist durch Samen vermehrt, um gesunde virusfreie Pflanzen zu erhalten und möglichst spätblühende Kulturen mit langer Erntezeit zu ermöglichen.

WINTERKRESSE, BARBARAKRAUT

Barbarea vulgaris R.Br. (Cruciferae)
Winter-cress American or Land Cress, Upland Broad Leaf Cress (GB), Herbe de Sainte Barbe (F)

Leicht zu kultivierende zweijährige oder staudige Pflanze mit einer Rosette paarig gefiederter dunkelgrüner Blätter, die problemlos überwintern. Sie haben einen sehr kräftigen Geschmack und werden meist in Salaten gegessen, obwohl sie sich möglicherweise besser für Suppen eignen. Die Pflanzen blühen mit attraktiven Köpfen gelber Blüten im zeitigen Frühling. Es gibt 14 Arten in Europa und Asien und eine Art, B. *orthoceras Ledeb.*, die in Nordamerika im Norden und im Gebirge und in Nordjapan und Ostsibirien vorkommt. Alle Arten wachsen an sehr feuchten unbebauten Plätzen, an Flußufern und in Sümpfen.

Winterkresse wird als Salat zumindest seit Ende des 17. Jahrhunderts angebaut und als Ersatz für Wasserkresse genutzt, wenn fließendes Wasser deren Kultur nicht ermöglicht. Ende des 18. Jahrhunderts endete ihr Anbau in England, auch wenn sie weiterhin verbreitet wild vorkommt. In Amerika blieb sie jedoch beliebt, da sie sehr winterhart ist.

Aussaat erfolgt im Juli und August in nährstoffreichem feuchtem Boden, wobei die Pflanze etwas Schatten verträgt. Die Pflanzen aus Sommeraussaat überwintern gut und können von Spätherbst bis zur Blüte im Spätfrühling geerntet werden.

Brunnenkressebeete in Hampshire

Junge Pflanzen der Brunnenkresse

JAPANISCHER MEERRETTICH

Wasabia japonica (Miq.) Matsum. syn. *Eutrema japonica (Miq.) Koidz. (Cruciferae)*, nicht abgebildet Wasabi (J)

Das ist die Pflanze, aus der die grüne scharfe Paste gemacht wird, die mit Soja gemischt die Sauce für Sushi bildet. Sie kommt in Japan und Sachalin vor, wo sie auf allen Inseln entlang der Gebirgsflüsse wächst. Sie wird oft in der freien Natur gesammelt, aber in Japan auch in fließendem Wasser angebaut, wobei die Wurzelstöcke durch Steine unter Wasser gehalten werden.

Wasabi ist eine Staude, die eng mit *Cardamine*, dem Wiesenschaumkraut, und der Echten Brunnenkresse verwandt ist. Sie hat ein dickes kriechendes 1–2 cm starkes Rhizom mit langgestielten nierenförmigen gezähnten Blättern und einen wenig beblätterten, bis 40 cm hohen Blütenstand mit weißen, in lockerem Kopf stehenden Blüten. Das ähnlich Meerrettich scharf schmeckende Rhizom wird zur Herstellung der Paste benutzt. Es muß sehr frisch und sehr fein gerieben werden und paßt gut zu rohem Fisch wie Thunfisch.

Rettiche auf dem Markt in Ili, Chinesisch Zentralasien

RETTICHE UND RADIESCHEN

Raphanus sativus L. (Cruciferae)
Radish (GB)

In Europa ist der Rettich nur eine unbedeutende Salatpflanze, in China und Japan aber ein sehr wichtiges Wurzelgemüse, das sowohl roh wie auch eingelegt oder gekocht und oft durch Einschnitte verziert zur Garnierung verwendet wird. In Teilen Asiens wird eine besondere Sorte, der Mougri-Rettich, wegen seiner langen eßbaren Schoten angebaut.

Hederich, *Raphanus raphanistrum L.*, kommt auf unbebauten Flächen an der See und auf sandigem Gelände im Inland in den meisten Teilen Europas vor. Die Unterart *raphanistrum* ist ein einjähriges Unkraut auf Brachland und Feldern und hat in Südeuropa weiße und im Norden gelbe Blüten. Die Unterart *maritimus (Sm.) Thell.* finden wir auf Klippen und sandigen Küstenstreifen in Westeuropa und an den Nordufern des Schwarzen Meeres. Sie ist eine Staude mit einer dicken Wurzel und schwefelgelben Blüten. Eine andere Unterart, *rostratus (DC) Thell.*, die nur in der Ägäis vorkommt, hat blaßlila Blüten mit dunkleren Adern. Zwei weitere Unterarten sind als Unkräuter in Südwesteuropa verbreitet. Ein weiterer wilder Stammelter, d.h. die Unterart *raphanistroides*, kommt in Japan vor, wobei offen ist, ob sie eine heimische Unterart oder eine verwilderte Sorte ist.

Geschichte

Der Rettichanbau ist schon bei den Ägyptern um 2780 v. Christus bekannt, als er zur Nahrung der Arbeiter an den großen Pyramiden gehörte. Der Ursprung des Kulturrettichs ist nicht geklärt. Man nimmt an, daß er wahrscheinlich von der Wildart abstammt und zuerst im östlichen Mittelmeer kultiviert wurde. Anbau in China kennt man um 500 v. Christus und in Japan um 700 v. Christus.

Zuerst kultivierte man schwarze Rettiche. Die erst im späten 17. Jahrhundert in Europa erwähnten weißen Rettiche waren lang und spitz. Runde Rettiche und rothäutige Rettiche kennt man seit dem 18. Jahrhundert und bald darauf jede heute bekannte Rettichform und auch grün- und gelbhäutige Sorten.

Die heutigen Rettichsorten teilt man in vier Gruppen. Weiße und Rote Rettiche, Schwarze Rettiche, Mougri-Rettiche und Ölrettiche. In Europa werden rote und weiße Radieschen als schnell erntefähige Salatgemüse gezogen und in jungem zartem Zustand verzehrt. Neuere Zuchtentwicklungen haben das Ziel, das Schießen, d.h. das Blühen im Sommer bei höheren Temperaturen, zu vermindern, das Wachstum zu beschleunigen und das Pelzigwerden zu verringern. Die Sorte 'Cherry Belle' war eine der ersten besonders knackigen Sorten mit Erntereife nach 23 Tagen. Runde Radieschen sind am verbreitetsten, aber es gibt auch lange rote Sorten und eine leicht goldgelbe. Die Sorten 'Easter Egg' und 'Rainbow Mix' enthalten Radieschen mit purpurroter, roter oder weißer Haut.

In Japan und China werden Rettiche meist geschnitten und gekocht und oft auch in Suppen gegessen. Die meisten Sorten sind lang und weiß, wachsen langsam, und viele halten den Winter über durch. Einige Sorten aus Nordchina haben weiße oder grüne Haut und grünes, purpurnes, rotes, rosa oder geadertes Fleisch. Joy Larkcom beschreibt wahre Kunstwerke wie wunderbare Blumen und Schmetterlinge, die Küchenchefs in Beijing daraus geschnitten haben. In Japan wurden unterschiedliche Formen und Wuchstypen für unterschiedliche Böden entwickelt. In den 30er Jahren entzückte den russischen Botaniker N.I. Vavilov eine heute 'Sakurajima' genannte Sorte, die bis 60 kg schwer wurde und auf der Vulkanhalbinsel Sakurajima gegenüber Kagoshima in Südjapan wuchs.

'Chinarose'

Hederich *ssp. raphanistrum* am Strand

Heute wird von bis 45 kg schweren Exemplaren berichtet. Für tiefe sandige Böden sind bis 120 cm lange Sorten entwickelt worden. Rettichblätter und junge Pflanzen werden oft gekocht gegessen.

Die Schwarzen Rettiche sind die älteste Gartensortengruppe. Man findet sie heute seltener als im 17. Jahrhundert, wo sie wegen ihrer guten Lagerfähigkeit den Winter hindurch sehr verbreitet waren. Man kennt lange und runde Sorten sowohl mit schwarzer als auch dunkelbrauner und ziemlich rauher Haut. Die neueren Sorten kommen aus Spanien und Italien.

Mougri oder Schlangenrettich

Diese Sorte wird wegen ihrer langen Samenschoten gezogen, die nach Banga in Simmonds *The Evolution of Crop Plants* 20–100 cm lang (!) werden können. Die Höchstlänge bei 100 cm scheint übertrieben und wohl eher bei 60 cm – wie Dr. Herklots berichtet – zu liegen. Diese besonderen Sorten wurden in Indien entwickelt. Ich kaufte Samen einer dieser Sorten auf dem Markt in Bokhara, deren längste Schoten aber nur 5 cm wurden. Das entspricht der Schotenlänge der Sorte 'Münchner Bier', bei der nur der Rettich gegessen wird.

Gartenkultur

Radieschen sind das am schnellsten wachsende und am leichtesten zu ziehende Salatgemüse. Sie brauchen eine offene Lage und einen leichten feinkrümeligen Boden mit ausreichender Feuchtigkeit, um schnell zu wachsen. Sie können den ganzen Sommer hindurch in 1–2 Wochen Abstand mit Einzelkornsaat in ca. 2,5 cm Abstand gesät werden. Die schnellsten Sorten benötigen nur etwa 20 Tage. Zu beachten ist, daß nicht alle Sorten für Ganzjahresanbau geeignet sind.

Asiatische Rettiche benötigen mehr Pflege, und die Sorten sind nicht für alle Jahreszeiten zur Aussaat geeignet. 'April Cross' ist eine sehr problemlose Sorte, die entweder im Frühling oder im Spätsommer für Spätherbstkultur gesät werden kann.

'Tokinaski' kann zu allen Jahreszeiten mit Ausnahme des Winters im Freiland bzw. unter Glas gesät werden. Andere Sorten sind besonders für Spätfrühling und Sommerkultur bei hohen Temperaturen geeignet. Die meisten Sorten sät man am besten ab Ende Juli für Herbst- und bei Schutz auch für Winter- und Frühlingsernte. Sie brauchen meist 55 Tage oder mehr, um Erntegröße zu erreichen, und profitieren von kühlem feuchtem Wetter zur Erntezeit hin. Schwarze Rettiche sollten im Juli und August gesät und auf 15 cm ausgedünnt werden. Trockenheit bewirkt Platzen der Rettiche bei nachfolgendem Regen. Zu viel Wasser während der Wachstumszeit fördert das Blattwachstum zu Lasten der Rettichgröße. Pflanzen, die man blühen läßt, bringen meistens eine reichliche Schotenernte. Man sollte sie jung und knackig ernten und verzehren.

Krankheiten und Schädlinge

Rettich und Radies sind eng mit Kohl verwandt und werden auch von dessen meisten Krankheiten und Schädlingen befallen. Nichts desto trotz werden die großen asiatischen Rettiche bemerkenswert wenig befallen. Schnecken sind als Schädlinge am verbreitetsten und die Rettichfliege kann die Wurzeln bei trocknem Wetter unbrauchbar machen. Bei trocknem Wetter kann auch Mehltau auf den Blättern zum Problem werden. Kohlflöhe befallen meist die Sämlinge und fressen runde Löcher in die Blätter, wobei die Pflanzen aber meist ohne besonderen Schaden dieses Altersstadium schnell durchwachsen.

Hederich am Strand

Rettiche von NIAB, Cambridge, aufgenommen 1. November

'Pfitzers Maindreieck'

Rettiche von NIAB, Cambridge, aufgenommen 1. November

'Black Spanish Long' Alte Sorte von 1882, jedoch mit ähnlichen früheren Sorten. Zum Frischverzehr und auch gekocht wie japanische Rettiche.

'Black Spanish Round' Alte Sorte mit weißem Fleisch. Aussaat im Juli für Winterverzehr mit Freilandüberwinterung in milden Lagen.
Chinesische Rettiche werden meist groß und wachsen den Winter hindurch (in milden Gegenden). Diese grünköpfige Sorte ist in Yunnan verbreitet.

'Pfitzers Maindreieck'

'Violet de Gournay' (nicht abgebildet) hat große schwarzpurpurne Wurzeln und weißes Fleisch. Alte französische Sorte zur Herbsternte.

Chinesische Rettiche in Yunnan

Radieschen aus Sellindge, Kent, aufgenommen 3. Juli

Radieschen von NIAB, Cambridge, aufgenommen 5. Juli

'April Cross' F1-Hybride; problemlose Sorte, die in milden Gegenden bei Freilandüberwinterung knackig bleibt; bis 38 cm lang. Frühjahrsaussaat oder -pflanzung und Ernte in ca. 63 Tagen.

'Beacon' Rundes, nicht pelzig werdendes Radieschen.

'Cherry Belle' Scharlach, rund, sehr verbreitete Sorte; 22–24 Tage.

'French Breakfast' 1,6 cm dick. Zylindrisch und scharlach mit weißer Spitze. 23 Tage; früh zu ernten.

'Minowasi Summer Nr. 2' Japanischer Rettich mit lang auslaufender Spitze. Zur Aussaat im späten Frühling oder Sommer und Herbsternte.

'Pontvill' 24 Tage; länglich und gut haltbar.

'Prinz Rotin' syn. 'Red Prince', 25 Tage; runde Sorte mit guter Haltbarkeit.

'Saxa Short Top' 18 Tage; scharlachrot, mild, gute Treibsorte.

'Scarlet Globe' 24 Tage; für Treiberei geeignet.

'Sparkler' syn. 'Early Scarlet', 25 Tage; scharlachrot mit weißer Spitze.

'Tsukushi Spring Cross' Japanischer Rettich; für Aussaat im Frühling oder Frühsommer und Ernte im Sommer oder Frühherbst.

'Tsukushi Spring Cross' *links*
und 'Minowasi Summer Nr. 2' *rechts*

'April Cross'

Hochwachsende tropische Okrapflanze in Malawi

Hohe tropische Okrapflanze in Malawi

OKRA, OKRASCHOTEN

Hibiscus esculentus L. syn. *Abelmoschus esculentus (L.) Moench. (Malvaceae)*
Gombo, Gumbo, Bindi oder Lady's Fingers

Okra ist ein tropisches Gemüse, das ausreichende Wärme zu erfolgreichem Wachstum benötigt. Die Blüten ähneln den Gartenmalven, und die Früchte, die jung gegessen werden, sind lang, grün und enden in einer langen stumpfen Spitze und sind oft fünfseitig. Sie besitzen einen delikaten Geschmack und sind innen weichfleischig.

Okra wird seit langer Zeit in Westafrika, Äthiopien, im Sudan und in Indien angebaut. Die Herkunft ist unbekannt. Die Mehrheit der angebauten Sorten scheint aber eine polyploide Hybridgruppe zwischen einigen der etwa 30 Arten der Gattung *Hibiscus* und der Gattung *Abelmoschus* zu sein, die manchmal auch als eigene Gattung geführt wird. Man weiß nicht, ob sie in Afrika oder Indien entstanden und Kreuzungen zwischen alten indischen und afrikanischen Okrasorten sind. Sie sind teilweise steril und lassen vermuten, daß beide Gruppen nicht nah verwandt sind. Heute wird Okrazüchtung meist in Indien oder in den südlichen Staaten Nordamerikas betrieben, wohin Okra aus Westafrika mit dem Sklavenhandel gelangte. Die Sorten variieren von zwergig um 1 m Höhe bis zu ausgewachsenen 4-m-Sorten, wie 'Perkin's Mammoth'. Die meisten neueren Sorten haben stachellose Früchte, die bei Erntereife bei den niedrigen Sorten etwa 7,5 cm, wie 'Blondy', und 25 cm in der verbreiteten Sorte 'Clemson's Spineless' sind, wobei letztere aber auch kleiner, d. h. jünger geerntet, besser schmecken. Fruchtfarbe ist meist grün, jedoch bei den Sorten 'Burgundy' und 'Red Okra' sind Blattstiele und Früchte rot. Bei 'White Velvet' sind die Früchte weiß und samtig. Die Sorte 'Vining Green' ist fast eine Kletterpflanze und benötigt Stützen.

'Clemson's Spineless' wurde 1939 von der South-Carolina-Agricultural-Versuchsstation in Clemson gezüchtet. Sie ist eine Auslese aus 'Perkin's Spineless', wird etwa 120–180 cm hoch und hat 25 cm lange Schoten, die in warmem Klima nach etwa 50 Tagen erntereif sind. Okra wächst unter den gleichen Klimabedingungen wie Mais, benötigt aber mehr Wärme. Der Boden muß nährstoffreich mit hohem Kaliumgehalt sein. Die meisten Sorten benötigen etwa 4 Monate mit viel Wärme, wobei in den heißen Monaten in den Subtropen die Ernte bereits nach 50 Tagen beginnen kann. Vor der Aussaat sollten die Samen 20 Stunden in warmem Wasser eingeweicht werden, und während der Anzucht sollte die Temperatur über 24 °C liegen. Darunter wachsen die Pflanzen sehr langsam. Im Gewächshaus können Pflanzen auch in Töpfen oder Substratsäkken kultiviert werden, wobei bei feuchter Kühle Botrytisbefall droht.

Abgebildet sind:
'Dwarf Green Longpod' 75–90 cm hoch mit 18–20 cm langen Schoten und Erntebeginn nach 50 Tagen.

'Burgundy' Pflanzen ca. 100 cm hoch mit 15–20 cm langen Schoten, verträgt kühles Wetter.

MALVE

Malva verticillata L. einschließlich *Malva crispa (L.) L. (Malvaceae)*

Malven wurden früher in europäischen Gemüsegärten gezogen und sind heute noch in China verbreitet. Sie sind problemlose Einjahrespflanzen und bilden eine Rosette langstieliger Blätter, bevor daraus der hohe verzweigte Blütenstand wächst. Alle Pflanzenteile sind jung eßbar und haben eine fleischig-schleimige Konsistenz.

Malva verticillata ist die meist als Gemüse angebaute Art und stammt aus Ostasien. *Malva crispa* wird heute als Varietät einbezogen und fällt echt aus Samen mit besonders welligen und gekräuselten Blatträndern. Sie hat kleine rosa Blüten mit etwa 7 mm langen Blütenblättern. Beide haben eine lange Kulturgeschichte in Europa und sind heute noch in Nordamerika eingebürgert. Im Frühling wird gesät und dann auf etwa 20 cm ausgedünnt oder verpflanzt. Junge Triebe und Blätter werden nach Bedarf geerntet und in Suppen oder leicht gedünstet wie Spinat verzehrt. Die heimische Wegmalve *Malva neglecta Wallr.* soll verbreitet in Ägypten als Würzpflanze angebaut worden sein.

Malva verticillata in Sichuan, China

Okrablüte der Sorte 'Dwarf Green Longpod'

Malva crispa

Säcke mit Kartoffeln und Oca auf dem Markt in La Paz, Bolivien. Aufnahme von Sam Phillips

ANU

Tropaeolum tuberosum Ruiz & Pavon *(Tropaeolaceae)*
Tuberous Nasturtium. Andere regionale Bezeichnung: Anyu (Quechua in Süd-Peru); apina-mama (Titicacasee und Peru); mashua (mittlere Anden, Mittelperu bis Ecuador und Südkolumbien); isanu, cubio (Bogota)

Anu wird in den Hochanden in den gleichen Gebieten und oft auf den gleichen Feldern wie Kartoffeln angebaut. Sie ist ursprünglich eine Kletterpflanze wie die meisten Mitglieder der Gattung *Tropaeolum*, die unsere vertrauten Gartenkapuzinerarten einschließt.

Wie die meisten primitiven Kartoffelsorten sind die Anu-Auslesen Kurztagspflanzen, d. h. Blüte und Knollenbildung beginnen in nördlichen Breiten erst ab Mitte September, wenn die Tageslänge weniger als 12 Stunden beträgt. Der hier gezeigte Typ blüht regelmäßig ab Juli und scheint taglängenneutral zu sein. Er heißt nach dem früheren Superintendenten des Alpinums in Wisley 'Ken Aslet', da dieser zur Verbreitung und Kultur in England beigetragen hat. Wie die meisten der großknolligen angebauten Typen gehört er zur Var. *lineamaculatum Cardenas*, die, wie der Name sagt, rote Flecke und Punkte auf der gelblichen Knolle zeigt.

Die zweite Var. *pilifera* kommt in Kolumbien vor und hat schlanke weiße Knollen mit purpurner Spitze. Sie ist wahrscheinlich synonym zur ssp. *sylvestre Sparre*, die man als Wildform mit schlanken weißen Knollen betrachtete. Sie unterscheidet sich auch von der Unterart *tuberosum* durch ihre leuchtend orangeroten Blüten und kleinere, tiefer eingeschnittene Blätter.

Anu ist durch Auspflanzen der Knollen in lockeren Laubboden in warmer Lage nach der Zeit der Fröste einfach zu kultivieren. Die Triebe wachsen sehr schnell hoch und benötigen während der gesamten Wachstumszeit ausreichende Bewässerung. Bei Trockenheit sterben sie ab. Die Knollen sollten sofort nach dem Absterben der Triebe durch den ersten Nachtfrost geerntet werden. Die Knollen werden frostfrei wie Kartoffeln überwintert. Sie haben einen leicht eigenen, aber angenehmen, nicht sauren Geschmack, wenn sie nach etwa 10 Minuten Kochzeit verzehrt werden. In Peru werden sie vor dem Verzehren halb getrocknet oder gekocht und dann gefroren.

Die Blätter der einjährigen Arten von *Tropaeolum, T. majus L.* und *T. minus L.*, können als leicht scharfe Geschmacksvariante in Salat beigefügt werden. Das ist auch der Ursprung des verbreiteten englischen Namens 'Nasturtium', der Kresse bedeutet, weil die Geschmacksschärfe kresseähnlich ist. Diese lateinische Bezeichnung ist im lateinischen Namen der Brunnenkresse erhalten geblieben: *Nasturtium officinale*. Zuerst kam etwa um 1576 *Tropaeolum minus* von Peru nach Europa und hieß damals 'Indianische Kresse', was zu dem Namen *Nasturtium indicum* führte, den John Tradescant ihr 1656 gab. Erst um 1680 erschien die großblumigere *T. majus*.

OCA

Oxalis tuberosa Molina *(Oxalidaceae)*
Andere heimische Bezeichnungen: iriba (Bogota); cuiba (Venezuela); Neuseeland yams (NZ)

Oca ist eine verbreitete Frucht in den Anden und kommt gleich nach der Kartoffel. Sie wächst auf den gleichen Feldern wie die Kartoffel gemeinsam mit dem vierten Knollengemüse aus den Anden, dem Ulluco (siehe Seiten 80–81) oder in wärmeren Gegenden zusammen mit Mais. Ihr Anbau reicht von Venezuela bis Nordargentinien, und sie ist das Grundnahrungsmittel im Titicacaseegebiet Boliviens. Oca ist auch in Teilen Neuseelands sehr verbreitet, wohin es 1869 von Chile aus gekommen sein soll.

Oxalis tuberosa ist als Wildpflanze unbekannt und soll aus Peru stammen. Verschiedene Sorten werden angebaut. Sie unterscheiden sich in Hautfarbe, Größe, Form und Gehalt an Oxalsäure. Die in Neuseeland angebaute Sorte ist etwa 10 cm lang und länglich mit roter Haut und ähnelt den hier von Peru gezeigten Typen. Der Geschmack ist kartoffelähnlich und durch Oxalsäure leicht säuerlich überdeckt. Die Säure kann durch einige Tage in die Sonne legen reduziert werden, was mit den saureren Sorten normalerweise gemacht wird. Sie werden dann mehlig und süß. Die obige Aufnahme zeigt Säcke mit Kartoffeln und Ocaknollen zum Verkauf auf einem Markt.

Die Abbildung auf der nächsten Seite zeigt einen Typ, der seit langen Jahren im Königlichen Botanischen Garten in Kew in London im Freien kultiviert wird. Die Knollen sind sehr klein, vielleicht weil sie nur eine kurze Wachstumszeit im Spätherbst haben. Wie bei sehr ursprünglichen Kartoffelsorten und bei Anu beginnen sich die Knollen erst zu bilden, wenn die Tage kürzer als 9 Stunden sind. Davor wachsen die Pflanzen stark mit ziemlich fleischigen Stengeln und Blättern. Die Blüten sind orangegelb, die Knollen können weiß, gelb, gescheckt oder schwarz sein und sind meist länglich, aber auch rund.

Die Knollen werden im Frühling in Töpfen oder direkt ausgepflanzt, wenn die Nachtfrostgefahr vorbei ist. Im Herbst sollten die Pflanzen mit einem Frühbeetfenster als Frostschutz bedeckt werden, damit sie im Freien solange wie möglich wachsen können. Ähnlich waren auch die Ratschläge für den Anbau der ersten Kartoffelsorten, als sie im 16. Jahrhundert nach Europa eingeführt wurden. Bei intensiver Zuchtarbeit könnte auch Oca dem Anbau in nördlichen Breiten angepaßt werden.

Blätter von *Oxalis tuberosa*

Kleine Knollen von *Oxalis tuberosa*

Knollen von *Tropaeolum tuberosum* 'Ken Aslet'

Tropaeolum tuberosum subsp. sylvestre

Rhabarbersorte 'Royal Red'

Rhabarbersorte 'Brown's Crimson'

RHABARBER

Rheum rhabarbarum L. (Polygonaceae)
Rhubarb (GB)

Rhabarber unter Gemüse einzuordnen ist ungewöhnlich, da er meist mit Zucker verzehrt wird. Nur die Blattstengel der jungen Blätter sind eßbar. Ausgewachsene Blätter sind durch ihren Kalziumoxalgehalt giftig. Junge Blätter mancher Sorten können wie Sauerampfer verzehrt werden. Rhabarber ist eine verbreitete Pflanze in den kühlen Gebieten Europas und Nordamerikas. Sie überlebt jedoch nicht die Sommer heißer Klimate.

Geschichte

Die Geschichte des Rhabarberanbaues ist eng mit seiner Verwendung als Heilpflanze verbunden. Die Rhabarberwurzel ist kräftig abführend, eine Wirkung, die besonders in den alten Kulturen geschätzt wurde und deren Anwendung in China von vor 2700 v. Christus im Pen-King-Kräuterbuch berichtet wird. Die Wurzel wurde vor Anwendung getrocknet und war ein wertvolles Exportgut, das zuerst von Marco Polo nach Europa gebracht wurde und später über Smyrna (heute Izmir) importiert wurde. Im 16. Jahrhundert wurde dieser Handel besonders wertvoll, da Rhabarber als Mittel gegen Geschlechtskrankheiten genannt wurde. Die chinesische Droge stammt von *Rheum officinale Baill* und *Rheum palmatum L.*, der oft als Zierstaude angebaut wird. Eine weniger wirksame Droge wurde von östlich der Wolga nach Westeuropa importiert. Es war *Rheum rhabarbarum*, der aus der Mongolei stammt. Er wurde in England um 1573 erstmals als Heilpflanze wegen seiner Wurzel und weniger als Gemüse kultiviert. Erst im 18. Jahrhundert wurden Rhabarberstengel als zum Verzehr geeignet bekannt. Eine Entdeckung, die aus Frankreich gekommen sein soll. Das Treiben und Bleichen der Stengel soll durch Zufall im Chelsea Physic Garden um 1817 in London entdeckt worden sein. Um 1830 waren diese Treibrhabarberstengel ein verbreitetes Wintergemüse auf den Märkten um London. Das Verfahren ähnelte dem von Meerkohl.

In der Osttürkei werden die Blattstiele des stachelblättrigen *Rheum ribes L.* zum Verzehr gesammelt und an den Straßen verkauft. Sie gelten seit dem 13. Jahrhundert als Delikatesse und schmecken sehr ähnlich unserem Gartenrhabarber.

Rheum rhaponticum L. wird oft als Name für unseren Gartenrhabarber verwendet. Es ist aber eine selten vorkommende Art, die nur in den Felsgebirgen des Rila Planina in Bulgarien zu finden ist. Diese Art wurde von Prosper Alpinus im Botanischen Garten in Padua um 1603 angebaut. Es gibt zahlreiche moderne Rhabarbersorten, von denen manche aus Kreuzungen von *R. palmatum* x *R. undulatum* stammen. Rhabarbersorten unterscheiden sich hauptsächlich in der Farbe der Blattstengel (rote Sorten sind verbreiteter), in der Säure und der Stärke des Weingeschmacks, der sich z.B. auch in dem Sortennamen 'Hawkes Champagne' ausdrückt.

Gartenkultur

Rhabarberpflanzen sind langlebige und fast nicht auszurottende Stauden. Sie können durch Aussaat im Frühling vermehrt werden, wobei jedoch die beste Ernte von den vielen bekannten Namenssorten erzielt wird. Junge Pflanzen mit bloßen Wurzeln werden am besten im Ruhestadium gepflanzt, wogegen Topfpflanzen zu jeder Jahreszeit gesetzt werden können. Bei der Teilung muß jedes Teilstück austriebsfähige Augen besitzen. Der Boden sollte nährstoffreich und feucht, aber nicht staunaß sein, die Pflanzstelle frei und nicht durch Bäume beschattet. Alter abgelagerter Dünger und Kompost sollten reichlich vor der Pflanzung dem Boden beigemischt werden. Wässern und Mulchen hilft jungen Pflanzen. Alte Pflanzen benötigen aber nur in den allertrockensten Böden zusätzliche Bewässerung. Penible Gemüsegärtner schneiden den Blütentrieb aus. Die meisten von uns erfreuen sich aber an dem großen verzweigten cremeweiß blühenden Blütenstand. Man sollte die Pflanzen jedoch keinen Samen ausreifen lassen. Die Pflanzen lassen sich durch Einschlagen in geeigneten Räumen treiben. Zum Treiben und Bleichen von Rhabarberstengeln im Frühjahr gibt es »Rhabarbertöpfe«, wie die Aufnahme rechts oben zeigt. Mit einer frischen Mistpackung um diese Rhabarbertöpfe herum kann die Ernte verfrüht werden. Schädlinge und Krankheiten gibt es wenige, doch können alte Pflanzen durch Hallimaschbefall absterben und unter anderen bodenbürtigen Pilzkrankheiten leiden.

'Appleton's Forcing' Gezüchtet in Winnington's Nurseries, Norwich, im 19. Jahrhundert, entstanden aus 'Prince Albert' und wahrscheinlich 'Hawkes' Champagne'.
'Brown's Crimson'
'Brown's Red'
'Cawood Castle' Gezüchtet von Stockbridge House, Gartenbauversuchsstation Cawood bei Selby, Yorkshire, etwa um 1960.
'Early Cherry'
'Early Victoria' Eine frühe Sorte von Victoria, der verbreiteten, von Joseph Myatt in Manor Farm, Deptford, um 1837 gezogenen Sorte des 19. Jahrhunderts.
'Hawkes' Champagne' Züchter Mr. Hawkes von Loampit Hill Lewisham. Verbreitete Sorte des frühen 19. Jahrhunderts, die auch heute noch zur Treiberei geeignet ist, aber nicht mehr zu den frühesten Sorten im Freiland gehört. Stengel rot.
'Royal Red'
'Stockbridge Crooper' Gezüchtet von Stockbridge House, Gartenbauversuchsstation.
'The Sutton' Gezüchtet von Mr. Daw in Kew und eingeführt von den Herren Suttons 1893. Gute Treibsorte, fast steril.
'Timperley Early' Gezüchtet von H. Marshland vor 1945; früh wachsend, rotstengelig, aber grünfleischig. Blätter ca. 45 cm lang.

2 Rhabarberpflanzen und Treibtöpfe in Hope End House

'Appleton's Forcing'

'Brown's Red'

'Stockbridge Cropper'

Junge Blätter in Erntegröße von *Houttuynia*

Houttuynia cordata in Blüte

Chinesischer Spinat auf dem Markt

Chinesischer Spinat zusammen mit Zitronengras wachsend

HOUTTUYNIA

Houttuynia cordata Thunb. (Sauruaceae)

Houttuynia ist eine kriechende Staude, die in feuchten Waldgebieten der meisten Teile des gemäßigten Ostasiens vom Himalaja bis China, Japan und Java verbreitet ist. Die Blätter und jungen Triebe werden im zeitigen Frühling gesammelt, wenn sie etwa 8 cm lang sind, und werden entweder roh im Salat oder wie Spinat gekocht verzehrt. Sie wurden von den chinesischen Botanikern, mit denen ich in Sichuan unterwegs war, eifrig gesammelt und wurden auch auf dem Markt in Chengdu verkauft. Die winzigen Blüten stehen in dichten Ähren, die am Grunde von blütenblattähnlichen Hochblättern umgeben sind.

Houttuynia gehört zu der kleinen ursprünglichen Familie *Saururaceae*, die nur 3 Gattungen und etwa 4 Arten umfaßt. Die auffälligste ist das "Yerba Mansa" *(Anemopsis californica Hook.)*, die früher bei Erkrankungen von Blut und Haut genutzt wurde. Sie wächst in feuchten offenen Kalkwiesen von Ostkalifornien bis Texas und Mexiko.

Von *Houttuynia* werden in den europäischen Gärten 3 unterschiedliche Typen als Zierpflanzen gezogen. Die wilde, einfach blühende Form, eine Sorte mit gefüllten Blüten, d. h. mit mehreren Reihen von blütenblattähnlichen Hochblättern, und eine Sorte mit wunderbar rot und weiß gefleckten Blättern, die 'Chameleon' oder 'Variegata' genannt wird. Alle wachsen problemlos in feuchtem Boden im Halbschatten und bilden bald lockere Teppiche herzförmiger Blätter.

CHINESISCHER SPINAT

Amaranthus gangeticus L. syn. A. tricolor L. *(Amaranthaceae)*
Chinese Spinach, Tampala Spinach, Yin Tsoi (China),
Bayam (Malaysia)

Dieser Spinatersatz wird verbreitet in Indien, Südostasien, China und Japan angebaut. Die ganze Pflanze ist eßbar, jedoch werden meist nur die jungen Triebe und Blätter geerntet. Ältere Seitentriebe des Hauptstengels können geschält und wie Stengel vom »G. Heinrich« gegessen werden.

Die Pflanze wächst problemlos, benötigt aber für gute Entwicklung sehr nährstoffreichen Boden in Verbindung mit viel Wärme und Feuchtigkeit. Besonders wertvoll während des Wachstums sind Flüssigdünger mit hohem Stickstoffgehalt. Bei Anbau als Spinatersatz können die Pflanzen auf 8–10 cm ausgedünnt und nach 6–8 Wochen etwa 20 cm hoch geerntet werden. Im Buch von Joy Larkcom finden sich weitere spezielle Informationen zum Anbau dieser Pflanze. Mangelnde Wärme ist das größte Problem für den Anbau dieses tropischen Gemüses in gemäßigten Klimazonen.

Andere Arten wie *A. hypochondriachus L.* und *A. cruentus L.* aus Mexiko werden vor allen Dingen als Körnerfrucht angebaut und können als Keimlinge gegessen werden. Beide Arten und *A. caudatus L.* aus den Anden waren bedeutende Nahrungsmittel bei den Azteken und den frühen Kulturen in Mittel- und Südamerika. *A. hypochondriachus* ist eine verbreitete Körnerfrucht in den Gebirgen Südindiens, obwohl ihr Anbau in Mexiko fast ausgestorben ist. Dunkelrote Formen von *A. cruentus* werden in Indien und anderen Teilen der Welt noch als Färberpflanzen benutzt. *A. gangeticus* wird oft unter dem Namen *A. tricolor* in Europa und Nordamerika als Zierpflanze angebaut. Die Blätter sind meist schmäler als bei den Gemüsesorten dieser Art und sehr farbenprächtig. *A. caudatus* wird als »Fuchsschwanz« angebaut. Es gibt Sorten mit roten und andere mit grünen, aufrechten oder hängenden Blütenständen. »Fuchsschwanz« wird jetzt versuchsweise in Neuseeland als besonders nahrhafte, kleberfreie und proteinreiche Körnerfrucht angebaut.

NEUSEELÄNDISCHER SPINAT

Tetragonia tetragonioides (Pallas) O. Kuntze, syn. *T. expansa Murr. (Aizoaceae)*
New Zealand Spinach (GB), Tetragone cornu (F)

Dieser Spinatersatz ist problemlos in Samengeschäften zu erwerben, wird aber selten angebaut. Er hat gegenüber dem echten Spinat den Vorteil, daß er eine Staude ist und problemlos auf trockenen Böden und bei heißem Wetter wächst.

Tetragonia stammt aus Neuseeland, Tasmanien und Südaustralien und ist auch auf vielen der Pazifikinseln, in China, Japan und dem südlichen Südamerika verbreitet, wo er wild an sandigen und steinigen Stränden entlang der Küsten wächst. Er kommt auch entlang der Pazifikküste von Kalifornien nordwärts bis Oregon vor, wo er als heimisch gilt, und soll auf den Azoren und in Portugal eingebürgert sein.

Bei dieser weiten Verbreitung ist es erstaunlich, daß er erstmals von Neuseeland aus zur Zeit von Captain Cooks Besuch 1770 nach Europa gebracht wurde, da ihn dort Sir Joseph Banks beim Queen Charlotte Sund gesammelt hatte. Auf der Reise aß man nichts davon, jedoch befand ihn Captain Cook bei einem späteren Besuch von Neuseeland als so wertvolle Vitamin-C-Quelle zur Bekämpfung der Skorbuterkrankungen seiner Mannschaft, daß er befahl, eine ganze Bootsladung davon zu sammeln. Samen aus der Sammlung von Sir Joseph Banks wurden als botanische Rarität 1772 im Botanischen Garten Kew angebaut. Die Gemüsenutzung erfolgte aber in Europa erst nach 1819.

Die Pflanzen werden meist einjährig gezogen und im späten Frühling nach der Frostgefahr im Freiland ausgesät oder geschützte Anzucht mit etwa 45 cm Abstand nach den Eisheiligen ausgepflanzt. Sie wachsen am besten im tiefen sandigen Boden und bedecken bald größere Flächen. Eingewachsene Pflanzen sind unempfindlich gegen Trockenheit, bringen aber durch Bewässerung bei trockenem Wetter bessere Ernten. Die Spitzen der Triebe werden, wenn sie etwa 8 cm lang sind, geerntet und genutzt. Dann bilden sich reichlich Seitentriebe, die wiederum geerntet werden. Die zartesten Triebe und Blätter können roh verzehrt werden.

EISKRAUT

Mesembryanthemum cristallinum L. (Aizoaceae)
Ice Plant (GB), Brakslaai (Südafrika)

Diese kriechende einjährige oder in wintermilden Gegenden überwinternde zweijährige Pflanze kann als Spinatersatz gegessen werden. Der Name Eiskraut bezieht sich auf die kristallähnlichen Zellen auf der Blattoberfläche, die rauhreifähnlich wirken. Eine ähnliche Wirkung bereifter Blätter besitzt auch der Neuseeländische Spinat. Die Blüten des Eiskrautes sind ähnlich denen von Korbblütlern, aber klein und weiß.

Eiskraut ist in der südwestlichen Kapregion Südafrikas und nordwärts bis nach Namibia verbreitet. Man findet es auch verwildert im Mittelmeergebiet und Arabien, meist in Küstennähe auf Sanddünen und in Salzmarschen. In Kalifornien ist die Art eingebürgert.

Andere Mitglieder der Mittagsblumenfamilie sind auch eßbar, besonders sowohl die fleischigen Blätter wie die großen saftigen Früchte der Hottentottenfeige, *Carpobrotus acinaciformis (L.) L. Bol.* und *C. eduli (L.) N. E. Bol.* sowie auch die gelbblütige *Conicosia pugioniformi (L.) N. E. Br.* aus dem westlichen Kapgebiet Südafrikas.
In Gebieten mit Winterfrost werden die Pflanzen im Sommer einjährig gezogen und nach Anzucht nach den Eisheiligen ausgepflanzt. Die Ernte geht den ganzen Sommer hindurch und steigert sich im Frühherbst.

Neuseeländischer Spinat

Eiskraut in Blüte

Junge Eiskrautblätter

'Rhubarb Chard', ein rotstengeliger Mangold in Villandry

WILDBETE, SEEMANGOLD

Beta vulgaris L. *(Chenopodiaceae)*
Beet, Beetroot; Chard, Seakale Beet or Swiss Chard; Perpetual Spinach (GB)

Von den Wildbeten stammt eine ganze Reihe von Gemüsearten ab, die fast genauso unterschiedlich sind wie bei Kohl. Die Zuckerrübe (subsp. *vulgaris*) wird verbreitet zur Zuckergewinnung angebaut und darin weltweit nur vom Zuckerrohr übertroffen. Zu den Beten mit Rübenwurzeln gehören Rüben und Mangoldformen, die als Winterfutter für Vieh genutzt werden. Beim Stengel- und Blattmangold (subsp. *cicla* [L.] Arcangeli) werden die dickfleischigen flachen Blattstiele gegessen, und der ewige Spinat liefert über lange Zeit Blätter zum Verzehr.

Der Seemangold Beta *vulgaris* subsp. *maritima* (L.) Arcangeli ist eine verbreitete Küstenpflanze mit fleischigen Blättern und ist an den Küsten Süd- und Westeuropas und Afrikas und Asiens zu finden. Meist staudig wachsend, kommt er verbreitet auf Kiesstränden vor, gerade über der Flutmarke. Blätter und Stengel sind meist grün. Manche Pflanzen zeigen aber auch Spuren der rötlichen Farbe, die für die roten Rüben typisch ist. Diese Gemüse wurden schon zur Zeit der alten Griechen kultiviert. Aristoteles erwähnt einen rotstengeligen Mangold. Rote Rüben entstanden später bei den Römern. So hieß die rote Rübe auch im Englischen bis in das späte Mittelalter 'Roman beet', d.h. Römische Rübe. Bauhin erwähnt 1596 in seinem Kräuterbuch einen breitstengeligen Stielmangold, und Gerard kultivierte eine rotstengelige Sorte zur gleichen Zeit in England. Stengelmangold wurde schon im 7. Jahrhundert in China angebaut und ist dort im Süden als Wintergemüse bis heute verbreitet.

Der Anbau der Zuckerrüben begann 1801 in Schlesien und wurde während des Napoleonischen Krieges sehr gefördert, da die englische Kontinentalblockade Frankreich und die anderen europäischen Staaten von der Zuckerversorgung aus Westindien abschnitt. Napoleon richtete Schulen zur Förderung der Zuckerrübe ein und ermutigte die Industrie, die er auch nach dem Ende der Feindseligkeiten vor ausländischer Konkurrenz schützte.

Stengelmangold Bei einigen Sorten sind die Blattstiele weiß und die grünen Blätter runzelig oder glatt. Die grünblättrige Sorte **'Rhubarb Chard'** hat rötliche Stengel und bei **'Burgundy Chard'** sind auch die Blätter rötlich-purpurn. **'Rainbow Chard'** von Thompson und Morgan hat bunte, meist rote, orange oder gelbe Blattstiele.
Ewiger Spinat Er hat dünnere Stengel als der Stielmangold und gibt durch seine Schoßfestigkeit eine lange Blatternte. Es gibt nur wenige Sorten, eine davon aus Italien ist **'Erbette'.**
Rote Rüben Es gibt viele ähnliche Sorten mit roten, runden Rüben. Bei den halbrunden ist die Rübe länglicher mit einer langen Pfahlwurzel. Viele Sorten geben bei dichter Pflanzung schnell kleine runde Rüben, die in Golfballgröße gegessen werden. Es gibt auch lange zylindrische Sorten, die sich gut in Scheiben schneiden lassen. Andere Rübenfarben sind selten. Es gibt eine goldgelbe Sorte, eine weißfleischige und eine mit rötlichen konzentrischen Ringen. Diese nicht rotfleischigen Sorten, besonders die gelbe, schmecken ausgezeichnet.

'Barbietola di Chioggia' syn. 'Chioggia', eine alte italienische Sorte mit konzentrischen weißen und roten Ringen im Rübenfleisch, das sich beim Kochen einheitlich rosa färbt. Unterschiedlich als köstlich oder schrecklich schmeckend beschrieben. Wahrscheinlich sehr jung zu verzehren.

'Barbietola di Chioggia', eine italienische Sorte der Roten Rüben in Maine

Seemangold auf den Scilly Inseln

'Rhubarb Chard', eine Stengelmangoldsorte

Auch bei den Wildpflanzen findet man rötliche Typen

Blätter der Wildbete schmecken so gut wie Ewiger Spinat

Stengelmangold am Fuße des Mount Omei in China

'Conrad', eine Sorte der Roten Rüben

Gartenkultur

Stengelmangold ist ein problemloses und reiche Ernte ergebendes Gemüse – vorausgesetzt, es erhält ausreichend Wasser und Stickstoff. Ein humoser feuchter Gartenboden mit reichlichem Nährstoffgehalt eignet sich. Die Aussaat kann im März unter Schutz mit nachfolgender Auspflanzung im April oder im April direkt an Ort und Stelle mit späterem Ausdünnen auf 30 cm erfolgen. In trocknen Gebieten und bei Böden mit starkem Wasserabzug sollten die Pflanzen in flachen Gräben stehen, um sie besser bewässern zu können. In wintermilden Gegenden ergibt eine Folgesaat im August die Ernte im folgenden Sommer, die durch Wässern und Düngen verbessert wird. Ewiger Spinat und Stengelmangold können jeweils nach Erfordernis geerntet werden. In heißen feuchten Sommerklimaten wächst der Stengelmangold besser in den trockneren kühleren Wintermonaten. Alle Bete reagieren positiv auf Salz im Boden, was aufgrund ihrer Küstenherkunft nicht verwundert. Empfohlen werden 30 g Kochsalz pro qm, die man vor dem Pflanzen einarbeitet und durch eine Kalidüngung ergänzt.

'Conrad', eine Rote Rübe mit grünen Blättern, aufgenommen im Versuchsanbau in Wisley, September 1990.

'Lucullus' Eine verbesserte Sorte vom Seemangold mit breiten runzeligen, hellgrünen Blättern und weißer Mittelrippe. **'Fordhook Giant'** syn. 'Dark Green Lucullus' von Marshalls ist sehr ähnlich und in den USA verbreitet.

'Ewiger Spinat' Eine unempfindliche Sorte, die breite Blätter mit schmalen Rippen als Spinatersatz den ganzen Sommer hindurch liefert.

Stengelmangold im HDRA-Garten in Ryton

Stengelmangold im Gemüsegarten in Villandry

Die Stengelmangoldsorte 'Lucullus'

Ewiger Spinat in Sellindge

Rote Rüben, auch Rote Beete genannt, aufgenommen in Sellindge am 20. August

Gartenkultur Roter Rüben

Rote Rüben benötigen einen leichten, nicht frisch gedüngten Boden mit gutem Wasserabzug in offener Lage. Wie für Blattmangold ist eine Salzgabe auch hier förderlich. Früh reifende runde Formen können im zeitigen Frühjahr in einen Frühbeetkasten gepflanzt werden, dessen Boden sich vor dem Pflanzen ausreichend erwärmt haben muß. Für solche Kultur eignen sich schoßfeste Sorten am besten. Aussaat im Februar oder März und Ausdünnen auf 15 cm. Schnell wachsende Sorten brauchen etwa 2 Monate. Spätere Aussaaten im Mai und Juni sind in etwa 45 Tagen erntereif, obwohl man zu dieser Zeit meist die später reifenden größeren Sorten für die Winterversorgung anbaut. Sie werden enger, d.h. auf 3 cm in der Reihe bei einem Reihenabstand von 30 cm gesät.

Normalerweise bildet Betesamen ein mehrsamiges Knäuel und muß deshalb nach der Aussaat ausgedünnt werden. Die sogenannte Monogermsaat enthält nur ein Samenkorn und erspart das Ausdünnen, wenn gleich auf richtigen Abstand gesät wurde. Halbstündiges Einweichen des Saatgutes in warmem Wasser fördert die Keimung. Nach der Keimung darf das Saatbett nicht austrocknen, obwohl Rote Rüben weniger Wasser als Mangold benötigen.

Schädlinge und Krankheiten

Rote Beten werden kaum befallen. Blattfleckenbefall kann man durch eine Kaliumgabe vor der Aussaat vorbeugen. Mehltau tritt auf, wenn das Wachstum stagniert oder die Pflanzen trocken stehen. Junge Pflanzen können während sehr feuchtem Wetter oder in staunassem Boden absterben.

'Cylindra'

Blätter der Roten Rübe 'MacGregor's Favourite'

Rote Rüben am 27. September in Wisley aufgenommen

'Albinia Verecunda' Alte sehr runde, sehr süße Sorte.
'Burpee's Golden' Rundrübige goldgelbe Sorte, geschmacksgleich mit rotfleischigen Sorten.
'Cylindra' Lange zylindrische dunkelrote Rübe.
'Detroit Little Ball' Schoßfeste, schnell wachsende Sorte für frühe Ernte. Rübenfleisch mit deutlichen blassen Ringen. Blätter grün mit rotem Stengel.
'Detroit Lora' Frühreife ertragreiche, sehr jung zu verwendende Sorte.
'MacGregor's Favourite' Alte schottische Sorte mit langer, tiefgehender roter Wurzel. Beeindruckendes purpurrotes, schmalblättriges Laub. 'Bull's Blood' ist eine sehr ähnliche Sorte mit breiteren Blättern (Nichols Garden Nursery, Albany, Oregon USA).
'Mammoth Long' Langrübige Sorte von W. Robinson & Söhne.
'Monogram' Eine Monogermsorte von Dr. C. R. Dawson, eingeführt durch Tozers of Cobham. Schoßfest mit flachkugeliger Rübe.
'Monopoly' Monogermsorte. Rübe flach oder rund, purpurrot und manchmal mit deutlichen blassen Ringen; schoßfest.
'Red Ace' F1-Hybride. Runde Rübe mit blassen Ringen und zartem Fleisch; schoßfest, empfindlich.
'Regala' Züchtung von Bejo Zaden B.V., Niederlande. Ziemlich kleine grüne Blätter, runde purpurrote Rübe mit ziemlich deutlicher Zonierung; schoßfest.

'Regala'

Spinat in Thomas Jeffersons Garten in Montecello

SPINAT

Spinacia oleracea L. *(Chenopodiaceae)*
Spinach (GB)

Spinat ist ein einjähriges Gemüse, das in kühl-feuchtem Wetter eine schnelle Ernte bringt. In heißem trocknem Wetter blühen die Pflanzen meist, bevor sie genügend Blätter gebildet haben. Deshalb muß in warmen Klimaten für reiche Ernte im Spätwinter angebaut werden. Der neuseeländische Spinat (Seite 69) ist im Sommer warmer Klimate ein guter Spinatersatz.

Spinat stammt wahrscheinlich aus Südwestasien oder dem westlichen Himalaja und wurde zuerst von den Persern angebaut. Er verbreitete sich im 7. Jahrhundert von Nepal nach China und im 11. Jahrhundert durch die Araber über Spanien nach Europa. Der Name Spinat stammt aus dem Arabischen. Im 16. Jahrhundert erreichte der Spinat England und wurde erstmals in Turners »New Herball«, 1551, erwähnt.

Andere Arten der Gattung **Spinacia** findet man wild in Nordafrika und vom Iran ostwärts bis in den Himalaja, wobei bis heute nicht geklärt ist, von welcher Wildart unser Spinat abstammt. Zwei Hauptgruppen werden zur Zeit angebaut. Es sind dies die stachelsamigen Sorten, die mehr gelappte Blätter haben und in der Vergangenheit kaltes Wetter und Sommerhitze besser ertrugen. Man hält sie für sehr alte Sorten. Die glattsamigen Sorten, zu denen die meisten neueren Sorten gehören, haben breitere Blätter, schossen aber bei warmem Wetter schneller. Die moderne Züchtung erbrachte unempfindlichere blattreichere Pflanzen mit Schoßfestigkeit im Sommer und geringerem Kalziumoxalatgehalt, d.h. weniger bittere Sorten. Der Eisengehalt, für den Spinat berühmt ist, liegt in lösbarer Form vor, so daß das Kochwasser eingedampft und mit Butter über die gekochten Blätter gegossen werden sollte.

Gartenkultur

Spinat erfordert einen nährstoffreichen feuchten Boden mit hohem Stickstoffgehalt. Harte Sorten werden meist im August oder September ausgesät und durchwintern in Böden mit gutem Wasserabzug oder unter Schutz durch Frühbeetkästen oder Folie. Die Ernte erfolgt bis Mai. Empfindliche Sorten werden im zeitigen Frühjahr ab Februar für Frühsommerernte gesät, wobei in kühlen Gegenden bis in den Sommer hinein Folgesaaten ausgeführt werden können. In Gärten mit warmer Lage erfolgt die Aussaat besser im leichten Schatten. Spinat sollte dünn gesät werden, oder er muß auf 15–25 cm ausgedünnt werden. Dem Wachstum förderlich ist eine flüssige Düngung mit viel Stickstoff und regelmäßigen Wassergaben, damit sie nie austrocknet. Eine Kochsalzgabe von 30 g pro qm ist besonders in feuchten Klimaten wachstumsfördernd.

Krankheiten und Schädlinge

Durch Trockenheit oder heißes Sommerwetter ausgelöstes Schossen ist meist der Grund für schlechte Ernte. Schädlinge und Krankheiten sind selten gefährlich. Blattläuse können mit einer Schmierseifenlösung bekämpft werden, und viele Sorten sind mehltauresistent, wenn dies ein Problem sein sollte.

'Balloon' Eine unempfindliche Sorte, die in Wisley fotografiert wurde. Wir konnten den Sortennamen nirgendwo finden.
'King of Denmark' Aufrechte dunkelgrüne, runzelige Blätter; robuste, in Nordamerika in 46 Tagen erntereife Sorte. Samen von Size erhältlich.
'Longstanding Round' Schnell reifende rundsamige Sorte.
'Sigmaleaf' Robuste, bis 30 cm hohe Sorte. Blätter breit-pfeilförmig mit glasiger Oberfläche. Geeignet für Frühlings- und Herbstsamung.

GARTENMELDE

Atriplex hortensis L. *(Chenopodiaceae)*
Orache, Mountain Spinach (GB)

Ein heute wenig angebauter, aber früher sehr verbreiteter Spinatersatz, besonders in Teilen Mitteleuropas und bei deutschen Auswanderern in Nordamerika. Diese einjährige Pflanze ist robuster und leichter zu ziehen als Spinat, hat aber besonders in alten Blättern einen strengeren Geschmack. Es gibt grünblättrige, rotblättrige oder gelbblättrige Sorten. Die unteren Blätter sind groß, oval-lanzettlich, kerzenförmig oder dreieckig, und der blühende Stamm kann 2,5 m hoch werden. Wenn die Gartenmelde heute auch überall in Europa und in der Türkei angebaut wird und oft als Kulturflüchtling verbreitet vorkommt, stammt sie doch aus Zentralasien und Sibirien, wo eine nahverwandte Art als Wüstenpflanze vorkommt. Andere Gartenunkrautarten der Gattung *Atriplex* sind ebenso eßbar, werden aber selten zum Verzehr angebaut. Die Gartenmelde wächst problemlos aus Aussaat im zeitigen Frühling von März bis Mai oder in warmen Klimaten im Herbst. Im Hochsommer blühen die Pflanzen in einer schmal-hohen Scheinähre mit schmalen Blättchen und winzigen grünen Blüten. Sie können durch Rückschnitt klein gehalten werden. Nur die Blätter werden verzehrt. Die rotblättrige Gartenmelde verliert ihre Farbe auch beim Kochen nicht.

Spinat 'Longstanding Round'

Rotblättrige Form der Gartenmelde

Im Hintergrund Spinat 'King of Denmark'

Spinat 'Balloon'

Spinatsorte 'Sigmaleaf'

Mexikanisches Teekraut *(Chenopodium ambrosoides* L.)

Guter Heinrich

GUTER HEINRICH

Chenopodium bonus-henricus L. *(Chenopodiaceae)*
Good King Henry, Mercury, Lincolnshire Asparagus (GB)

Dies ist ein sehr altes Gemüse im nördlichen Europa und wahrscheinlich durch die Römer überall dort eingeführt, wo ihre Legionen stationiert waren. Es ist eine leicht wachsende Staude, die jedoch wegen des Spinatanbaues vernachlässigt wurde, da dieser sich geschnitten länger frisch hält und dadurch besser zu vermarkten ist. Guter Heinrich welkt nach dem Schneiden schnell und ist deshalb nur für den Privatanbau geeignet. Die Blätter werden wie Spinat verwendet, die fleischigen jungen Triebe können getrieben und dann wie Spargel wegen ihres exzellenten Geschmacks mit zerlassener Butter verzehrt werden. Sie werden geschnitten, wenn sie etwa 15 cm lang sind und, falls faserig, abgezogen.

Die Gattung *Chenopodium*, Gänsefuß, umfaßt mehrere Gemüsearten und verbreitete Unkräuter, von denen sowohl Blätter wie auch Samen gegessen werden. Die Gattung ist nahe mit *Atriplex* verwandt, kann jedoch von ihr durch die kleinen geknäuelten Samen unterschieden werden, die bei Atriplex durch zwei lange, dreieckige Hochblätter umfaßt werden. Der weiße Gänsefuß *Chenopodium album*, Fat Hen (GB), ist ein durch ganz Europa verbreitetes Unkraut und wurde früher als Gemüse in Osteuropa angebaut. Die Samen dieser Pflanze fand man im Magen des Tollundmannes (Moorleiche) aus Dänemark.

Drei südamerikanische Arten der Gattung *Chenopodium* waren in der Vergangenheit bedeutende Kulturpflanzen.

Quinoa oder Reismelde, *Chenopodium quinoa* Willd., ist eine einjährige, *C. album* sehr ähnliche Pflanze. Die Körner werden für Brot und Brei genutzt und sind etwa zweimal so groß wie die von *C. album*, wobei die Ernte dadurch erleichtert wird, daß der Samenstand nach der Reife nicht auseinanderfällt. Als die Spanier die Anden eroberten, war Quinoa eines der Grundnahrungsmittel und wird heute noch in Teilen Perus und Boliviens angebaut. In England verbreitet es sich jetzt als Winterbegrünung für Ackerflächen und zur Nahrung für Fasane und wird als einjährige schnellreifende Sommerfrucht angebaut.

Canahua, *Chenopodium pallidicaule*, eine andere seltener angebaute Körnerfrucht. Sie bildet eine kleine buschige Pflanze mit beblätterten Blütentrieben und wird in den Anden angebaut.

Huauzontle, *Chenopodium nuttalliae*, wird im südlichen Mexiko als Gemüse angebaut. Die unreifen blühenden oder fruchtenden Triebe werden wahrscheinlich in Butter angebraten gegessen. Huauzontle ist sehr ähnlich Quinoa, und wahrscheinlich stammen beide von der gleichen Ursprungsart, das eine als Gemüse in Mexiko, das andere als Körnerfrucht in Peru.

Mexikanisches Teekraut, *Chenopodium ambrosoides* L., ähnelt Quinoa, ist in ganz Nordamerika und in den wärmeren Teilen Europas anzutreffen. Es wurde in der Vergangenheit als Wurmmittel verwendet und wird heute in Deutschland auch als interessantes Schnittgrün zur Verwendung in Sträußen angebaut.

Gartenkultur

Bei entsprechender Bodenvorbereitung kann eine Pflanzung vom Guten Heinrich mehrere Jahre lang beerntet werden. Die Pflanzstelle sollte im Hochsommer leicht beschattet sein und Boden mit gutem Wasserabzug besitzen. Der Boden sollte mit altem Dünger oder Kompost vor der Pflanzung aufgewertet werden, und eine Mulchschicht alten Düngers während der Wachstumszeit ist förderlich. Jungpflanzen können in Töpfen gekauft und das ganze Jahr über gepflanzt werden. Alte Pflanzen werden am besten im Frühjahr geteilt und neu aufgepflanzt. Aussaat im Frühling und Pflanzabstand etwa 40 cm. Etwa 30 Pflanzen reichen für eine gute Versorgung von 4 Personen.

QUELLER

Salicornia europaea L. *(Chenopodiaceae)*
Glasswort, Sea Asparagus, Marsh Samphire (GB)

Queller ist ein hervorragendes Gemüse im Schlick von Salzmarschen an der Küste ganz Europas, Nordamerikas und Nordasiens und an den Kü-

Queller im Hafen von Chichester

Erntereife Pflanze von Queller

sten gemäßigter Klimate und in Salzsümpfen im Inland. Soweit mir bekannt ist, wurde es nie angebaut, wahrscheinlich, weil es so problemlos in jeder beliebigen Menge gesammelt werden kann. Im Spätsommer, wenn der Queller am besten schmeckt, wird er oft in Fischgeschäften in London angeboten. Die englische Bezeichnung Glasswort ist = Glaswurzel und stammt von der Verwendung seiner Asche in der Glasherstellung. Queller schmeckt am besten weichgekocht, wobei das Kochwasser weggegossen wird, um den Salzgehalt zu mindern. Dann wird er mit zerlassener Butter wie Spargel gegessen, und zwar die fleischigen äußeren Teile.

Salicornia europaea ist einjährig, sehr variabel in Größe und Verzweigung und hat dadurch viele einzeln benannte Kleinarten. Die geeignetsten Pflanzen sind etwa 40 cm hoch mit aufsteigenden Ästen, die sie über dem Schlickboden stehen lassen. *S. ramosissima* Woods hat diesen Wuchstyp und wächst in den oberen Teilen der Salzmarschen, wo es nicht mit jeder Flut überschwemmt wird. Die Arten von Inlandsalzsümpfen werden wahrscheinlich nie während des Wachstums von Wasser bedeckt. *S. rubra* Nels kommt in den Präriestaaten der USA und dem südlichen Kanada vor und färbt sich im Herbst rot.

Gartenkultur

Dies könnte eine interessante Aufgabe für Hobbygärtner mit einer Neigung zum Experimentieren sein oder für diejenigen, die einen Garten auf salzigen Böden nahe der See besitzen. Die Pflanzen wachsen am besten im Boden, der reich an organischem Material und Stickstoff ist und regelmäßig Wasser erhält. Dünger auf Algenbasis ist geeignet. Samen der größten Pflanzen nahe der Flutmarke sollten zum Aufbau der Anpflanzung benutzt werden. Pflanzenabstand für gute Entwicklung etwa 10 cm. Herauszufinden ist, welche Salzmengen für gutes Gedeihen erforderlich sind und ob die Kultur regelmäßiger Überflutung bedarf. Bei 15 cm Pflanzengröße können die obersten 10 cm geerntet werden, und die unteren Zweige wachsen dann nach.

MALABARSPINAT, INDISCHER SPINAT

Basella rubra L. var. *alba (Basellaceae)*
Malabar Spinach, Ceylon Spinach (GB)

Diese tropische Kletterpflanze wird als Spinatersatz angebaut. Sie ist einjährig, schnell wachsend und klettert an jeder erreichbaren Hilfe empor und liefert eine reiche Ernte fleischiger Blätter, die nach dem Kochen etwas schleimiger sind als Spinat. Bei guten Wachstumsverhältnissen können die Blätter bis 15 cm groß werden. Var. *rubra* oder **'Rubra'** und meist als Ceylonspinat bezeichnet hat rötliche Blätter und tiefrote Früchte, die aus den fleischigen Blütenblättern bestehen und als Rouge oder rote Speisefarbe verwendet werden können. Var. *alba*, meist Malabarspinat genannt, hat grüne Blätter. Beide Arten stammen wahrscheinlich aus Südindien, werden aber heute verbreitet in China und Südostasien angebaut. Basella hat Heilpflanzeneigenschaften. Die Blätter sind leicht abführend. Mit den Wurzeln behandelt man in China Durchfall.

Vorausgesetzt, es ist warm genug, ist die Kultur einfach. Aussaat im Frühling unter Schutz bei 18–21°C für gute Keimung, die bei vorher eingeweichten Samen besser erfolgt. Nach der Keimung sind 15–20°C für gutes Wachstum notwendig, das in den meisten Teilen Europas, außer in klimatisch besonders günstigen Lagen, unter Glas erfolgt. In warmen Bereichen Nordamerikas beginnt die Ernte nach 70 Tagen. Die Pflanze ist ausdauernd, leidet aber im kalten Herbstwetter unter Krautfäule und wird deshalb am besten als einjährige Pflanze behandelt, obwohl man sie durch Stecklinge vermehren kann.

MADEIRAWEIN

Boussingaultia cordifolia Ten. syn. *Anredera cordifolia* (Ten.) Steenis *(Basellaceae)*
Madeira Vine (GB)

Die Pflanze ähnelt *Basella* sehr, hat aber zahlreiche unterirdische kartoffelähnliche Knollen, wuchert stärker und kann bis 6 m hoch klettern. Sie stammt aus Südamerika, von Südbrasilien bis Nordargentinien, und wird manchmal auch in England und in Nordeuropa als Rarität wegen ihrer resedaduftenden Blüten gezogen. In Südeuropa wird sie als Gemüse gezogen und ist in Madeira, auf den Azoren, in Frankreich, Spanien und Portugal und – wie Ken Beckett berichtet – sogar auf den Osterinseln verwildert. Sie kann leicht durch die Knollen vermehrt werden, die sich sowohl in den Blattachseln oberirdisch wie auch unterirdisch aus Kurztrieben bilden. In winterfrostfreien Gebieten können sie mit etwas Schutz aus trocknem Torf, Stroh oder Asche im Freien bleiben. Die Blätter werden wie Spinat gegessen.

ULLUCO

Ullucus tuberosus L. *(Basellaceae)*
Andere heimische Namen: papa lisa (Südperu); melloca (Ecuador)

Ulluco ist eine wichtige Knollenfrucht der Hochanden zusammen mit Kartoffeln, Anu und Oca (Seiten 64 und 65). Sie ist eng mit *Basella* verwandt mit ähnlichen stumpf herzförmigen, ziemlich fleischigen Blättern und winzigen rosagelben Blüten in kurzen Trauben in den Blattachseln. Die Knollen gleichen kleinen Kartoffeln und können reingelb, tiefrot gefleckt oder rosarot sein und rund oder länglich wachsen.

Ulluco wird von Südkolumbien bis Nordargentinien angebaut und ist das härteste dieser Andengemüse, da es bis –5°C überlebt. Ullucoknollen werden auch getrocknet und zu Lingli verarbeitet, das dem Chuno aus Kartoffeln ähnelt. In der Kultur ist es wie Oca zu behandeln und beginnt erst bei weniger als 9 Stunden Tageslänge im Herbst mit der Knollenbildung.

Junge Blätter vom Madeirawein

GARTENPORTULAK

Portulaca oleracea L. *(Portulacaceae)*
Purslane (GB)

Obwohl er problemlos wächst und ein verhältnismäßig nährstoffreiches Gemüse ergibt, das seit uralten Zeiten kultiviert und gegessen wird, ist der Portulak noch nie durch Züchter wesentlich verbessert worden und wird heute kaum angebaut und gegessen. Er kann roh oder leicht gedünstet wie Spinat verzehrt werden, obwohl sein Geschmack nicht sehr bemerkenswert ist. Dr. Herklots berichtete in seinem Buch *Gemüse von Südostasien*, daß der Name in Malawi übersetzt 'Buttocks-of-the-wife-of-a-chief' (Hinterbacken einer Häuptlingsfrau) lautet und sich auf die rundlichen fleischigen Blätter bezieht.

Portulak ist ein verbreitetes Unkraut in den wärmeren Teilen Europas, Asiens und Ostafrikas. Es ist in Nordamerika und überall in den Tropen verwildert. Die kultivierte Pflanze, subsp. *sativa* (Haw.) Celak., wächst aufrechter und hat größere Blätter als die kriechende Wildart.

Es ist ein verbreiteteres Gemüse in Frankreich und in den Mittelmeerländern als im kälteren Klima Englands und Nordeuropas. Eine gelbgrünblättrige Sorte wird dort als Zugabe zu Salat kultiviert.

Portulak wächst problemlos. Er wird gewöhnlich im Frühling gesät und den ganzen Sommer hindurch geerntet, bis er erfriert. Man erntet die 3–5 cm langen Triebe.

WINTERPOSTELEIN, KUBASPINAT, WINTERPORTULAK

Montia perfoliata (Donn) Howell syn. *Claytonia perfoliata* Donn *(Portulacaceae)*
Miner's Lettuce, Winter Purslane (GB)

Diese Pflanze ist an der Westküste Nordamerikas, von Niederkalifornien bis Britisch-Kolumbien und landeinwärts bis zu den Wüsten, sehr verbreitet und wächst an winterfeuchten schattigen Stellen. Sie bildete im Goldrausch um 1850 einen wesentlichen Teil der Nahrung der Goldgräber und half ihnen gegen Skorbut, wenn frisches Gemüse rar wurde. Heute ist die Pflanze in Westeuropa verwildert, insbesondere in sandigen Gegenden oder auch in Baumschulkulturen.

Winterpostelein wird im Juli oder August an geschützter Stelle im Schatten sommergrüner Bäume gesät. Die jungen Pflanzen dürfen nicht austrocknen und können, bis sie im Spätfrühling zu blühen beginnen, kontinuierlich geerntet werden. Man kann sie roh oder gedünstet verzehren. *Talinum triangulare* (Jacq.) Willd., ein anderes Mitglied der Familie *Portulacaceae*, wird manchmal Surinamspinat genannt und ist eine sukkulente Staude aus Westindien und dem tropischen Südamerika. Die Stengel wachsen aufrecht, tragen fleischige, schmallanzettliche Blätter und kleine rosa oder rote Blüten. Die jungen Seitentriebe werden abgebrochen und gedünstet oder leicht gekocht verzehrt. Außerhalb des tropischen Amerika wird *Talinum* in Westafrika und Ostindien angebaut.

Ceylonspinat

Winterpostelein in Blüte

Gartenportulak als Sommersalatpflanze angebaut

Junge Blätter von Winterpostelein

Junge Triebe von Gartenportulak

Rotblütige Erbsen in Baoxing, Provinz Sichuan, China

Rotblühende Erbsen in China, Großaufnahme

ERBSE

Pisum sativum L. *(Leguminosae)*
Pea, Snow Pea (GB); Mangetout (F); Ho Lan Tau (China)

Erbsen wurden in Südeuropa und im Nahen Osten seit Tausenden von Jahren angebaut und entweder frisch und unreif als grüne Erbsen oder reif als Trockenerbsen in Suppen oder Eintöpfen gegessen. Zuckererbsen, deren Schoten die harte Innenhaut (Pergamentschicht) fehlt, können ganz gegessen werden und werden bereits bei Gerard in seinem Kräuterbuch 1597 erwähnt. In Teilen Chinas werden die jungen Triebspitzen geerntet und kurz angebraten oder gekocht verzehrt, da sie außerordentlich gut schmecken. Dafür werden viele Sorten verwendet und die Pflanzen extra dafür angebaut. Regelmäßiges Beernten der Triebspitzen verhindert das Blühen. Die jungen Ranken der blattlosen Sorten, wie z.B. 'Bikini', können in ähnlicher Weise oder leicht gedünstet verzehrt werden.

Erbsen sind mit Bohnen, Erdnüssen und Klee verwandt und gehören zur Familie *Leguminosae. Pisum* gehört zur Unterfamilie *Vicieae*, den Wicken, und umfaßt auch die Dicken Bohnen, die Kichererbsen und die Linsen. In modernen Floren werden nur 2 Pisumarten akzeptiert, P. *sativum* L. und P. *fulvum* Sibth. & Smith, letztere kenntlich an ihren orangebraun-gelben Blüten. Beide Arten sind im östlichen Mittelmeergebiet von der Türkei ostwärts bis Syrien, Irak und Iran heimisch und kommen an felsigen Stellen oder als Unkraut in Weizen- und Gerstenfeldern oder in Weinbergen vor. In der Türkei, wo wahrscheinlich Erbsen zuallererst kultiviert wurden, findet man 2 Unterarten und zahlreiche Varietäten. Die wilde Unterart *elatius* (Bieb.) Aschers. & Graebn. kommt von Südeuropa und der Krim ostwärts bis Georgien und Turkmenien vor. Sie hat warzige Samen, immer zweifarbige Blüten und 7–12 mm breite Schoten. Var. *pumilio* Meikle (syn. P. *humile* Boiss. & Noë) ist eine kleinblütige Varietät der Unterart *elatius* und hauptsächlich in der Osttürkei, auf Zypern und im Iran zu finden. Die Unterart *sativum* mit glatten oder runzligen Samen und über 12 mm breiten Schoten umfaßt die beiden angebauten Varietäten var. *sativum* mit weißen Blüten, glatten grünen Nebenblättern und großen Samen und var. *arvense* (L.) Poiret mit zweifarbigen Blüten, Nebenblättern mit rotem Punkt und kleinen 4–8 mm großen Samen. Var. *arvense* soll nach Peter Davis auch wild auf dem Karaçadağ, einem felsigen Basaltplateau am Nordrand der syrischen Wüste in der südlichen Türkei, vorkommen. Wildformen der Erbsen haben harte Samenschalen und können mehrere Jahre im Boden ruhen.

Geschichte

Erbsen sind in den Ablagerungen steinzeitlicher Siedlungen in Jericho und in Ablagerungen von etwa 5700 v. Christus in Erbaba in Anatolien (mittlere Türkei) und um 5600 v. Christus in Tell Azmak gefunden worden. Andere frühe Hinweise auf ihren Anbau kommen von den Pfahlbauten an Schweizer Seen, aus Gräbern in Ungarn und aus den Ruinen des frühen Troja, wo ein großer Tonkrug über 440 Englische Pfund Erbsen enthielt und Besucher von Schliemanns Ausgrabungen ihre Suppe aus Erbsen von Priamus' Speisekammer aßen. Das macht die Erbsen zu einer gleich alten Kulturpflanze wie Weizen und Gerste. Erbsenanbau verbreitete sich ostwärts nach Indien und erreichte China in der T'ang-Dynastie (618–906 n. Christus). Erbsen wurden wahrscheinlich in England erstmals von den Römern angebaut, falls dies nicht schon früher durch Invasoren vom Kontinent geschah. Sie scheinen jedoch später ausgestorben zu sein, da es heißt, daß sie unter der Regierung von Heinrich VIII. aus Holland oder Frankreich wieder neu eingeführt wurden. Thomas Tusser schreibt 1573 von Erbsen als Feldfrucht und Rouncevalerbsen als einer Delikatesse in den Gärten. Gerard kannte 1597 in seinem Kräuterbuch 4 Sorten, einschließlich der Erbsen ohne Haut in den Schoten, also einer sehr frühen Zuckererbsensorte.

Erbsen waren eine der Pflanzen, die man als erste für Vererbungsuntersuchungen benutzte. Thomas Andrew Knight (1759–1838) begann seine Erbsenzüchtung etwa 1787. Sein Hauptziel war die Erzeugung besserer Apfelsorten, insbesondere für die Erzeugung von Apfelwein in seinem heimischen Herefordshire, jedoch die lange Dauer dieser Züchtungsarbeit brachte ihn dazu, daß er gleichzeitig mit Gartenerbsen experimentierte, da sie einjährige Pflanzen mit großen Blüten waren und deutlich feststellbare Merkmale besaßen. Seine Ergebnisse, die die direkte Vererbung einfacher Merkmale zeigten, glichen denen von Gregor Mendel etwa 70 Jahre später. Aber er war sich der grundsätzlichen Bedeutung seiner Ergebnisse für die Vererbungslehre nicht bewußt.

Mendel benutzte Erbsen als Studienobjekt für Vererbungsfragen, obwohl er ursprünglich nur die Anbauqualität der Erbsen im Klostergarten zu Brünn in der Tschechoslowakei verbessern wollte. Andere Züchter wollten vorrangig neue und bessere Erbsen züchten. Thomas Laxton, der in diesem Bereich Knight folgte, veröffentlichte seine eigenen Ergebnisse 1872. Er arbeitete auch an Pelargonien und Erdbeeren. Seine Söhne konzentrierten sich auf neue Sorten bei Äpfeln, Birnen und Pflaumen. Der Saatzüchter Hurst & Söhne, der Versuchsflächen in Kelvedon in Essex hatte, züchtete in den Jahren um 1920 neue Sorten von Erbsen und anderen Gemüsen. Einige Erbsensorten aus dieser Zeit werden heute noch angebaut.

Die neuere Züchtung konzentriert sich auf Sorten für das Tiefgefrieren und die mechanische Ernte bei Feldanbau. Das bedeutet, daß möglichst viele der Schoten gleichzeitig erntereif sind. Die Verwendung von blattlosen Sorten zur Züchtung verbesserte die Resistenz der Pflanzen gegen Blattkrankheiten, die bei dicht übereinanderliegenden Pflanzen im Feldanbau gefährlich werden können.

Heute werden mehrere Hauptgruppen von Erbsensorten angebaut.

Trockenerbsen, Markerbsen wie z.B. 'Holland Brown'.

Grüne Erbsen, Schalerbsen, Palerbsen wie z.B. 'Trio', 'Little Marvel', 'Hurst Beagle', 'Waverex' usw.

Blattlose Erbsen wie z.B. 'Bikini' oder 'Novella'.

Zuckererbsen mit flachen Schoten wie z.B. 'Snowflake', 'Oregon Sugar Pod' oder 'Agio'.

Zuckererbsen mit dicken Schoten wie z.B. 'Sugar Snap', 'Sugar Ann' oder 'Early Snap'.

'Purple Podded' Eine alte, bis 150 cm hoch wachsende Sorte mit dunkelpurpurnen Schoten und bei der Reife runzeligen Erbsen. Aussaat am besten im Frühling.

Gartenkultur

Erbsen wachsen am besten in einem nährstoffreichen, leichten, feuchtigkeithaltenden Boden und wachsen nicht in staunassen Böden, die Wurzelerkrankungen auslösen, oder in sehr trocknen Böden. Sie vertragen heißes Wetter nicht und wachsen am besten im Frühling, in kalten Sommern oder im Frühherbst. In milden Klimaten können frühe Sorten im Herbst zur Überwinterung und zur Ernte im zeitigen Frühjahr gesät werden, wobei diese Erbsen oft durch Folien geschützt werden, die gleichzeitig Tauben und andere Vögel fernhalten.

Geeignete Sorten für Herbstsaat sind z.B. 'Hurst Beagle', 'Feltham First' und 'Winfrida', die winterhärteste von allen. Spätere Saaten können von Februar an gemacht werden und in Folge so, daß die Ernte bis in den Herbst hineinreicht. Die letzte Aussaat sollte mit einer schnellreifenden Sorte im Juli erfolgen, damit noch vor dem ersten Frost geerntet werden kann. Sorten wie 'Hurst Beagle' reifen in etwa 90 Tagen bei Aussaat im zeitigen Frühling und in 55 Tagen bei warmem Wetter. 'Extra Early Alaska' kann in 51 Tagen reifen. 'Snowbird' ist eine Zuckererbse, die für Herbsternte empfohlen wird und in 58 Tagen reift.

Die Samen sollten in einer V-förmigen Rille 5 cm tief in 4 cm Abstand gesät werden. Für dichtere Reihen sät man 3 Reihen in einer flachen Rille mit Reihenabstand 12 cm. Frische Saat und Jungpflanzen müssen gegen Mäuse und Tauben geschützt werden, und wenn die ersten Ranken wachsen, benötigen die Pflanzen eine Stütze. Die Sorten variieren von etwa 30 cm in Zwergtypen bis etwa 2 m in 'Tall Telephone'. Sowohl verzweigte Äste als auch Maschendraht sind zum Klettern geeignet. Bei trockenem Wetter verbessert Mulchen und Wässern die Ernte besonders ab der Blütezeit. Bei den meisten Sorten verlängert das regelmäßige Pflücken der jungen Schoten die Erntezeit.

'Purple Podded', alte Sorte in Inverewe

Nahaufnahme einer blaßrosablühenden Erbse

Erbsen, die in China zur Ernte der beblätterten Triebe angebaut werden

Schoten aus Sellindge, Kent, aufgenommen am 10. Juli

'Bikini' Blattlose Pflanze mit stark verzweigten Ranken und blattähnlichen Nebenblättern.

'Feltham First' Besonders harte Sorte. 55 cm hoch mit 9 cm langen Schoten. Reichtragend. Geeignet für Herbst- oder Märzsaat. 58 Tage bis zur Reife in Nordamerika.

'Honeypod' (Zuckererbse) Schoten 6,5 cm lang, rund.

'Hurst Beagle' Pflanze 50 cm. 9 cm lange, süße und saftige Schoten mit je 6–9 Erbsen. Samen runzelig. In England 90 Tage bis zur Reife; welkeempfindlich.

'Hurst Green Shaft' Gezüchtet von Hurst Gunson Cooper Taber Ltd. Bis 170 cm hoch, gerade. 10 cm lange Schoten mit dunkelgrünen Erbsen. Guter Ertrag und gute Resistenz gegen Erbsenwelke. 102 Tage in England bis zur Ernte.

'Kelvedon Wonder' Gezüchtet von Hurst 1925. Sehr kälteresistent und geeignet für Herbst-, Frühjahr- oder Hochsommeraussaat zur Herbsternte. Reif in 65 Tagen. Schoten 8 cm.

'Little Marvel' Süße und zarte, 8 cm lange Schoten. Verbreitete Sorte mit etwa 46 cm Höhe. 62 Tage bis zur Reife.

'Markana' Wie 'Bikini' eine blattlose Sorte mit besonders stark verzweigten Ranken. 'Mora' ist ähnlich, aber früher reif. Schoten paarweise 9–10 cm lang.

'Onward' Reichtragend für Frühjahrsaussaat. Pflanzen 75 cm hoch. 72 Tage bis zur Reife. Empfohlen zum Tiefgefrieren.

'Sugar Bon' Gezüchtet von Gallatin Valley Seed Co. Pflanzen 1 m hoch. Schoten gebogen, ziemlich rund, 7 cm lang. Reift in Südengland in 80 Tagen, in Nordamerika in 60 Tagen.

'Trio' Pflanzen 92 cm hoch. Erbsen besonders süß. Schoten hängen zu 3–5. Erbsen halten sich gut. Reife in 74 Tagen.

'Waverex' Toleriert kühles Wetter. Kurze Schoten für frühe Ernte als »Petit Pois« – Kaisererbsen, eine deutsche Sorte.

links Sorte 'Sugar Bon' und rechts 'Waverex'

Blattlose Erbse 'Markana'

Zuckererbse 'Honeypod'

'Purple Podded' in Nahaufnahme (Seite 83)

Dicke Bohnen auf einem Markt in Bolivien, Aufnahme von Sam Phillips

'Red Epicure' in Blüte in Barnsley House (Seite 88)

Niedrige Dicke Bohne 'The Sutton'

DICKE BOHNE, SAUBOHNE, PUFFBOHNE

Vicia faba L. *(Leguminosae)*
Broad Bean (GB); Fève de Marais, Grosse Fève (F)

Die Dicke Bohne ist eine der härtesten Bohnen und die einzige, die in wintermilden Gegenden im Herbst gesät die Winterfröste übersteht und im Frühsommer geerntet werden kann. Die meisten Sorten sind hohe aufrechte, einjährige Pflanzen mit behaarten Schoten. Die leicht flachen grünen oder weißen Bohnen sind reif, grobkörnig und streng schmeckend, aber köstlich bei früher Ernte. Die jungen Schoten können auch ganz gegessen werden.

Der wildwachsende Vorfahr der Dicken Bohnen ist unbekannt. Man glaubt aber, daß die Stammart in der Steinzeit im östlichen Mittelmeer vorkam. Die Dicke Bohne ist eng verwandt mit der wilden Art *Vicia narbonensis*, die man heute in Südeuropa, Nordafrika und Südwestasien findet. Die Art unterscheidet sich dadurch, daß es eine schlankere Pflanze mit Ranken und bei der Reife unbehaarten Schoten ist. Sie hat auch eine andere Chromosomenzahl, nämlich $2n = 14$, während die Dicken Bohnen $2n = 12$ besitzen.

Die frühesten Informationen über die Kultur Dicker Bohnen besitzen wir aus dem frühen Neolithikum, dem B-Horizont von Jericho und aus Ungarn. Dicke Bohnen hat man auch im alten Ägypten gefunden, und zwar um 1800 v. Christus. Sie werden auch in griechischer und römischer Literatur erwähnt. Sie wurden in Ablagerungen aus der Eisenzeit, in Pfahlbauten bei Glastonbury und in Nordeuropa gefunden. Ursprüngliche Sorten haben kleine schwarze Samen, und solche schwarzen Samen werden auch von Homer erwähnt und wurden in Troja ausgegraben.

Die heute angebauten Dicken Bohnen gehören zu vier Gruppen:
var. *faba* oder var. *major*, die Dicke Bohne, die verbreitet als Gemüse gegessen wird;
var. *equina*, die Pferdebohne, meist als Tierfutter angebaut;
var. *minor*, die Tick-Bohne;
var. *paucijuga*, sehr verwandt mit *minor* und meist in Zentralasien angebaut. Abweichend von den anderen ist sie selbstbestäubend.

Die als Gemüse angebauten Sorten lassen sich in zwei Gruppen einteilen:

Die langschotigen mit 8 Samen pro Schote und kurzschotige wie 'Windsor' mit 6 Samen pro Schote. Es gibt auch weißblütige und hellsamige Typen mit einem niedrigeren Gerbstoffgehalt, die deshalb reif weniger streng schmecken. Dicke Bohnen können in wintermilden Gegenden entweder im November ausgesät werden, wo sie allerdings Schäden durch Vögel und Schnecken ausgesetzt sind, oder auf wärmeren Böden im Januar oder Februar. Langschotige Typen, wie 'Aquadulce' werden meist für Winteraussaat empfohlen. Sie wachsen im Winter langsam und profitieren vom Schutz durch Frühbeetkästen oder Folien. Später reifende Sorten, insbesondere die Windsor- und Zwergtypen, kann man im März oder April säen. Der ideale Boden ist schwer und gut mit Dünger versorgt, hat aber guten Wasserabzug. Die Pflanzen können auch unter Schutz in Töpfe gesät und an milden Tagen im März ausgepflanzt werden.

'Bonny Lad' Kompakte, 35 cm hohe Pflanze. Schoten 12–15 cm lang mit 4–5 grünen Samen.
'Brunette' Pflanze 45–60 cm mit 10–12 cm langen, dünnwandigen Schoten mit kleinen Samen. Schnellreifende Sorte.
'Bunyard's Exhibition' Anbau seit 1917. Pflanzen bis 120 cm hoch. Schoten 30–35 cm lang mit 7 Samen.
'Imperial Green Longpod' Pflanzen 90–135 cm hoch. Schoten bis 50 cm lang mit bis zu 9 grünen Samen.
'Masterpiece Green Longpod' Pflanzen 80–90 cm hoch. Schoten 20 cm lang mit meist 7 grünen Samen.
'Suprifin' Pflanzen bis 90 cm hoch. Viele 20 cm lange Schoten.
'The Sutton' Niedrige 30–50 cm hohe Pflanze mit kurzen Internodien. 12–15 cm lange Schoten meist mit 5 kleinen Bohnen. Problemlos und reichtragend. Geeignet für Folgesaaten den Sommer hindurch und unter Schutz den Winter hindurch mit sehr früher Ernte.
'Witkiem Major' Pflanzen 90 cm hoch. Dicke, 20–25 cm lange Schoten mit grünen Samen. Guter Ertrag bei Frühjahrssaat.

Dicke Bohnen von Sellindge in Kent, aufgenommen am 10. Juli

'Red Epicure'

Niedrige Sorte Dicke Bohnen 'Ite'

'Relon'

'Feligreen'

'Aquadulce' im Folien-Schutzrahmen

'Aquadulce Claudia' Frühe langschotige Sorte, die seit 1930 angebaut wird. Robust und geeignet zur Aussaat von Oktober bis November. Pflanzen ca. 1 m hoch. Schoten 20 cm lang mit meist 5 Samen.

'Express' Pflanzen 90 cm hoch. Schoten 16–20 cm mit etwa 4 blaßgrünen Samen. Frost vertragend und unter warmen Bedingungen in etwa 70 Tagen schnell reifend.

'Feligreen' Neue Sorte von Nickerson Zwaan mit niedrigem Gerbstoffgehalt.

'Fonseca' Eine sehr großsamige Sorte des Züchters S. Pigot in Portugal.

'Giant 4-seeded Green Windsor' Diese alte Sorte trägt besonders große Samen in sortentypischer gebogener Schote.

'Hylon' Spät reifende Sorte mit extra langen Schoten mit meist 7 weißen Samen.

'Ite' Pflanzen 75 cm hoch. Schoten 15 cm. Reichtragend mit sehr geschmackvollen kleinen Bohnen. 10 Tage später als 'Express' reif.

'Jubilee-Hysor' In England nach März aussäen. Spät reifende Sorte mit 6–9 großen weißen Samen.

'Red Epicure' Pflanzen 90 cm hoch. Grüne Schoten mit roten Samen und tiefroten Blüten. Erhältlich bei Unwins.

'Reina Mora' Spanische Sorte.

'Relon' Pflanzen 90–130 cm hoch. Spät reifend mit sehr langen, 42–45 cm erreichenden, meist 8, oft aber auch 11 grünen Bohnen.

Schoten von Dicken Bohnen von NIAB, Cambridge, aufgenommen am 20. Juli

Eine wilde purpurhülsige Bohne, auf *Salvia iodantha* kletternd, südlich vom Chapalasee, Mexiko

GARTENBOHNEN

Phaseolus vulgaris L. *(Leguminosae)*
French Bean, Common Bean, Kidney Bean (GB);
Flagelot, Haricots Verts (F)

Die vier kultivierten *Phaseolusarten* stammen alle aus Mittel- und Südamerika. *Phaseolus vulgaris* finden wir heute wild im westlichen und mittleren Mexiko, in Guatemala in den Bergen von 500 bis 2000 m und in den Anden von Peru, Bolivien und in Argentinien. Die Wildarten sind alle Kletterpflanzen. Die mexikanischen Varietäten haben kleine, meist 5–7 mm lange Samen. Im Oktober 1991 fanden wir eine Form mit schmalen, purpurnen, etwa 7 cm langen Hülsen und 7 braungelben, dunkelgeaderten, frisch 6–8 mm langen Samen, die am Rande eines Feldweges in 2000 m Höhe in den Bergen südlich des Chapalasees, in Mexiko, über eine strauchige, purpurn blühende *Salvia iodantha* wuchs. Die Andenvarietät var. *aborigineus* hat größere, 6–10 mm lange Samen und ist heute bis in den Bereich von San Luis nach Süden in Argentinien zu finden.

Wahrscheinlich waren beide lange Zeit vor der spanischen Eroberung bereits im Anbau, ihr Ursprungsgebiet ist jedoch bisher ungewiß. Es gibt keine archäologischen Funde von Bohnensamen, die in der Größe zwischen der Wildart und den Kultursorten liegen. 12–13 mm lange Samen von Kultursorten fand man in Ablagerungen in Gräbern bei Cuitarrero in Peru aus der Zeit um 6000 v. Christus und aus Grabbeigaben im Tehuacantal in Mittelmexiko aus der Zeit um 4000 v. Christus. Ähnlich alte Sa-

Halbkletternde Wachsbohne 'Mont d'Or' (Text S. 93)

Wigwam aus Bambusstäben für kletternde Stangenbohnen

men fand man in der Jujayregion Argentiniens. Der Bodenanbau breitete sich in das westliche Nordamerika aus, und Funde in Neu-Mexiko konnten auf ca. 300 v. Christus datiert werden.

Gartenbohnen wurden im frühen 16. Jahrhundert nach Europa gebracht und in England bereits vor 1597 von Gerard gezogen, wie er in der ersten Ausgabe seines Kräuterbuches berichtete. Die frühen Sorten waren alle Kletterpflanzen, und Buschbohnentypen der Gartenbohnen wurden verbreitet nicht vor dem frühen 18. Jahrhundert angebaut. Die angebauten Bohnensorten sind sehr unterschiedlich, und deutlich unterscheidbare Sorten findet man in vielen Teilen der Welt. Die Hauptunterschiede liegen im Wuchscharakter, in der Hülsenfarbe und -form und in der Samenfarbe. Die zwergigen Bohnenpflanzen werden Buschbohnen genannt. Die kletternden sind Stangenbohnen. Im Wachstum dazwischenliegende Sorten, bei denen die Blütenstengel und damit auch die Bohnen oberhalb der Blätter wachsen, verbreiten sich immer mehr. Beispiele dieses Wachstumstyps sind z.B. 'Golden Butter' oder 'Mont d'Or' oder 'Purple Teepee'.

Die Unterschiede bei der Hülse sind ebenso wichtig. Die Wildart hat sehr dünnwandige papierene Hülsen, die sich öffnen, wenn die Samen reif sind. Kultursorten mit papierenen Hülsen werden nur für Trockenbohnen angebaut. Sorten mit ledrigen Hülsen können jung und grün als Schnittbohnen, reif aber auch als Trockenbohnen verwendet werden. Sorten mit fleischigen, fadenlosen Hülsen, wie z.B. 'Blue Lake', werden hauptsächlich frisch verwendet, und die Hülsen bleiben viel länger zum Verzehr geeignet als in den anderen Gruppen. Abgesehen von der Länge variieren die Hülsen auch im Querschnitt, der flach, oval oder rund sein kann.

Die Hülsenfarbe ist auch unterschiedlich. Normalerweise ist sie grün, aber auch gelbe Hülsen, sogenannte Wachsbohnen, sind verbreitet, besonders als Buschbohnensorten. Purpurfarbige Hülsen werden oft auch angebaut sowohl als Busch- als auch Stangenbohnen. Die Sorte 'Tongues of Fire' hat grüne, rotgestreifte Hülsen und Bohnen gleicher Farbe. Die Farbe der Bohnenschale ist der vierte unterscheidende Charakter. Die Samenfarben können schwarz, weiß, rot, braungelb, braun oder in unterschiedlichsten Kombinationen dieser Farben sein.

'German Pole', Stangenbohne aus Virginia (Seite 93)

Gartenkultur

Gartenbohnen sind schnell wachsende einjährige Pflanzen, und da sie aus tropischen Klimaten stammen, benötigen sie warme Böden zum Keimen und Wachsen. Es lohnt sich nicht, zu früh zu säen, da sie dann so schwach wachsen, daß sie von Krankheiten und Schädlingen befallen werden, ihre Wurzeln faulen und die Schnecken den Rest besorgen.

Die meisten Sorten benötigen eine Bodentemperatur von mindestens 13 °C, um gut zu keimen, jedoch ermöglichen die Sorten wie 'Loch Ness', 'Savor' und 'Purple Podded' auch die Aussaat in kühleren Böden. Die Buschbohnen werden meist in Reihen gesetzt, die Samen mit Abstand von 5–7,5 cm Entfernung 4–5 cm tief. Reihenabstand ca. 45 cm. Es kann auch in Gruppen zu 6 gesät werden, wobei der Gruppenabstand 30 cm betragen sollte, oder einzeln versetzt mit 15 cm Abstand zwischen den Pflanzen. Weiterer Abstand wird oft empfohlen, jedoch gibt diese engere Saat höhere Ernten. Dem Wachstum förderlich ist das Anhäufeln der jungen Sämlinge etwa 5–7,5 cm hoch und in trocknen Gebieten das Mulchen.

Stangenbohne 'Blue Lake' (Text S. 93)

In kalten Gegenden oder auf schwerem Boden können die Pflanzen unter Schutz ausgesät und im Zweiblattstadium ausgepflanzt werden. Dies ist nur für die erste Aussaat im Jahr notwendig, und die späteren Folgesaaten können direkt an Ort und Stelle erfolgen. Die meisten Buschbohnen tragen in 45–60 Tagen, Stangenbohnensorten etwa in 60 Tagen.

Stangenbohnen können entweder in Doppelreihen mit 60 cm Abstand und zwischen den Samen 15 cm Abstand gepflanzt werden und benötigen dann gekreuzte Stangen zum Klettern oder können in Kreisen an Wigwams gepflanzt werden mit 2 Bohnen je Stange, die zu 5 stehen und mindestens 2 m hoch sein sollen. Man kann sie auch an einen gut befestigten Maschendrahtzaun pflanzen, der 2–4 m hoch sein sollte. Gartenbohnen sind Selbstbestäuber und bringen normalerweise reiche Ernte, vorausgesetzt, man pflückt die jungen Bohnen regelmäßig und die Pflanzen wachsen gut. Bei trocknem Wetter sollten die Pflanzen während der Blütezeit gut gewässert werden. Trockenbohnen, die wegen ihrer Samen angebaut werden, werden geerntet, wenn die Hülsen fast reif sind und man die ganze Pflanze unter Dach an einem gut durchlüfteten Platz zum Nachtrocknen aufhängen kann.

Gepflanzte Buschbohnen in Fünfergruppen

Stangenbohnen aus Wisley, aufgenommen am 4. September

Stangenbohne 'Blue Coco'

Stangenbohne 'Kentucky Wonder Wax'

'Anelli' (syn. 'Hillary') Alte Sorte mit grünen Hülsen und rotbraunen mit dunkelbraun gebogenen Linien gezeichneten Samen für Frisch- und Trockenbohnenverwendung.

'Blue Coco' Purpurne Hülsen. Bohnen blaßbraun ähnlich 'Purple Podded', aber flacher. Von Seeds Blum, Boise, Idaho, USA.

'Blue Lake' (syn. 'White Creaseback') Hülsen ca. 15 cm lang, grün, fadenlos und sehr fleischig mit einer Rille entlang des Rückens. Samen länglich weiß. Sehr gute, leicht wachsende, früh reifende Sorte. Nordamerikanische Sorte, die wahrscheinlich von den Indianern entlang des oberen Missouri stammt, im Süden schon früher angebaut wurde (Abb. S. 91).

'Blue Peter' Purpurnhülsige Stangenbohne, die wir von Harry Hay erhielten.

'German Pole' Alte Sorte aus dem Südosten der USA, von Jane Price aus Tom's Creek in Blacksburg, Virginia, USA erhalten. In kühlem Wetter spät reifend. Samen blaßbraun mit dunklerer Fleckung besonders an einem Ende. Geschmack bei Vollreife am besten (Abb. S. 91).

'Kentucky Wonder Wax' (syn. 'Goldenpodded wax') Alte Sorte, die auf die Zeit um 1850 zurückgeht. Goldgelbe, im Querschnitt ovale Hülsen. Große rotbraune Samen. Die ursprüngliche 'Kentucky Wonder' hat grüne Hülsen ähnlich 'Blue Lake', aber orangebraune Samen.

'Kingston Gold' Flachhülsige Wachsbohne, die in Wisley gezogen wird. Wir konnten den Namen nirgendwo anders finden.

'Lazy Housewife' (syn. 'Lazy Wife', 'Coco Blanc') Alte Sorte aus Deutschland, kam um 1810 nach Amerika. Blüten weiß, Hülsen fleischig, fadenlos. Samen weiß, grün gemustert. Trockenbohne oder Frischgemüse, für Spätern-te, frühestens 80 Tage nach Saat.

'Mont d'Or' (syn. 'Golden Butter') Blaßgoldfarbene, leicht flache Hülsen an hohen, aufrechten oder etwas kletternden Pflanzen. Fast bis zur Reife zart. Kurze gedrungene, tief rötlichbraune bis schwarze Samen. Lyon vor 1874.

'Purple Podded' Alte französische Sorte mit purpurnen Hülsen und blaßbraunen Samen. Zu erhalten bei Suttons und Thompson & Morgan.

'Robsplash' Von W. Robinson & Sons Ltd., Sunny Bank, Forton, bei Preston, Lancs.

'Selka Improved' Französische Sorte mit sehr langen, flachen, fadenlosen, bis 30 cm langen Hülsen mit sehr eigenem Geschmack. Samen weiß, länglich.

'Wren's Egg' (syn. 'London Horticultural', 'Araucano', 'Speckled Cranberry Egg', 'King Mammoth') Kräftig wachsende Sorte mit rosa Blüten. Blaßgrüne, flache, im Querschnitt ovale, bei der Reife rot oder karmin gestrichelte Hülsen. Samen gelbbraun, mit rot gestreift, oder gefleckt mit dunkelorangem Augenring. Alte Sorte, wahrscheinlich aus Chile.

Stangenbohne 'Anelli'

Stangenbohne 'Wren's Egg'

Buschbohnen aus Wisley, aufgenommen am 10. August

Buschbohnensorte 'Masterpiece'

'Daisy' (in Blüte)

'Daisy' (fruchtend)

'Purple Teepee'

'Royalty'

'Venture'

'Michelet Teepee'

'Constanza' Goldgelbe, runde Hülsen, längliche weiße Samen, Pflanze etwa 35 cm hoch.

'Cyrus' Schlanke, gerade, runde Hülsen mit langen, schmalen Samen, purpurnfarben mit kräftigen, dunklen Flecken und Linien. Reich tragend; Pflanzen bis 45 cm hoch.

'Daisy' Hülsen rund, ca. 15 cm lang, mit einer Rinne auf der oberen Seite, werden oberhalb der Blätter gehalten.

'Delinel' Gezüchtet von Vilmorin-Andrieux SA. Pflanze etwa 35 cm hoch mit runden, 15 bis 20 cm langen, hellgrünen, gebogenen Hülsen in lockeren Gruppen. Schnell reifende, gegen Bohnenmosaik und Brennfleckenkrankheit resistente Sorte. Erhältlich bei Marshalls und Vesey's Samen, Houlton, Mittelengland.

'Jumbo' Hülsen 30 cm lang, dunkelgrün, flach. Samen groß, rötlichbraun mit dunkleren gebogenen Streifen. Lange Erntezeit, wenn junge Hülsen regelmäßig unreif geerntet werden.

'Loch Ness' Runde, fleischige, fadenlose, bis 15 cm lange Hülsen. Bis 50 cm hohe aufrechte Pflanze. Buschbohne Typ 'Blue Lake'.

'Masterpiece' (syn. 'Jaune de Perreux') Eingeführt von Vilmorin um 1907 und von Suttons in England um 1910. Geeignet zum Treiben in Gewächshäusern und dann in 52 Tagen erntereif. Flache Hülsen. Samen blaß rötlichbraun mit dunklerem Augenfleck. Es gibt eine neuere fadenlose Auslese dieser Sorte.

'Michelet Teepee' Neue halbbuschige Sorte von Bakker.

'Pros Gitana' Runde bis ovale, fadenlose, etwa 10 cm lange, in großer Zahl erzeugte Hülsen zum Ganzverzehr.

'Purple Teepee' Purpurne, bis 15 cm lange, leicht gebogene Hülsen, an leicht verlängerten Stengeln über dem Laub getragen.

'Royal Burgundy' Purpurne, runde, ca. 15 cm lange, fadenlose, gebogene Hülsen mit blaß rötlichbraunen Samen. Ziemlich hohe, bis 45 cm wachsende Pflanzen und Toleranz gegenüber kaltem Wetter. Purpurhülsige Buschbohnen sollen in Deutschland entstanden sein.

'Royalty' Hülsen purpurn gebogen, im Querschnitt rund, fadenlos, etwa 12 cm lang, mit gutem Geschmack. Samen blaß gelbbraun. 1957 an der Universität von New Hampshire aus einer örtlichen purpurhülsigen Sorte durch Kreuzung mit 'Florida' 501 gezüchtet. Gute Gartensorte, besonders für kalte, feuchte Böden.

'Tendercrop' Hülsen gerade, ca. 12 cm lang, fleischig und fadenlos, im Querschnitt rund. Samen lang und schmal, purpurn mit kräftigen dunklen Flecken und Linien. 1958 beim USDA, Beltsville gezüchtet. Eltern sind 'Tropcrop' und 'Tenderpod'. Geeignet für nördliche Klimabedingungen und resistent gegen Virus.

'Venture' Steife, aufrechte Pflanze. Hülsen leicht gebogen, im Querschnitt rund, fadenlos und gegen 16 cm lang. Samen weiß. Neue reifende Form von 'Blue Lake', in 48 Tagen.

Buschbohnen aus Wisley, aufgenommen am 20. September

Eine wüchsige Reihe Buschbohnen

'Black Valentine, Stringless' Syn. 'King of the Garden', 'May Queen') Hülsen grün, ca. 15 cm lang, leicht flach. Samen länglich schwarz. Die ursprünglich fädige Sorte wurde durch Peter Henderson & Co. 1897 eingeführt, obwohl der Name schon vorher für eine ähnliche Bohnensorte in Gebrauch war.

'Dragon Tongue' (syn. 'Dragon Langue') Flachhülsige, blaßgelbe, purpurngestreifte Wachsbohne. Samen ziemlich länglich, rötlichbraun, leicht gestreift, dunkelbraun gefleckt.

'Hama' Neue Buschbohne v. Nickerson Zwaan.

'Jacob's Cattle' (syn. 'Trout', 'Dalmatian' oder 'Coach-dog Bean', 'Forellen') Alte Sorte aus Neuengland. Die schönen Samen sind weiß mit kräftiger karminroter Fleckung. Für Feldanbau als Trockenbohne.

'Pinto' Halbkletternde Bohne. Kurze, etwa 12 cm lange Hülsen. Samen blaß rötlichbraun mit dunkleren braunen Punkten. Eine Sorte aus Colorado und den südwestlichen Staaten der USA. 'Mexican Pinto' mit cremefarbenen, schwarzgepunkteten Samen wird traditionsgemäß für Chili con carne verwendet.

'Royal Kidney' Blüten rosa, Hülsen flach, grün, zäh und faserig. Samen groß, kastanienbraun bei Reife. Aus 'Red Kidney'. Früheste großsamige, rote Kidneybohne 1904 in Marion, New York, durch John Q. Wells gezüchtet.

Buschbohne 'Hama'

Buschbohne 'Jacob's Cattle'

'Soldier' (syn. 'Johnson Bean') Längliche, weiße Samen mit wenigen unregelmäßigen rotbraunen Zeichnungen in der Nähe des Auges. Pflanzen etwa 45 cm hoch. Lange und schlanke Hülsen. Alte Sorte aus Maine in New Hampshire. Gut geeignet für »backed beans«.

'Sulphur' (syn. 'California Cream', 'China Yellow') Bei niedrigen Temperaturen gute Ernten. Blüten rosa, Samen gelblich bis blaß rötlichbraun, ziemlich klein und auch reif zart. Alte Sorte für Feldanbau, jedoch heute selten.

'Taylor's Dwarf Horticultural' (syn. 'Speckled Bays', 'Shelley') Alte Sorte aus dem frühen 19. Jahrhundert mit bis 45 cm hohen Stengeln. Blasse, gestreifte, bis 45 cm lange, im Querschnitt flach ovale Hülsen. Samen rötlichbraun mit einigen dunkleren Zeichnungen. 'Dwarf Cranberry' und 'Dwarf Wren's Egg' sind ähnliche, nicht abgebildete Sorten.

'Tongues of Fire' Flache, 15 cm lange, blaßgrüne, rot gezeichnete Hülsen. Samen ziemlich rund, blaß rötlichbraun mit dunkleren Streifen und Flecken. Bohnen mit gutem Geschmack und guter Substanz. Sorte soll aus Feuerland in Südamerika stammen.

'Yellow Eye' (syn. 'Molasses Face') Weiße Samen mit rötlichbrauner Zone um das Auge. Blaßgrüne, fädige, grobfleischige Hülsen. Ackerbohne für Großanbau.

Wilde, blühende Feuerbohnen im Wald auf dem Collima Berg in Mexiko

FEUERBOHNEN

Phaseolus coccineus L. syn. *Phaseolus multiflorus* Lam. *(Leguminosae)*
Runner bean, Scarlet Runner (GB), Haricots d'Espagne (F)

Die Feuerbohne stammt aus Mexiko, und zwar von den Bergen westlich von Durango an südwärts, und ist besonders in dem zentralen vulkanischen Gebirgsgürtel westlich von Mexiko City und in den hohen Gebirgen Südmexikos verbreitet. Sie wurde auch in Guatemala gefunden. Es ist eine Staude mit stärkereichen knolligen Wurzeln. Sie wächst an kühlen, etwas beschatteten Stellen meist auf der nach Norden gewandten Uferseite in tiefen Taleinschnitten (Barrancas) in Eichen-, Kiefern-Mischwald und klettert in der meist aus strauchigen großblättrigen *Senecio-* und *Salviaarten* gebildeten Vegetation. Sie scheint in Höhenlagen von 1800 bis 2500 m am verbreitetsten zu sein, zusammen mit wilden Dahlien, Begonien und orangeblühenden Lobelien. Die roten Feuerbohnenblüten sind am Wegrand besonders eindrucksvoll. Sie werden wahrscheinlich von den in dieser Höhenlage verbreiteten Kolibris, aber auch von Hummeln bestäubt. Die Blüten der Feuerbohnen, heißt es, seien purpurn, aber alle, die wir im Oktober 1991 im nördlichen Mexiko blühen sahen, waren wie gewöhnlich scharlachrot; andererseits wird auch berichtet, daß die Blüten sich beim Trocknen purpurn verfärben.

Die wilden Feuerbohnen gleichen in Geschmack und Substanz der Hülsen den angebauten Feuerbohnen, werden aber nur etwa 8 cm lang mit 8 ziemlich runden, 7–10 mm großen, blaßbraunen, dunkel schwarzbraun gefleckten Bohnen mit einem schwarzen Auge – so bei der einzigen reifen Hülse, die wir Anfang November finden konnten.

Feuerbohnen wurden von den Ureinwohnern Mexikos angebaut und in Grabbeigaben im Tehuacantal in der Provinz Puebla gefunden, an dieser berühmten Fundstelle frühen Ackerbaus ab 7000 v. Christus in Amerika, von der auch die frühesten Nachweise des Maisanbaus stammen. Die angebauten Feuerbohnen sind jedoch nur etwa 2200 Jahre alt. Feuerbohnen wurden wahrscheinlich im 16. Jahrhundert nach Europa eingeführt. Einer der ersten Nachweise in der Gartenliteratur findet sich in Johnsons 1633er Ausgabe von Gerards *Kräuterbuch*, wo die Feuerbohne als eine von John Tradescant eingeführte Zierpflanze erwähnt wird. John Tradescant der Jüngere nennt in seinem Gartenverzeichnis 1656 zwei Sorten, die in seinem Garten in Lambeth gezogen wurden, und zwar eine mit schwarzen und eine andere mit gefleckten Samen. Philip Miller soll der erste englische Gärtner gewesen sein, der die grünen unreifen Bohnen gekocht hat, wahrscheinlich von Pflanzen, die im Chelsea Physic Garden im frühen 18. Jahrhundert wuchsen. Die geringe neuere Züchtung bei Feuerbohnen hat sich auf längere Hülsen mit später Entwicklung von Fasern der inneren Hülsenwand und wenig Fädigkeit konzentriert. Die Sorte 'Butler' soll besonders lange (35 cm) fadenlose Hülsen und rote Blüten haben. 'Desirée' ist eine weißblühende, fadenlose Feuerbohne mit etwas kürzeren Hülsen.

Bei Feuerbohnen oder Prunkbohnen kennt man nur grüne Hülsen. Blüten- und Samenfarbe jedoch sind variabel. Die meisten Sorten sind wie die Wildart kräftige Kletterpflanzen. Es gibt aber auch ein oder zwei genetisch bedingte Zwerge, d. h. Buschfeuerbohnentypen.

Wilde Feuerbohnen im Vergleich zur großfrüchtigen Sorte 'Scarlet Runner'

'Hammond's Dwarf' in Blüte (Text Seite 101)

Blüten der Feuerbohnensorte 'Sunset' (Text Seite 101)

Übliche Stangenaufstellung für Feuerbohnen

Gartenkultur

Feuerbohnen sind in der Kultur problemlos, setzen aber besonders bei heißem Wetter oft schwer Bohnen an. Im Gegensatz zu den normalen Stangenbohnen, die selbstbestäubend sind, benötigen Feuerbohnen Fremdbestäubung. Die Blüten werden meist von Hummeln besucht, setzen aber trotzdem manchmal nicht an. Das alte empfohlene Mittel, die Blüten mit Wasser zu besprühen, soll nutzlos sein, die Pflanzen jedoch brauchen in der Zeit des Wachstums tiefgründige nährstoffreiche Böden und ausreichend Wasser. Kräftiges Wässern des Wurzelbereiches fördert die Blüte und den Bohnenansatz, und Mulchen im Wurzelbereich hilft die Feuchtigkeit zu erhalten. In ihren Heimatgebirgen bleibt der Wurzelbereich durch die darüber wachsenden Sträucher kühl und feucht. Sie erhalten nach einem ziemlich heißen und trocknen Frühling ihre Feuchtigkeit im Juli/August und September durch sintflutartige Regenfälle. Fröste sind dort zumindest bis Dezember unbekannt. Hohe Temperaturen sind eindeutig der begrenzende Faktor beim Bohnenansatz. Wie Herklots berichtet, wachsen und blühen Feuerbohnen in Hongkong gut, setzen aber nur hin und wieder eine Bohne an.

Aussaat Ende Mai oder Anfang Juni oder früher, wenn der Boden warm genug ist. In kühlen Gegenden sollte man einzeln in Töpfe säen und nach Ende der Nachtfröste auspflanzen, da die Pflanzen bereits bei –3°C oder weniger absterben. Pflanzabstand normalerweise 15 cm und 60 cm zwischen den Reihen. Die Beete sollten geschützt vor austrocknenden Winden liegen und etwas Schatten gegen die heiße Mittagssonne haben.

Alte Gartenbücher empfehlen den Aushub eines 60 cm tiefen und breiten Grabens, der dann zu $^3/_4$ mit halbverrottetem Mist und dann mit Erde aufgefüllt wird. Die Bohnen kommen dann in die dünne Erdschicht, ein Verfahren wie beim Packen eines Frühbeetkastens zur Erzeugung von Hitze durch die Mistpacklage. Feuerbohnen wachsen aber in jedem nährstoffreichen feuchten Boden, wobei zu nährstoffreiche Böden mehr das Blattwachstum fördern. Mindestens 3 m hohe Stangen in Längsform oder als Wigwam aufgestellt sind erforderlich (siehe Abbildungen oben und unten). Jede andere Kletterhilfe sollte kräftig genug sein, um die schweren Bohnenranken – besonders bei Nässe – auch tragen zu können. Prunkbohnen sind eine prächtige grüne, blühende Hülle für Zäune oder Pergolen.

Die Bohnen werden geerntet, wenn sie fast ihre volle Größe, d. h. etwa 20–30 cm erreicht haben, und zwar, bevor sie faserig oder die Samen hart werden. Wichtig ist kontinuierliche Ernte, da beim Erreichen der Vollreife von Bohnen die Pflanzen aufhören zu blühen. In den meisten Gärten tragen die Pflanzen bis zum Frost. Feuerbohnen werden meistens als Schnittbohnen verzehrt. Auch die Samen können als Trockenbohnen gegessen werden, benötigen aber eine lange Kochzeit.

Feuerbohnen sind wenig krankheitsanfällig. Die keimenden Bohnen können durch Schnecken und Mäuse Schaden leiden oder in feuchtem Wetter und staunassem Boden besonders bei zu tiefen Temperaturen durch Wachstumsstillstand und Fäulnis absterben. Das größte Problem bei Feuerbohnen ist, guten Fruchtansatz zu erzielen.

Zweifarbig blühende Feuerbohnensorte 'Painted Lady'

Prunkbohne 'Scarlet Runner' an Indianerzelt-artig aufgestellten Stangen

Bohnen aus Sellindge, aufgenommen am 15. August

'Liberty'

'Scarlet Runner' blühend in Sellindge

'Desirée'

'Pickwick', ein Buschbohnentyp

'Achievement' Blüten rot; Bohnen 40–45 cm lang; Samen purpurn mit wenigen dunkleren Flecken.

'Desirée' Blüten weiß; Bohnen 25–30 cm lang, fadenlos; Samen groß und weiß. Gilt als ziemlich trockenheitresistent.

'Hammond's Dwarf' Buschbohnentyp; ca. 45 cm hoch, sollte aber leichte Stütze erhalten. Blüten rot über dem Laub. Bohnen ca. 20 cm lang. Samen rosabraun mit wenigen Streifen und Flecken. Bekannt seit dem späten 19. Jahrhundert (Abbildung Seite 98).

'Liberty' Blüten rot; Bohnen 45–50 cm lang, aber faserig bei Reife.

'Painted Lady' Blüten weiß mit roter Fahne; Bohnen 20–30 cm lang. Samen rosabraun mit dunkleren Streifen und Punkten meist um das Auge. Sehr alte, seit dem frühen 19. Jahrhundert bekannte Sorte (Abbildung Seite 99).

'Pickwick' Neuer Buschbohnentyp; ca. 45 cm hoch. Bohnen 20–23 cm lang ohne Fäden. Purpurne Samen mit dunkleren Streifen und Punkten, besonders um das Auge.

'Scarlet Runner' (syn. 'Scarlet Emperor') Blüten rot; Bohnen 25–30 cm. Samen purpurn mit dunkleren Streifen und Tupfen, besonders um das Auge. Alte Sorte aus dem 19. Jahrhundert.

'Streamline' Sorte mit sehr langen Bohnen, die nicht faserig werden. Rosabraune, stark schwarz gefleckte Samen.

'Sunset' Blüten rosa; Bohnen 30–35 cm. Früh reifende Sorte mit gutem Geschmack.

The **'Black-seeded Runner'** (ohne Abbildung) Es ist eine sehr alte, 1654 beschriebene Sorte. Die Bohnen sind bräunlichrot geflammt, die Samen groß und kohlschwarz. 'Mrs Cannell's Black Runner' ist wahrscheinlich die gleiche Sorte.

'Sunset' blühend in Wisley

Ein Bohnenfeld auf dem Zentralplateau in Mexiko

Buschbohne in Mexiko

MONDBOHNE, LIMABOHNE

Phaseolus lunatus L. (Legununosae)
Lima Bean, Sieva Bean (kleinsamig), Madagascar Bean or Butter Bean, Potato Limas (groß, dicksamig) (GB)

Von der Mondbohne gibt es zwei Typen, einen großsamigen und einen kleinsamigen, und von beiden gibt es kletternde oder buschig wachsende Sorten. Die Europäer begegneten ihr zuerst in Lima in Peru. Es ist jedoch eigentlich eine tropische Flachlandart für Lagen unter 1200 m und benötigt eine heiße Wachstumszeit von etwa 80 Tagen für kletternde Typen und ca. 65 Tagen für die schnellreifendsten Buschsorten. In England (und Nordeuropa) gibt es im Freiland nur selten Erträge, und in Nordamerika findet man die Mondbohne hauptsächlich in den südlichen Staaten der USA.

Die Mondbohne ist von Haus aus eine Staude und scheint von Guatemala südwärts bis Peru mit großsamigen Formen im Süden und kleinsamigen im Norden natürlicherweise verbreitet zu sein. Sowohl groß- wie kleinsamige Formen wurden von den vorkolumbianischen Kulturen in Amerika angebaut. Großsamige Mondbohnen fand man in Ablagerungen aus der Zeit um 2500 v. Christus in Huaca Prieta in Peru. Kleinsamige Formen in Mexiko in den Höhlen von Ocampo (100 nach Christus) und aus dem Tehuacantal um 700 n. Christus. Andere Funde stammen aus dem Rio-Zape-Gebiet der Provinz Durango und von anderen Sorten, die von den Mayas in Yucatán, auf den Westindischen Inseln und von den Hopiindianern in Arizona und Neu Mexiko angebaut wurden.

Die Spanier verbreiteten die Mondbohnen schnell in allen ihren Kolonien in Ostindien, wo sie heute ebenso wie in Afrika und auf Madagaskar weit verbreitet angebaut werden.

Die meisten neueren Sorten wurden für die heißeren Staaten Nordamerikas gezüchtet. Sorten mit bunten Samen – grün oder blaßbraun, manchmal auch rot gestreift oder gefleckt – müssen zum Entfernen der giftigen Cyanverbindungen eingeweicht und gekocht werden. Diese Giftstoffe

Kletternde, großsamige Mondbohne in Malawi

Bohne vom Markt in Ili in Sinkiang, China

Mondbohnensorte 'King of the Garden'

fehlen bei den weißsamigen Sorten. Die Bohnenhülsen werden meist nicht gegessen, sondern nur die frischen oder getrockneten Samen. Zum Frischverzehr werden sie geerntet, wenn sie dick angeschwollen sind und die Bohnen insgesamt fast reif, jedoch noch nicht gelb verfärbt sind.

Zur Keimung und zum Wachstum benötigen die Mondbohnen mehr Wärme als die Gartenbohnen. Alle anderen Kulturanforderungen sind ähnlich. 'Fordhook 242' ist die verläßlichste Buschsorte mit großen weißen Bohnensamen.

'Cliff Dweller' Stark wachsende, aber zierliche Klettersorte mit kleinen Hülsen und kleinen purpurn gefleckten Samen.
'King of the Garden' Stark wachsende Klettersorte mit großen, bis 20 cm langen Hülsen und großen weißen bis blaßgrünen Bohnen.

Eine vierte, manchmal kultivierte amerikanische Bohne ist *Phaseolus acutifolius* Gray, die Tepary-Bohne. Es ist eine schnellreifende, einjährige, hauptsächlich in den trockneren Gegenden der südwestlichen Vereinigten Staaten und des westlichen Mexiko im Bereich Kaliforniens wachsende Bohne, die in Mexiko auch südwärts bis nach Chiapas und nach Guatemala hin angebaut wird. Die ältesten Nachweise dieser Art stammen auch aus dem Tehuacantal in Puebla, Mexiko, etwa 3000 v. Christus. Neuerdings wird ihr Anbau besonders mit den Papagoindianern in Verbindung gebracht, die deshalb manchmal auch Bohnenvolk genannt werden.

Die Wildart soll von Westtexas bis Südarizona und Mexiko in Höhenlagen von 1000 bis 1800 m vorkommen und von August bis Oktober blühen. Die angebaute Form var. *latifolius Freeman* ist unbekannter Herkunft, könnte aber aus Arizona stammen, wo man sie manchmal wild findet. Die Blüten sind weiß oder blaßpurpurn, die Hülsen bis 7 cm lang. Die Bohnensamen sind weiß, gelb, braun, grün, bläulich-schwarz oder unterschiedlich gefleckt und reich an Protein. Die Art ist auch wegen ihres geringen Wasserbedarfs bemerkenswert.

'Golden' und **'Sonoran Brown'** sind zwei für heiße, trockne Lagen geeignete Sorten.

Mondbohne 'Cliff Dweller'

Taiwanische Gemüseversuchsfarm in Malawi

Blühende Erdnußpflanzen

ERDNUSS

Arachis hypogaea L. *(Leguminosae*, tribus *Stylosanthae)*
Ground nut, Peanut, Monkey Nut (GB)

Die Erdnuß ist eine tropische Frucht, die weit verbreitet in Amerika von Nord Carolina südwärts und in den wärmsten Gebieten der Türkei und vielleicht auch auf Sizilien angebaut wird. Indien, China und Westafrika sind die führenden Erzeuger. In Malawi werden Erdnüsse oft als Bodendecker in Maisfeldern gepflanzt, da sie mit den Knöllchenbakterien Luftstickstoff fixieren und den Boden beschatten. Sie sind für gemäßigte Klimagebiete nicht geeignet, da sie mindestens 15°C benötigen und eine Wachstumsperiode von mindestens 105 Tagen haben. Die Pflanzen haben einen kriechenden Wuchs mit Blättern auf kurzen Stielen und vier Einzelblättchen. Zum Anbau wurden buschig wachsende Typen ausgelesen. Die Erdnüsse wachsen in Hülsen, die sich nach der Befruchtung der Blüte in die Erde bohren und unterirdisch ausreifen. Erdnüsse enthalten viel Öl und Eiweiß und werden hauptsächlich des Öles wegen angebaut.

Die Gattung *Arachis* enthält 40–70 Arten, die alle in Südamerika und besonders im Mao-Grosso-Gebiet in Brasilien vorkommen. Es gibt einjährige Arten aus Trockengebieten und staudige Arten aus feuchten Gebieten. *Arachis monticola*, eine einjährige Art aus Nordwestargentinien, kommt unserer angebauten Art am nächsten und ist vielleicht ihr wilder Vorfahr. Man unterscheidet zwei Unterarten von *A. hypogaea*, und zwar subsp. *hypogaea*, die nur an den Seitenzweigen fruchtet, und subsp. *fastigiata*, die sowohl an den Haupt- wie an den Seitenzweigen fruchtet. Die frühesten Funde angebauter Erdnüsse stammen aus Peru und gehen etwa 3000–2000 Jahre v. Christus zurück, wobei der Anbau von Erdnüssen als älter gilt und aus Südbolivien und Nordargentinien stammen soll.

Als die Spanier nach Amerika kamen, wurden Erdnüsse nordwärts bis nach Mexiko und in der Karibik angebaut. Sie wurden durch die Spanier und Portugiesen schnell nach Afrika, auf die Philippinen und Ostasien weiterverbreitet. Die Ersteinführung in das gemäßigte Nordamerika scheint von Afrika aus im 17. Jahrhundert erfolgt zu sein und nicht direkt von Süden her.

Eine ähnliche Art, die Bambarra-Erdnuß oder auch Angolaerbse oder Erderbse *Voandzeia subterranea* (L.) Thouars (syn. *Vigna subterranea* [L.] Verdc.), stammt aus Westafrika und trägt ihren Namen nach einer Stadt in der Nähe von Timbuktu. Sie ist tolerant gegen Trockenheit und arme Böden, und Herklots berichtet von ihrem Anbau in Nigeria und südwärts bis nach Malawi, in Brasilien, Madagaskar, Indien und im Fernen Osten. Ihre Stengel kriechen und bewurzeln sich an den Stengelknoten. Die Blätter besitzen lange aufrechte Stengel und drei schmal-lanzettliche Blättchen. Die kleinen Blüten sind blaßgelb. Die unterirdisch ausreifende Samenhülse enthält ein, selten zwei schwarze, rotbraune oder blaß-gelbbraune Samen.

AUGENBOHNE, SPARGELBOHNE

Vigna unguiculata (L.) Walp. syn. *Vigna sinensis* (L.) Savi ex Hassk. subsp. *unguiculata (Leguminosae)*
Cowpea, Asparagus Bean, Yard-long Bean, Blackeye Bean, Crowder (GB)

Augenbohnen werden hauptsächlich in Indien und Westafrika angebaut, sind jedoch auch in einigen Gebieten Amerikas bedeutend und ebenso als Gemüse in Ostindien und China. Sie werden meist in den wärmeren Teilen Nordamerikas angebaut, wo sie »southern blackeye peas«, »blackeye beans« oder »crowders« heißen.

Vigna unguiculata soll um 4000–3000 v. Christus zuerst in Äthiopien angebaut worden sein. Die Wildart subsp. *dekindtiana* kommt in den halbtrocknen Savannengebieten Afrikas von Nordkenia und Südäthiopien westlich bis Nordnigeria vor. Die größte Sortenvielfalt von Augenbohnen finden wir jedoch in Äthiopien. Die in Afrika angebaute Augenbohne (subsp. *unguiculata*) kam durch die Araber um 1500–1000 v. Christus nach Indien – etwa um die gleiche Zeit wie die Hirse – und entwickelte sich in Asien zu den heute angebauten drei Unterarten. Um 300 v. Christus erreichte die Augenbohne Europa und wurde von den Römern bis zum Ende ihrer Zeit angebaut (und in manchen Klöstern Mitteleuropas ist sie erst später durch die robusteren, weniger wärmebedürftigen amerikanischen Phaseolusarten – unsere Gartenbohnen und Feuerbohnen – abgelöst worden). Nach Amerika gelangte die Augenbohne im 17. Jahrhundert wahrscheinlich auf zwei getrennten Wegen, und zwar nach Nordamerika vom Mittelmeergebiet aus und nach Südamerika von Westafrika aus mit dem Sklavenhandel. Die kultivierten Unterarten sind:
Subsp. *unguiculata*, die Augenbohne, wird heute weit verbreitet in Amerika und in Westafrika als Gemüse angebaut. Sie wird auch in ganz China angebaut, und die Samen der hier gezeigten Sorte stammen vom Markt in Kuldja, nahe der Grenze nach Kasachstan. Viele der neueren Sorte klettern nicht, sondern sind buschig. Die Hülsen sind etwa 20–30 cm lang.

Augenbohne aus China bei Harry Hay's

Augenbohne in Malawi

Spargelbohne in Blüte

Subsp. *cylindrica* (L.) Skeels wurde in Indien vor allem als Futterpflanze entwickelt. Die Pflanzen klettern nicht, sondern wachsen aufrecht. Die Hülsen sind 7,5–13 cm lang.

Subsp. *sesquipedalis* (L.) Fruw., die Spargelbohne, wird hauptsächlich in Südwestasien wegen ihrer langen, bis 90 cm erreichenden, als Gemüse verzehrten Bohnen angebaut. Sie benötigt für Wachstum und befriedigende Ernte einen langen warmen Sommer und ist in Nordeuropa nur für Unterglasanbau geeignet. Auch im Kleingewächshaus bedarf es dazu eines außergewöhnlich heißen Sommers. Bei unserem Anbau in einem Gewächshaus zusammen mit Gurken, Paprika und Auberginen hatten wir keinen Ertrag, während es Joy Larkcom im warmen Sommer 1989 in einem Folientunnel schaffte. Die schönen Blüten öffnen sich am Morgen, wenn sie blaßviolett und gelb sind, und schließen sich mittags blaßbläulich. Im Gewächshaus wurden die Pflanzen stark von Roter Spinne befallen, wobei die hohe Luftfeuchtigkeit zur Bekämpfung dieser Spinnmilbe bei kaltem Wetter Botrytis förderte.

Gartenkultur

Alle Sorten fordern ähnliche Voraussetzungen wie Zuckermais, wenn es auch ein paar Sorten gibt, deren Zuchtziel das Ausreifen der Bohnen in einem kühlen Sommerklima ist. Die schnellstreifende amerikanische Sorte ist 'Dixielee', deren grüne Bohnen in 65 Tagen pflückreif sein können, und 'Extra Early Blackeye', die schon nach etwa 50 Tagen fertig ist. 'Queen Anne' schafft es zwischen 56 und 68 Tagen. Die Spargelbohne benötigt in einem warmen amerikanischen Sommer etwa 75 Tage. Es gibt auch eine purpurhülsige Spargelbohne von Seeds Blum in Amerika, die auch nach dem Kochen purpurn bleiben soll.

Spargelbohnen vom Markt

Kichererbsenfeld in Mexiko im Oktober

Fruchtende Kichererbsen in Malawi

Spargelerbse

KICHERERBSE

Cicer arietinum L. *(Leguminosae)*
Chick-pea, Indian Gram, Garbanzo bean (GB), Garbanzo (E), Kapuzijners (NL)

Die Kichererbse ist eine einjährige aufrecht wachsende Pflanze mit breit überhängenden Zweigen. Die Blätter besitzen 5–7 Paar schmaler Blättchen; die ganze Pflanze ist mit klebrigen Drüsenhaaren besetzt. Die Blüten sind klein und stehen einzeln. Die Hülsen enthalten ein oder zwei große runde Samen. Sie wird normalerweise in ziemlich heißen, trocknen Klimagebieten Südeuropas und Nordafrikas bis China und besonders in Indien angebaut, wo sie während des Winters wächst und im warmen trocknen Frühling geerntet wird, bevor der Monsun einsetzt. Sie hat auch einen bedeutenden Anbau in Mexiko, wo sie in ziemlich großen Höhenlagen im feuchten Sommer für Spätherbsternte angebaut wird. Die westlichen Sorten haben meist große, glatte, eulenkopfähnliche Samen, die östlichen Sorten von Südindien und Äthiopien kleinere und runzeligere Samen, die mehr einem Widderkopf ähneln – daher auch der Name *'arietinum'* – und ebenso kleinere Blätter und Blüten. Eine zweite Art, *Cicer microphyllum*, wird im Himalajagebiet angebaut. Kichererbsen werden meist feldmäßig wegen ihrer Samen angebaut, die viel Eiweiß (ca. 20 %), Kohlenhydrate (50–60 %) und Fette (ca. 5 %) enthalten.

Die kleinsamigen Sorten werden meist als Brucherbsen zur Verwendung in Püree oder als Mehl für Poppadoms (Teigwaren aus Kichererbsenmehl) verwendet. Die großsamigen Sorten werden oft geröstet und im ganzen gegessen oder mit Öl zu Humus (Vorspeise aus Kichererbsenbrei mit Sesamöl, Knoblauch und Zitrone) verarbeitet.

Herklots berichtet davon, daß die Inder die Säure der Drüsenhaare der Blätter zur Verwendung als Essig oder zur Herstellung eines kühlen Getränkes dadurch sammeln, daß sie die Pflanzen über Nacht mit einem Tuch überdecken und den Tau am Morgen auswringen.

Die Gattung *Cicer* enthält etwa 40 Arten, die zumeist in Mittel- und Westasien vorkommen. Wie die Erbse gehört sie zum Tribus *Vicieae*, der Familie *Leguminosae*, gleicht aber in vielen Eigenschaften auch der Gattung *Ononis*, dem Hauhechel, der gewöhnlich dem Tribus *Ononideae* zugeordnet wird. Aus der Türkei kennt man neun Arten. *Cicer arietinum* ist als Wildpflanze nicht bekannt, aber die Wildart *C. echinospermum* P.H. Davis, die sich im Eichengebüsch und an grasigen und felsigen Stellen in der Südosttürkei findet, gleicht ihr sehr und unterscheidet sich hauptsächlich nur durch ihre stacheligen Hülsen.

Der älteste Fund von Kichererbsen stammt aus der Steinzeit, dem B-Niveau in Jericho. Es gibt auch frühe Funde aus der Türkei, die bis

Kichererbse ‘Kabuli Black’

Spargelerbse

5450 v. Christus zurückgehen und zeigen, daß die Kichererbse sehr früh schon um das Mittelmeer herum und in Äthiopien angebaut wurde. In Atranji Khera, in Uttar Pradesh in Indien, fand man sie in Schichten ca. 2000 v. Christus zusammen mit Gerste und Roggen. Es gab aber auch spätere und wahrscheinlich davon unabhängige Einführungen nach Südindien.

Kichererbsen wachsen problemlos in warmen Gebieten auf sandigem Boden. Im Mittelmeergebiet werden sie meist im Februar gesät, damit sie genügend Wasser zur Ausbildung guter buschiger Pflanzen erhalten. Sie sind sehr trockenheitresistent. In kühleren Klimaten erfordern sie die gleiche Behandlung wie Gartenbohnen, jedoch in der wärmsten Ecke des Gartens. Wenn sich die Hülsen ausgebildet haben, sollte man sie vor der Ernte trocknen lassen, damit die Samen in den trocknen Hülsen eingeschlossen bleiben.

Bei der Sorte ‘Garbanzo’ (ohne Abbildung) sind die Samen groß und blaßbraun. Die Pflanze wächst aufrecht und buschig.
‘Kabuli Black’: Samen groß und schwarzhäutig, Pflanze breit wachsend.

SPARGELERBSE

Tetragonolobus purpureus Moench. *(Leguminosae)*
Asparagus pea (GB)

Es ist eine kleine kriechende Pflanze mit roten Blüten und geflügelten Hülsen, die jung verzehrt, wenn sie etwa 2,5 cm lang sind, hervorragend schmecken. Bei der Reife sind sie etwa 7 cm lang. Eine gut kultivierte Pflanze ist etwa 60 oder mehr cm breit und 15 cm hoch. *Tetragonolobus* gehört zum Tribus *Loteae* der *Leguminosae* und ist eng mit der Gattung *Lotus* verwandt, zu der verbreitete nordeuropäische heimische Pflanzen wie der Hornklee gehören, unterscheidet sich aber von Lotus durch quer gekammerte und geflügelte Hülsen. Die Spargelerbse ist eine einjährige Pflanze aus dem Mittelmeergebiet, wo sie in Feldern und Gebüsch den Winter hindurch wächst und im Frühling blüht. Die nahverwandte *T. requienii*, die auch aus dem Mittelmeergebiet stammt, unterscheidet sich durch ungeflügelte Hülsen und gewöhnlich gelbe Blüten. Eine dritte Art *T. maritimus* ist eine Staude mit einzel stehenden gelben Blüten. Sie wächst an feuchten grasigen Stellen, oft auf leicht salzigem Boden und ist in ganz Europa und östlich bis zum Kaukasus verbreitet. Sie kommt auch an wenigen Stellen, hauptsächlich auf Kalkboden, in Südengland vor, dürfte aber von den Menschen eingeschleppt worden sein.

Gartenkultur

Die Spargelerbse braucht leichten nährstoffreichen Boden in warmer, offener, sonniger Lage. Aussaat im April und Mai und in kalten Gegenden durch Anzucht unter Schutz. Die Jungpflanzen sollten in der Reihe 20–30 cm und zwischen den Reihen 40 cm Abstand haben und während des Wachstums gut gewässert werden. Da die Hülsen klein geerntet werden, benötigt man mehrere Pflanzen pro Person. Die Ernte beginnt, sobald die Hülsen 2,5–4 cm Länge erreichen, und wird durch regelmäßige Beerntung verlängert. Erntezeit ist normalerweise von Juni bis August.

Helmbohne im Gemüsegarten in Longwood, Pennsylvania

Schwertbohne in Mexiko

HELMBOHNE, FASELBOHNE, HYAZINTHENBOHNE

Dolichos lablab L., syn. *Lablab niger* Medik. *(Leguminosae)*
Hyacinth Bean (GB)

Diese herrliche kletternde Bohne wird als Zierpflanze angebaut, obwohl sie eßbare Hülsen und Samen besitzt. Sie hat ebenso einen dicken eßbaren Wurzelstock. Sie soll aus Indien stammen, ist aber heute in allen tropischen Gebieten zu finden und in vielen Gegenden einschließlich des Südostens der USA eingebürgert. Die Blätter sind oft purpurn, die Blüten purpurn, rot oder weiß. Einige Sorten sind einjährig, andere zweijährig. Die Hülsen haben eine Reihe rundlicher Knötchen an ihren Kanten, sind flach und gebogen mit dem nicht abfallenden Griffel. Die Samen können weiß, gelblich oder schwarz oder unterschiedlich gefleckt sein.

In gemäßigten Klimagebieten sollte im späten Frühling gesät werden, damit die Pflanzen bei ausreichender Wärme im Spätsommer blühen. Besser ist Vorkultur unter Schutz und Auspflanzen nach den Eisheiligen. In den Tropen wird im heißen, feuchten Sommer ausgesät, und die Pflanzen blühen im kühleren Herbst und dann wieder im Frühling. Sie benötigen Böden mit gutem Wasserabzug.

JACKBOHNE

Canavalia ensiformis (L.) DC. *(Leguminosae)*
Jack Bean (GB)

Canavalia-Arten sind verholzende Kletterpflanzen und kommen sowohl in den amerikanischen wie in den asiatischen Tropen vor, werden aber manchmal einjährig kultiviert. Die unreifen Hülsen werden 25–30 cm lang und 2–2,5 cm breit. Die grünen Hülsen werden wie Gartenbohnen verzehrt und die unreifen, noch grünen Samen, können gut gekocht gegessen werden. Die weiße Samenhaut der reifen Bohnensamen gilt als giftig. Das natürliche Verbreitungsgebiet der Jackbohne sind die Westindischen Inseln, Mexiko, Peru und Brasilien. Wir finden sie dort am Rande immergrüner Eichenwälder, an den unteren Hängen des Vulkans Tequila in Mittelmexiko, wo sie im Oktober blüht und fruchtet und die verholzten Triebe die Bäume hinaufklettern. Die jungen Hülsen sind leicht pelzig und an einem Ende gefurcht. Die Jackbohne hat eine lange Anbaugeschichte in Nordamerika und wurde bei Ausgrabungen in der südwestlichen USA aus der Zeit um 1300 gefunden. Sie wird heute in Asien ebenso wie in Amerika als Gründüngung und Bodendecke für Ananas und andere Früchte wie auch als Nahrung angebaut.

Die Schwertbohne, *Canavalia gladiata* (Jacq.) DC., ist nahe mit ihr verwandt, hat aber bis 5 cm breite und bis 40 cm lange Hülsen. Sie ist nur als Kulturpflanze bekannt und wird hauptsächlich in Indien, Malaysia und Südostasien angebaut. Sowohl Blüten wie Samen können rot oder weiß sein, wobei die weißsamigen Formen, die hauptsächlich in Japan angebaut werden, sich besser als Nahrungsmittel eignen. Die Samen können bei ungenügendem Kochen giftig sein, und Dr. Herklots empfiehlt, daß auf jeden Fall zuerst nur wenige gekostet werden sollen und erst in den folgenden Tagen mehr, wenn keine nachteiligen Wirkungen wie Kopfschmerzen oder Durchfall auftreten.

ERDBIRNE

Apios americana Medik. *(Leguminosae)*
Potato Bean, American Ground nut, Indian Potato (GB)

Die Erdbirne hat ihr natürliches Verbreitungsgebiet im gesamten östlichen Nordamerika, von New Brunswick westlich bis Colorado und südlich bis Texas und Florida. Sie hat zahlreiche kleine eßbare Knollen an den Wurzeln und Blätter mit fünf Blättchen und Trauben kleiner purpurner Blüten. Die Knollen sind süßlich und werden gewöhnlich gekocht gegessen. Die engverwandte *Apios fortunei* Maxim. mit knolligen Wurzeln und grünlich-gelben Blüten kommt in Japan und China vor. Die Erdbirne war eine bedeutende Nahrungspflanze der nordamerikanischen Indianer und ermöglichte den Pilgervätern, ihren ersten Winter nach der Ankunft in Amerika zu überleben.

GOABOHNE

Psophocarpus tetragonolobus (Stickm.) DC. *(Leguminosae)*
The Four-angled Bean, Goa Bean or Winged bean (GB)

Die Goabohne (ohne Abbildung) stammt wahrscheinlich aus Madagaskar, wird aber verbreitet in Java, Malaysia und Thailand, in Burma, Indien und Ceylon angebaut. Sie hat knollige Wurzeln, die man roh oder gekocht verzehren kann, ebenso wie die frischen Triebe. Der Haupternteteil ist aber die geflügelte Hülse, die gegessen wird, wenn sie 10–15 cm lang, d. h. die Hälfte ihrer Länge erreicht hat. Die Samen sind sowohl grün wie reif, ebenso wie die wunderbaren Blüten, als Salatbeigabe eßbar.

Die Samen werden meist in gute Böden zu Beginn der Sommerregenzeit gesät. Sie beginnen nach 3–4 Monaten zu blühen. Dann, nach Ausreifung der Frucht, überlebt die Pflanze die Trockenzeit als Wurzelknolle.

JAMSBOHNE

Pachyrrhizus erosus (L.) Urban *(Leguminosae)*
Jicama, Xiquima (E), Yam Bean (GB)

Pachyrrhizus erosus stammt aus Mexiko und Mittelamerika, wird heute aber überall in den Tropen angebaut. Die engverwandte *P. tuberosus* stammt aus dem Bereich der Quellflüsse des Amazonas und wird in den Anden, in Ecuador, aber auch in Westindien und China angebaut (Abbildung Seite 133).

TAUBENERBSE, STRAUCHERBSE

Cajanus cajan (L.) Millsp. syn. *C. indicus* Spreng. *(Leguminosae)*
Pigeon Pea, Red Gran, No-eye Pea (GB), Dahl (Indien)

Die Taubenerbse wächst als kurzlebiger hoher Strauch mit steifen bis 3 m hohen Trieben in ihr entsprechenden Klimagebieten. Sie eignet sich besonders zum Anbau auf armen Böden mit geringer Nährstoffversorgung. Sie wird verbreitet in Indien angebaut und in geringerem Maße, aber doch als wichtige Kulturpflanze, in der Karibik, in Uganda, Malawi und Südostasien. Die Erbsen können frisch grün verzehrt werden, werden aber meist als Brucherbsen zur Herstellung von Dahl (Erbspüree) verwendet.

Cajanus cajan ist die einzige Art der Gattung und eng verwandt mit der hauptsächlich in Indien verbreiteten Gattung *Atylosa*, weshalb sie möglicherweise aus Indien stammt, jedoch ist keine Atylosa-Art die mögliche Elternstammart. Wann der Anbau begann, weiß man nicht. Burkill berichtet von Samen aus ägyptischen Gräbern aus der Zeit um 2000 v. Christus, ohne daß dieser Hinweis durch andere Nachweise bestätigt wird. Zu einem frühen Zeitpunkt kamen jedoch die Taubenerbsen von Indien nach Afrika und später von Westafrika in die Karibik, wo sie heute noch Angolaerbsen genannt werden. Sie verbreiteten sich auch um 500 v. Christus ostwärts nach Malaysia und China. China blieb aber bis heute ihr Hauptanbaugebiet. Zur Zeit werden große Züchtungsanstrengungen gemacht, die Ernte zu steigern und die Krankheitsresistenz zu verbessern. Straucherbsen besitzen auch gute Eigenschaften als Viehfutterpflanze.

Aussaat erfolgt in Zweier- oder Dreiergruppen in 1–1,5 m Abstand im Frühling oder zu Beginn der feuchten Jahreszeit. Unterschiedliche Sorten reifen zu unterschiedlichen Zeiten. Die kurzen, früh reifenden Typen heißen »tur«, die spät reifenden Typen »arhar«. Die Pflanze wird meist einjährig angebaut, wobei die abgeernteten Stengel abgeschlagen und nach der Hülsenernte als Feuerungsmaterial verwendet werden. Alle Sorten haben drei gestielte Blättchen und Trauben kleiner Blüten in den Blattachseln. In Jamaika gibt es zwei Hauptsorten. Bei der gelbsamigen var. *flavus*, der No-eye pea, sind die Blüten rein gelb, bei der Kongo pea, der var. *bicolor*, sind die Blüten rot geadert und die Erbsen grobkörniger.

KOPOUBOHNE

Pueraria lobata (Willd.) Ohwi *(Leguminosae)*
Kudzu Vine (GB), Fan Kot (Cantonesisch)

Die Kopoubohne ist eine wuchernde Kletterpflanze mit bis 10 m langen Trieben. Sie stammt aus China und Japan, wird aber seit langem auf den Philippinen und in Polynesien angebaut und droht nach der Einbürgerung in den südöstlichen Vereinigten Staaten, invasiv zu werden. Sie hat lange spindelförmige Knollen, die bis 30 kg schwer werden können (Abbildung Seite 133). Die Blüten sind rötlich purpurn und stehen in dichten Trauben. Die kleinen Hülsen sind mit braunen Haaren bedeckt. Herklots beschreibt, wie in Hongkong die Kopoubohnen oft zusammen mit Taro und Ingwer in den gleichen Beeten angebaut werden. Alle drei Gemüse werden zur gleichen Zeit im Frühjahr angebaut und im Winter geerntet. Die Knollen sind stärkereich und werden meist als Stärke zum Andicken von Suppen verwendet, anstatt direkt als Knolle verzehrt zu werden.

Apios americana zwischen Wedeln des Königsfarns

Taubenerbse in Malawi

Kopoubohne mit Blüten

Trocknendes Linsenstroh in China, im Hintergrund die Berge von Lijiang

SOJABOHNEN

Glycine max (L.) Merr. *(Leguminosae)*
Soy bean (GB)

Die auf den vorhergehenden Seiten gezeigten tropischen Bohnen sind für den Anbau in Europa nicht geeignet und wachsen nur in heißen feuchten Sommern, wie z.B. im Südosten der USA oder in Teilen Afrikas und Ostasiens, befriedigend.

Die Sojabohne ist wahrscheinlich die wirtschaftlich bedeutendste Bohne und wird hauptsächlich wegen ihres Eiweiß- und Fettgehaltes angebaut. Einige Sorten, wie z.B. 'Butterbean', 'Frostbeater' und 'Envy', eignen sich auch zum Frischverzehr, wobei die Samen ausgereift aber noch grün sein können. In Nordamerika brauchen sie mindestens 75 Tage bis zur Ernte und müssen deshalb drei Monate vor dem ersten Herbstfrost gesät werden. Diese schnell reifenden neuen Sorten sind außerdem daran angepaßt, in den kürzer werdenden Tagen, von Juli und August, zu blühen und zu fruchten. Die ursprünglichen Sorten blühten nur in den länger werdenden Tagen des Frühsommers und waren nicht in der Lage, in den kühleren und kürzeren nördlichen Sommern zu blühen und zu fruchten.

Sojabohnen sind eine alte chinesische Kulturpflanze, die wahrscheinlich im östlichen Teil Nordchinas im 11. Jahrhundert v. Christus erstmals angebaut wurde und sich im 3. Jahrhundert v. Christus durch ganz China und Südostasien verbreitete. Die wilde Stammart der Sojabohne ist wahrscheinlich *Glycine soja* Sieb. & Zucc. syn. *G. ussuriensis* Regel & Maak., eine kletternde einjährige Pflanze aus Nordostchina und dem angrenzenden Rußland, Korea, Taiwan und Japan. Die Hauptunterschiede, die in den Jahrtausenden des Anbaues in der kultivierten Sojabohne selektiert wurden, sind größere Samen, nicht kletternder Wuchs, gestiegener Öl- und verringerter Eiweißgehalt und nicht öffnende Hülsen. Sojabohnen wurden in Europa erstmals durch die Schriften Engelbert Kaempfers bekannt, der von 1690 bis 1692 Arzt des Gouverneurs der holländischen Ostindienkompanie auf der Insel Deshima vor der Küste Japans war. Die Japaner schützten ihre Kultur sehr sorgfältig vor fremdem Einfluß und erlaubten dem Fremden das Betreten japanischen Bodens nur bei der jährlichen Botschaftsreise nach Tokio. Seine Pflanzen erhielt Kaempfer nur durch Bestechung seiner Wachen und Sammeln von Pflanzen entlang des Weges dorthin. Von ihm kennen wir übrigens auch die erste Beschreibung der Hortensien und mancher anderer uns heute vertrauter Gartenpflanzen aus Japan.

LINSE

Lens culinaris Medik. *(Leguminosae)*
Lentil (GB)

Die Linse ist eine der ältesten Kulturpflanzen, die im östlichen Mittelmeergebiet seit mindestens 6700 v. Christus angebaut wurde und deren Samen aus dieser Zeit in Çayonü in der Türkei gefunden wurden. Die Linse sieht aus wie eine zierliche einjährige Wicke mit kleinen blaßlila oder weißen, 6–8 mm langen, zu 1–3 zusammenstehenden Blüten und kurzen Hülsen mit 1 oder 2 Samen. Die Samen der angebauten Sorten sind 3,5–6,5 mm groß.

Die Gattung *Lens* gehört zum Tribus *Vicieae* der *Leguminosae* und steht zwischen den zwei großen Gattungen *Lathyrus* und *Vicia*. Es gibt neben der angebauten Linse vier Wildarten, die alle auch in der Türkei und manche auch in Südeuropa und anderen Teilen des Nahen Ostens vorkommen. *Lens orientalis* (Boiss.) Hand.-Mazz., die der Kulturlinse am nächsten kommt, findet man von Griechenland ostwärts bis in den südlichen Kaukasus und Nordirak, wo sie in der Steppe, in Kiefernwäldern, Eichengebüsch wie auch als Unkraut auf Ackerland vorkommt. Sie hat kleinere, 2,5 bis 3 mm große Samen und etwas kürzere Hülsen als die Kulturart. Die frühesten bei Ausgrabungen gefundenen Linsensamen haben die Größe derer von *L. orientalis*, wobei ab dem 5. Jahrtausend v. Christus die Samen bereits 4,2 mm groß waren und damit denen der heute angebauten Art entsprechen. Linsen scheinen damals zusammen mit Weizen und Gerste eine bedeutende Feldfrucht gewesen zu sein (Esau verkaufte in der Bibel sein Erstgeburtsrecht für ein Linsengericht). Obwohl

Sojabohnen zur Keimung im Glas

Sojasprossen zum Verzehr

Bohnensprossen auf dem Markt in Chengdu, China

Linsen weit verbreitet in Indien, Pakistan und Äthiopien wie auch im Mittelmeergebiet, in Argentinien, Chile und in Washington State, USA, in großem Umfang angebaut werden, gab es seit dem Altertum keine wesentliche Vergrößerung der Linsensamen durch Züchtung. Linsen überleben in nährstoffarmen sandigen Böden und Gebieten mit geringem Sommerniederschlag.

KEIMSPROSSEN

Die folgenden Arten kann man zur Herstellung von Bohnensprossen benutzen, auch wenn meist nur die Mungbohne dazu benutzt wird.

Mungbohne oder Green Gram (GB) *Vigna radiata* (L.) Wilczek syn. *Phaseolus aureus* Roxb. ist wie *Adzukia radiata* (L.) Ohwi.
Adzukibohne *Vigna angularis* (Willd.) Ohwi & Ohashi.
Sojabohne (siehe oben).
Pferdebohne *Vicia faba* var. *equina* (siehe Seiten 86 und 87).
Erbse (siehe Seiten 82 bis 83).

Die von Joy Larkcom empfohlene Methode zum Keimen ergibt hervorragende Keimlinge.

Wichtig ist vorab: Die Samen müssen keimfähig sein und dürfen nicht mit einem Fungizid behandelt worden sein (Fungizid-behandeltes Saatgut im Sinne einer Aussaatbeizung ist oft zur Warnung gefärbt). Schimmel ist bei der Keimung die größte Gefahr, deshalb muß jedes verletzte oder schimmelige Samenkorn ausgelesen werden. Die Samen müssen vor dem Einfüllen sehr gründlich gewaschen werden, am besten in gechlortem Wasser. Eine warme dunkle Stelle, wie z.B. in einem luftigen Küchenschrank, ist zur Keimung geeignet. Joy Larkcom empfiehlt folgendes Verfahren: Eine etwa 1 cm dicke Schicht von Mungbohnen wird auf dem Boden eines weithalsigen Gefäßes, z.B. eines Marmeladenglases oder eines sauberen Plastikgefäßes mit kleinen Löchern am Boden, eingefüllt. Auf die Bohnen legt man ein oder zwei Lagen Musselin und befeuchtet ihn mit kaltem Wasser. Den Musselin beschwert man mit einem Gewicht (ich nehme ein altes Eisengewicht in einem Polyäthylenbeutel). Ein Gewicht von 500 g funktioniert gut in einem 500-g-Marmeladenglas, ein 1-kg-Gewicht in einem 11–12 cm weiten Topf. Die Bohnen werden dann abends und morgens mit kaltem Wasser durchgespült, wobei man sie sowenig wie möglich bewegt. Wenn sie in einem Glasgefäß sind, muß man versuchen, sie möglichst nicht im Wasser stehenzulassen. Bei 20°C sind sie nach 2–6 Tagen fertig und können dann kurze Zeit im Kühlschrank aufbewahrt werden.

Sojabohnen bringt man auf die gleiche Weise zur Keimung. Sie brauchen aber kein Gewicht zur Beschwerung und höhere Temperaturen von 21–25°C.

Adzukibohnen benötigen eine noch höhere Temperatur von etwa 30°C und ein häufigeres Wässern. Sie werden verwendet, wenn sie 1–2,5 cm lang sind.

Sowohl Pferdebohnen, d. h. die kleinsamige Form der Dicken Bohnen, wie auch Erbsen können gekeimt gegessen werden. Sie benötigen keine Dunkelheit und wachsen bei niedrigeren Temperaturen um 12–15°C. Pferdebohnen werden gewöhnlich gegessen, wenn sie gerade keimen. Erbsen sind dann verzehrfertig, wenn der Keimling seine ersten Blätter zeigt.

Linsenpflanzen in Südwestchina

Sojabohnenanbau mit Mulchfolie

Reifende Sojabohnen

Verschiedene Ampferarten

Nachtkerzenpflanzen im Herbst

Nachtkerze in Blüte

UDO, GEMÜSEARALIE

Aralia cordata Thunb. syn. *A. edulis* Sieb. et Zucc. *(Araliaceae)*

Udo ist eine kräftige Staude mit überhängenden bis 1,5 m langen Trieben und vielteiligen Blättern. Die grünlichweißen Blüten zeigen sich im Spätsommer und entwickeln sich im Herbst zu sehr kleinen schwarzen, wahrscheinlich giftigen Beeren. Udo ist mit unserem Efeu verwandt und durch ganz Japan, Sachalin, Korea und Nordchina in offenen Wäldern und Gebirgsschluchten zu finden. Diese Aralienart wird verbreitet in Japan angebaut und ihre Triebe werden gebleicht.

Gartenkultur

Jungpflanzen können aus Samen gezogen werden und wachsen in feuchtem Laubboden in halbschattiger Lage schnell. Die jungen Triebe zeigen sich im Spätfrühling und können mit einem großen Meerkohltreibtopf oder mit Dränröhren gebleicht werden und sind mit etwa 60 cm erntereif. Sie werden meist roh gegessen oder dünn geschnitten in Suppen. Obwohl ich die Pflanze als Rarität aus in Japan gesammeltem Samen gezogen habe, habe ich es nicht übers Herz gebracht, den Blütentrieb zu bleichen, statt sie blühen zu lassen, und kann so nichts über ihren Geschmack berichten, der mild und dem Spargel ähnlich sein soll.

SAUERAMPFER

Rumex acetosa L. *(Polygonaceae)*
Sorrel (GB)

Es ist ein in Frankreich und bei begeisterten Köchen in England verbreitetes Gemüse, wird aber heute sonst selten angebaut, obwohl es seit dem 18. Jahrhundert hier verbreitet ist. Die Blätter haben einen säuerlichen, leicht scharfen Geschmack und können als sparsame Zugabe zu Salaten, in Suppen oder wie Spinat zubereitet für Fischsaucen zu Lachs, Aal oder Alsen verwendet werden.

Der großblättrige Sauerampfer ist eine verbesserte Form von *Rumex acetosa*, einer heimischen Staude von Heuwiesen und grasigen Stellen in ganz Nordeuropa, und wächst am besten in feuchten Bereichen auf kühlen Böden. Die meisten Blätter entspringen dem Stengelgrund, von wo aus die Pflanze einen wenig beblätterten und kaum verzweigten Blütenstand treibt. Der Schildampfer *Rumex scutatus* L., in England French sorrel genannt, ist in den Gebirgen Mittel- und Südeuropas, in der Türkei und im nördlichen Iran heimisch und wächst in felsigen subalpinen Wiesen und Geröllhalden (in Deutschland z.B. auch im Moseltal). Er hat kriechende unterirdische Triebe und kleinere, mehr quadratische, schildförmige Blätter als der normale Sauerampfer und soll einen feineren, mehr zitronenartigen Geschmack haben. Die Blütentriebe sind verzweigter und beblättert und liefern die Blätter zum Verzehr. Er wächst in trockneren und stärker wasserabführenden Böden als *Rumex acetosa* und ist deshalb wahrscheinlich in Frankreich verbreiteter. Eine attraktive graulaubige Sorte wird in den Gärten als Zierpflanze gezogen. Die Vermehrung erfolgt einfach aus bewurzelten Triebstücken.

Eine dritte Art, der Gemüseampfer *Rumex patientia* L., wurde früher angebaut und ist heute noch als Saat erhältlich. Die Pflanze ist eine Staude und wird bis 2 m hoch mit bis 30 cm langen, jung wie Spinat zu kochenden Blättern. Wild wächst er in Osteuropa, in der Türkei, Nordasien und Nordafrika auf Brachland und in der offenen Steppe.

Buchweizen in Blüte

Schwimmende Pflanzen der Wassernuß

BUCHWEIZEN

Fagopyrum esculentum Moench *(Polygonaceae)*
Buckwheat (GB)

Buchweizen wird wegen seiner im Querschnitt dreieckigen, nüßchenähnlichen Körner angebaut. Er wird verbreitet in Osteuropa und Asien und von den aus Osteuropa abstammenden Nordamerikanern gegessen. Die Körner werden durch langes Kochen weich und haben einen guten nußähnlichen Geschmack. Er wird zu Mehl verarbeitet (hoher Eiweißgehalt).

Buchweizen ist eine einjährige, wahrscheinlich in Kultur von der staudigen Art *Fagopyrum dibotrys* (D. Don) Hara, syn. *F. cymosum* (Trev.) Meissn., die aus dem Himalaja stammt und dort auch zur Nahrung angebaut wird, abstammende Kulturpflanze.

Eine dritte Art, *F. tartaricum* (L.) Gaertn., wird ebenfalls angebaut. Sie wächst auf sehr armen Böden und bringt nach relativ kurzer Wachstumszeit Ernten und ist deshalb in Gebirgsgegenden in Tibet und trockneren Teilen des westlichen Himalaja verbreitet. Buchweizen wird seit mindestens 1500 Jahren in China angebaut. Wahrscheinlich stammt der Buchweizenanbau aus Nordindien und hat sich von dort aus verbreitet und ist im 15. Jahrhundert nach Europa gekommen. Buchweizen hat sich als eine durch normale Züchtungstechniken schwierig zu verbessernde Art gezeigt, jedoch dürfte neuere Züchtungsarbeit höhere Ernten mit größeren Körnern erbringen. Aussaat im Frühling, Ernte im Herbst.

NACHTKERZE, SCHINKENKRAUT, RAPONTIKAWURZEL

Oenothera biennis L. und *O. erythrosepala* Borbas *(Onagraceae)*
Evening Primrose (GB)

Vilmorin-Andrieux' klassisches Werk *Der Gemüsegarten*, das in England durch William Robinson 1885 veröffentlicht wurde, beschreibt die Nachtkerze als ausgezeichnetes Gemüse, das er mit der Schwarzwurzel vergleicht und als ihr ähnlich bewertet. Mehrere nahe Verwandte sind ebenfalls geeignet, da sie im Herbst eine Blattrosette mit einer tiefgehenden fleischigen Pfahlwurzel besitzen und erst im zweiten Jahr blühen. Alle Arten stammen ursprünglich aus Nordamerika, sind aber seit langem in Europa verwildert, wo sogar neue Arten, wie *O. erythrosepala*, entstanden.

Der Anbau ist in jedem Boden problemlos. Die Pflanzen entwickeln jedoch in tiefgründigem, feinem, steinfreiem Boden eine bessere, weniger verzweigte Wurzel. Nährstoffreicher Boden ist nicht erforderlich, da die Pflanzen sehr gut in Wüsten oder in Sanddünen an der See wachsen. Der Same kann im zeitigen Frühjahr gesät werden. Dann werden die Pflanzen auf etwa 25 cm ausgedünnt, damit sie flache Blattrosetten ausbilden können. Sie können von Oktober an gegraben und wie Schwarzwurzeln behandelt werden. Soweit mir bekannt, ist bisher keinerlei Züchtungsarbeit bei *Oenothera* für ihre Verwendung als Gemüse gemacht worden. Die Samen jedoch enthalten ein wertvolles für den Verzehr geeignetes Öl.

WASSERNUSS

Trapa natans L. *(Trapaceae)*
Water Chestnut (GB), Ling Kok (China)

Obwohl es sich um eine so unterschiedlich aussehende Pflanze handelt, ist *Trapa* doch nah mit *Oenothera* verwandt. Sie wächst in stehendem Gewässer. Ihre Blätter bilden eine schwimmende Rosette. Sie blüht mit kleinen weißen Blüten, und die sich daraus entwickelnden stacheligen eßbaren Früchte verbergen sich unter den Blättern.

Der Name Water chestnut bezeichnet im Englischen auch ein anderes Gemüse, und zwar die Knolle von *Eleocharis dulcis*, die im Deutschen als Wasserkastanie bezeichnet (S. 236 und 237) wird.

Die Botaniker sind sich nicht einig über die Zahl der *Trapa*-Arten, die hauptsächlich nur an der Form der Früchte unterschieden werden. Durch Südeuropa ostwärts bis China verbreitet und früher auch in England. In den zwischeneiszeitlichen Torflagern in East Anglia in Großbritannien haben sich Früchte von *Trapa* erhalten. In den östlichen Teilen der Vereinigten Staaten ist die Wassernuß verwildert und zum Unkraut geworden, das schnell große Matten auf der Wasseroberfläche bildet. Im Mittelalter war sie in Europa eine weitverbreitete Fastenspeise der Mönche.

Trapa wird heute als Gemüse hauptsächlich in China angebaut, aber auch im südlichen Europa für die außerhalb Chinas liegenden chinesischen Märkte. Die meistangebaute Sorte hat zwei große gebogene Hörner auf der großen schwarzen Frucht und nicht vier schmale Hörner wie die kleineren Früchte der europäischen Wildart. Die Samen müssen vor dem Verzehr mindestens eine Stunde gekocht werden, da sie roh giftig sind.

Gartenkultur

Man benötigt Samen, die feucht gelagert wurden, da sie beim Austrocknen ihre Keimkraft verlieren. Aussaat in flachem Wasser bei 18°C, da sie darunter nicht zuverlässig keimen. Die Früchte bilden sich zwischen den Blättern unter der Wasseroberfläche über längere Zeit hinweg.

Udo *(Aralia cordata)* in Blüte

Pastinakwurzeln aus Wisley, aufgenommen am 27. September

Wilder Pastinak im Kalktrockenrasen

Blätter und Blüte der Zuckerwurzel

Wurzelstock der Zuckerwurzel

PASTINAK

Pastinaca sativa L. subsp. *sativa (Umbelliferae)*
Parsnip (GB)

Wie die Möhre ist der Pastinak zweijährig, mit der Bildung einer langen eßbaren Pfahlwurzel im ersten Jahr und der Blüte im folgenden Jahr. Es gibt nur wenige Pastinaksorten und auch keine Züchtung wie bei der Möhre auf Form oder Farbe der Wurzel. Neuere Sorten haben Krebsresistenz und eine dicke keilförmige Wurzel zum Ziel.

Die angebauten Pastinaken wurden aus den wilden Pastinaken, die in ganz Mittel- und Südeuropa zu finden sind, entwickelt und die aus Kultur verwildert in Skandinavien, Nord- und Südamerika, Australien und Neuseeland wachsen. In Großbritannien findet sich die wilde subsp. *sylvestris* (Miller) Rouy & Camus hauptsächlich südöstlich einer Linie zwischen den Flüssen Humber und Severn. Die gelben Blütendolden leuchten im Spätsommer an grasigen Wegrändern und dies besonders wie in ganz Mitteleuropa auf kalkhaltigen Böden. In Irland, Schottland und Wales sind die Pastinaken meist Kulturflüchtlinge. Die Gattung *Pastinaca* enthält 14 weitere Arten, die meist in Südeuropa und Westasien verbreitet sind und bei der Entstehung der Kulturpastinake keine Rolle gespielt zu haben scheinen.

Pastinaken wurden wahrscheinlich bei den Griechen und Römern als Gemüse angebaut, obwohl in den Quellen einige Unklarheit darüber besteht, ob sich die Hinweise auf Pastinaken oder Möhren beziehen. Das Wort *»daucos«* der griechischen Autoren Hippokrates und Dioskurides bezieht sich auf einen als Heilpflanze verwendeten Doldenblütler von Kreta, und das von Plinius im 1. Jahrhundert v. Christus verwendete Wort *»Pastinaca«* bezieht sich entweder auf Pastinake oder Möhre, wahrscheinlich aber auf beide. Es ist sicher, daß Pastinaken in Deutschland in der Mitte des 16. Jahrhunderts als Gemüse angebaut wurden und besonders wegen ihres Wohlgeschmacks, ihrer einfachen Kultur und der Möglichkeit, sie im Freien im Boden zu überwintern, geschätzt wurden. Sie wurden mit Salz und Fisch verbreitet im Frühling gegessen. Ihre Verbreitung nahm aber mit dem Erscheinen der Kartoffel ab. Der hohe Zuckergehalt der Pastinaken machte sie geeignet zur Herstellung von Wein, Marmelade oder süßem Mehl für Kuchen.

Gartenkultur

Pastinaken benötigen einen tiefgründigen, gut durchgearbeiteten feinen Boden, der aber nicht frisch gedüngt sein darf. Frischer Stalldung führt bei den Wurzeln zur Gabelung. Die kurzwurzeligen Sorten eignen sich besser für schwere und flache Böden, die langwurzeligen mehr für tiefgründige leichte Böden. Samen ist nur kurze Zeit keimfähig, und man sollte jedes Jahr frisches Saatgut kaufen oder bei der Keimung genau darauf achten, ob die Saat auch wirklich aufläuft. Aussaat erfolgt im April oder Mai oder wenn der Boden bereits vorher warm genug ist in flachen Rillen. Drei Samen als Gruppe mit 8–15 cm Abstand je nach gewählter Sorte können dann auf eine Pflanze pro Stelle ausgedünnt werden. Die Ernte erfolgt von Oktober an. Die Sorte 'Improved Hollow Crown' soll früher als andere erntereif werden. Extra lange Pastinaken für Ausstellungszwecke können ebenso wie Ausstellungskarotten in Dränröhren gezogen werden. Sie bedürfen aber dann des regelmäßigen Wässerns.

'Lisbonnais' und **'Tender and True'** sind langwachsende Sorten für diese Ausstellungszwecke. Die Sellerieminierfliege und die Möhrenfliege, die bei diesen beiden Gemüsearten behandelt werden, befallen auch die Pastinaken. Pastinakenkrebs bewirkt Risse und schwarze Flecke am Wurzelkopf und manchmal auch Fäulnis und wirkt sich am schlimmsten auf sauren Böden aus. Dagegen ist kein Mittel bekannt, jedoch sollen späte Aussaaten im Mai und Juni weniger darunter leiden. Die Sorten **'Gladiator'** und **'Avonresister'** sind dagegen sehr resistent, was auch für die neue Sorte **'Andover'** aus den Vereinigten Staaten gilt. Sie hat lange schmale Wurzeln im Gegensatz zu den kurzen Wurzeln von **'Avonresister'**. **'Gladiator'** Eine früh reifende F1-Hybrid mit keilförmigen Wurzeln, weicher weißer Haut, Krebsresistenz und süßem Geschmack. **'Lancer'** Erhältlich bei Dobies, GB. **'Tender and True'** Züchtung von Sutton's Seeds Ltd. Wurzel sehr lang mit wenig hartem Zentralzylinder. Viel verwendete Sorte. **'The Student'** Erhältlich bei Unwins, GB. **'White Gem'** Breite Wurzeln mit, so heißt es, einem besonders guten Geschmack. Hohe Erträge und etwas Krebsresistenz.

ZUCKERWURZEL, SÜSSWURZEL

Sium sisarum L. *(Umbelliferae)*
Skirret (GB)

Die Süßwurzel ist ein altes, heute selten anzutreffendes Gemüse. Es ist eine Staude, die Büschel fleischiger über 1 cm dicker Wurzeln besitzt. Sie sollen süß und mehlig schmecken. Die Zuckerwurzel ist an feuchten Stellen in Mitteleuropa von Ungarn und Bulgarien ostwärts bis Sibirien und Zentralasien und südwärts bis in den nördlichen Irak und Iran verbreitet. Die Wildpflanzen werden als var. *lancifolium* (Bieb.) Thell. bezeichnet und haben keine knolligen Wurzeln. Der Ursprung der var. mit knolligen Wurzeln ist unbekannt. Der Anbau erfolgte jedoch spätestens seit dem 16. Jahrhundert bei uns, aber wahrscheinlich auch bei den Römern, bei denen man besonders die Zuckerwurzeln aus Germanien schätzte.

Die Zuckerwurzel sollte in nährstoffreichem feuchtem Boden gezogen werden. Man kann sie aussäen, vermehrt sie aber am besten durch Teilstücke der besten Wurzeltypen im Frühling.

*Kintoki = Nutri-red. 9mg Lycop / 100g Frischmasse
Tomate: 3-5mg Frisch.

Strandmöhre *Daucus carota* subsp. *gummifera*

Sommermöhrenanbau in Sandling Park

KAROTTE, MÖHRE, MOHRRÜBE, GELBE RÜBE, GARTENMÖHRE

Daucus carota L. subsp. *sativus* (Hoffm.) Arch. *(Umbelliferae)*
Carrot (GB)

Die Möhre ist zweijährig und bildet im ersten Jahr eine fleischige, meist orangefarbene Pfahlwurzel aus, die verzehrt wird. Wenn sie stehenbleibt, blüht die Pflanze im darauffolgenden Frühling. Die wilden Möhren haben meist weiße Wurzeln, aus denen in Kultur Möhren mit unterschiedlichen Farbschattierungen von Orange, Rot, Gelb, Weiß, und Karminrot in der japanischen Sorte 'Kintoki', entwickelt wurden, wobei letztere das rote Farbpigment Lycopene enthält, das auch die Tomaten rot färbt *(Lycopersicum)*. Die Möhrenwurzeln enthalten bedeutende Mengen an Zucker und an Karotin, einem orangenen Farbstoff, der in der Darmschleimhaut in Vitamin A umgewandelt wird.

Die Möhre gehört zu den Doldenblütlern der Familie *Umbelliferae*, zu der ebenso Pastinak, Sellerie und Petersilie gehören wie auch der Schierling, *Conium maculatum*, durch den Sokrates starb und der Beispiel für andere gleich giftige petersilienblättrige Doldenblütler ist. Wilde Möhren findet man in ganz Europa und in Asien weit nach Osten bis Nordwestchina. In Nordamerika sind Möhren Kulturflüchtlinge und in manchen Gegenden zum bedrohlichen Unkraut geworden. Andere wilde Möhrenarten findet man hauptsächlich im Mittelmeergebiet. Diese und bestimmte Unterarten von *D. carota* kommen oft an Klippen und Dünen an der Küste vor. Dort findet sich in Großbritannien auch die subsp. *gummifera* Hooker fil., die an der Südküste verbreitet ist. Es ist eine kurze gedrungene Pflanze mit glänzenden Blättern und einer in der Fruchtreife fast flachen Dolde. Wahrscheinlich sind Möhren im östlichen Mittelmeer in Kultur genommen und dann sicherlich von den Römern angebaut worden. Orangefarbene Möhren, heißt es, entstanden aus roten Anthocyanhaltigen Möhren. Wilde Möhren mit roten oder purpurnen Wurzeln findet man heute noch in Afghanistan. Möglicherweise stammen dort die heute kultivierten Möhren her, wobei die gelben als Anthocyan-freie Mutanten aus der purpurwurzeligen Form entstanden. Gelbe Möhren werden erstmals im 10. Jahrhundert in der Türkei erwähnt. Gelbe und purpurne Möhren wurden in ganz Europa bis in das 17. Jahrhundert angebaut, als die orangefarbenen Möhren in Holland entstanden. Ende des 18. Jahrhunderts unterschied man vier Gruppen: 'Long Orange' (D: 'Rote Riesen'), 'Late Half Long' (D: 'Späte Halblange'), 'Early Half Long' (D: 'Frühe Halblange', z.B. 'Nantaiser'), 'Early Scarlet Horn' (D: 'Duwicker').

Und aus diesen vier Gruppen entwickelten sich alle heutigen bei uns verbreiteten Möhrensorten. Einige alte Sorten werden auch heute noch (in GB) angebaut, so z.B. 'Early Scarlet Horn', eine heute noch gut geeignete Treibsorte. 'Muscade' ist eine einjährige Sorte aus Nordafrika, die gezüchtet wurde, um ihre Möhre in den kühlen Wintermonaten des Mittelmeerklimas schnell zu entwickeln. 'Belgium White' hat lange weiße oder blaßgelbe Möhren. Die moderne Züchtung hat sich darauf konzentriert, den härteren Zentralzylinder zu verringern bzw. in Weiche und Geschmack dem Wurzelfleisch anzupassen sowie Geschmack und Einheitlichkeit der Wurzelgestalt und den Gesamtertrag zu verbessern.

Eine neuere Entwicklung ist die Züchtung auf Resistenz gegen Möhrenfliege, den gefährlichsten Schädling der Möhre. Dies wurde in der teilresistenten Sorte 'Sytan' (erhältlich bei Marshalls, GB) erreicht. Ähnliches versprechen die Kreuzungsversuche der libyschen Art *Daucus capillifolius* mit 'Sytan' und anderen Sorten.

Karotinreiche Sorten wie z.B. 'Juwarot Double Vitamin A' gibt es auch. Mangel an Vitamin A ist der Grund für Kurzsichtigkeit und kann bei Kindern zur Erblindung führen, was früher häufig in Indien, Afrika und Südostasien der Fall war. In der traditionellen chinesischen Medizin wird der Kot von fruchtfressenden Fledermäusen zur Augenbehandlung angewandt. Er ist reich an Karotin, das aus der unverdauten Fruchthaut stammt.

Die heutigen Möhrensorten werden in 6 Hauptgruppen eingeteilt:

Amsterdam Schnellwachsende und früh zu erntende Möhre mit lang auslaufenden, meist kleinen und schlanken Wurzeln.

Nantes Auch für Frühanbau verwendet mit langen und mehr zylindrischen Wurzeln als Amsterdam.

Round or Stump-rooted Für Frühanbau und gut geeignet für schwerere oder flachere Böden, wo langwurzelige Möhren sich nicht gut entwikkeln. Typische Sorten sind 'Paris Market' oder 'Kundulus'.

Wilde Möhren auf der Ebene von Salisbury

Gartenmöhren in Blüte

Netz als Schutz gegen Möhrenfliege. Der Schutz ist 75 cm hoch

Möhren mit Fraßschaden der Möhrenfliegenmaden

Treibkarotte 'Early French Frame', aufgenommen 1. Mai

Möhren in Gemeinschaftspflanzung mit Zwiebeln

Möhrensorte 'Giganta' in einer Dränröhre im Sand gezogen

Chantenay Für Sommerernte. Dicke, ziemlich kurze, spitz auslaufende Möhren.
Berlikumer Für Spätsommerernte und zur Einlagerung; lange dicke zylindrische Möhren.
Autumn King oder Imperator Hauptsächlich zur Einlagerung. Lange, spitz auslaufende Wurzeln mit breitem Wurzelkopf.

In Deutschland unterscheidet man nach Anbau und Verwendung folgende wichtige Möhrengruppen für den Verzehr:

- Für frühen Anbau unter Schutz und im Freiland mit Ernte nach 12–15 Wochen: z.B. Sorten der Gruppen Amsterdamer, Pariser Markt, Gonsenheimer Treib und spezielle Auslesen von Nantaise.
- Sommermöhren mit Ernte nach 15–20 Wochen: z.B. Sorten der Gruppen Nantaise, Marktgärtner.
- Spät- oder Dauermöhren mit Ernte nach 23–28 Wochen: z.B. Sorten der Gruppen Berlikumer, Lange Rote, Stumpfe ohne Herz, Flakker, Rote Riesen.
- Karotinmöhren: z.B. Juwarot- oder Bauers Kieler Rote ähnlich der dritten Gruppe mit Ernte nach ca. 27 Wochen; Gelbe Rüben mit hohem Ertrag, auch für Speisezwecke.

In den ersten drei Gruppen werden neben den samenfesten Sorten immer mehr F1-Hybridsorten angeboten.

Gartenanbau

Möhren entwickeln sich am besten in sandigem Boden, besonders wenn er auch kalkhaltig ist. Die Böden sollten im Herbst gut gedüngt sein, da frischer Stalldung die Wurzeln zur Gabelbildung veranlaßt. Der Boden sollte tief durchgearbeitet, locker und krümelig sein. Die Aussaat erfolgt in Reihen 2 cm tief, mit dem Ziel, etwa 20 Pflanzen pro 30 x 30 cm bei mittelgroßen Möhren, mehr bei kleineren Karotten und nur etwa 10 Pflanzen bei sehr groß werdenden Sorten, auf einer solchen Fläche wachsen zu lassen. Im Gartenanbau wird die Saat meist etwas dicker gesät, als die Pflanzen später im Wachstum stehen sollen, da beim Ausdünnen die jungen Karotten in Butter gedünstet verzehrt werden können. Nach dem Ausdünnen sollten die Reihen angehäufelt werden, damit die Möhrenfliege nicht so leicht zur Wurzel vordringen kann.

Bei sehr sandigem Boden und wintermilden Gegenden kann die Möhre den Winter über im Freien bleiben, sonst benötigt sie Frostschutz. Bei schwerem Boden oder Schneckenfraßgefahr sollte man sie besser in feuchtem Sand an kühler, frostfreier Stelle einlagern. Junge Karotten schmecken im Ganzen eingefroren sehr gut. Geeignete Sorten dafür sind frühe runde oder kurze stumpfe und die japanische Sorte 'Suko'. Langrübige Möhren und auch Pastinaken gehen mit Wurzeln bis 1,5 m tief, können auch in einer großen Dränröhre in feinem Sand gezogen werden, wobei etwa 10 Samen oben auf dem Sand in der Dränröhre ausgesät werden. Das Ganze muß während der Keimung und des Wachstums gut feucht gehalten werden, damit der gesamte Durchwurzelungsbereich immer ausreichend feucht ist und die Wurzel sich gerade durch den Sand nach unten in den Boden entwickelt. Die Ernte ist etwas schwierig und kann durch Umlegen und vorsichtiges Entleeren der Röhre erfolgen oder durch Aufschlagen, so daß die beiden Hälften jeweils vor der Bepflanzung wieder zusammengebunden werden müssen.

Krankheiten und Schädlinge

Die Möhrenfliege ist die verbreitetste und schlimmste Plage. Die bis 8 mm langen Maden fressen sich durch die äußere Schicht der Karotte und bewirken Fraßgänge und unsichtbare Risse, die Auslöser für Fäulnis sein können. Junge Pflanzen können dabei absterben. Ausgewachsene, von der Möhrenfliege befallene Pflanzen haben meist rötlich überlaufenes Laub. Die Möhrenfliege ist schwer zu bekämpfen. Frühe Aussaaten sollten Mitte März erfolgen, um die erste Möhrenfliegengeneration zu meiden. Spätere Aussaaten Mitte Juni leiden auch meist unter weniger Befall. Die Sorte 'Sytan' ist teilresistent. Petersilie, Pastinak und Sellerie werden auch befallen.

Eine Bekämpfungsmöglichkeit ist auch der Schutz durch 60–80 cm hohe Netzbarrieren, da die Möhrenfliege sich meist in Bodennähe bewegt und leicht abgelenkt werden kann. Die Zusammenpflanzung von Zwiebeln und Möhren oder die gemeinsame Aussaat von Schwarzwurzeln und Möhren sollen auch helfen, da möglicherweise die pflanzeneigenen Gerüche die Möhrenfliege bzw. die Zwiebelfliege verwirren. Alternativ könnte auch ein Bodeninsektizid bei der Aussaat für Spätanbau eingearbeitet werden.

Lagermöhren von NIAB, Cambridge, aufgenommen am 20. November

Bundmöhrensorte 'J.N. Cellobunch'

'Early Horn'

Bundmöhre 'J.O. Caropak'

'Early French Frame' Schnellreifende Sorte für Aussaat im zeitigen Frühjahr in Frühbeetkästen oder Gewächshäusern und Ernte sehr junger Möhren. Auch geeignet für Folgesaaten im Freien ab Mai und für schwere oder flache Böden, wo normal lange Möhrensorten keine guten Rüben entwickeln. 'Kundulus' ist eine ähnliche Sorte. (Abb. S. 118)

'Giganta' Eine Auslese aus 'Autumn King' für Ausstellungsmöhren. (Abb. S. 119)

'Autumn King Vita Longa' Lange, spitz zulaufende Wurzeln mit ziemlich konischer Form. Für Maisaat und Dezemberernte als Hauptfrucht.

'Berlicum Berjo' Rübe 21 cm lang, 3–5 cm dick, zylindrisch; für Maisaat und Dezemberernte oder Frühjahr.

'Campestra' Züchtung von Campbells Soups Ltd.; große, 20 cm lange, 4,3 cm starke, intensiv orangefarbene, leicht spitz zulaufende Rübe; kleiner oranger Zentralzylinder. Autumn King-Typ, aber etwas kürzer. Für Aussaat im Mai oder Anfang Juni und Erntebeginn ab September bis Dezember und später.

'Cardinal' Berlicum-Hybride mit langen zylindrischen Rüben. Für Aussaat Anfang oder Mitte Mai und Ernte ab Dezember und später.

'Cluseed New Model' Eine Chantenay-Rotherzsorte als Hauptfrucht; kurze, stark konische, lang auslaufende Rübe. Erntereif im Oktober und November bei Aussaat Anfang Mai.

'Comet' Eine Chantenay-Sorte mit rotem Herz, gezüchtet von Nickerson Zwaan.

'Early Horn' (syn. 'Early Scarlet Horn') Früh reifende Sorte für Aussaat unter Glas im Januar; für Ernte Mai oder Juni oder vorher. Teilresistent gegen Möhrenfliege.

'J.N. Cellobunch' F1-Hybride mit ca. 20 cm langen, schmalen Rüben. Neigt in Großbritannien zum Schossen; Imperatortyp.

'J.O. Caropak' Imperatortyp mit guter Schoßresistenz.

'Nandrin' Sorte für frühe Hauptfrucht, zur Aussaat im Freien im April/Mai für Herbsternte.

'Nevada' Späte Sorte für Aussaat im Januar und Ernte im November. Guter süßer Geschmack.

'Redca' Nantaisetyp ohne Herz mit gutem Saftgehalt. Geeignet zur Ernte, wenn 15 cm lang, was in Nordamerika nach etwa 70 Tagen der Fall ist.

'Supreme' Eine Chantenaysorte mit rotem Herz mit stark konischen Möhren von guter Qualität.

Möhren von NIAB, Cambridge, aufgenommen 20. Juli

Möhrensorte 'Centennial'

'Blanche' Alte belgische, weißwurzelige Sorte.

'Centennial' Imperatortyp mit Schoßneigung in Großbritannien.

'Condor' Sehr früh; bei Oktoberaussaat für Maiernte unter Folie oder im Januar/Februar für Juniernte. F1-Hybride.

'Jaune Obtuse' Alte gelbwurzelige Sorte mit Teilresistenz gegen Möhrenfliege.

'Nairobi' Mittelfrühe Sorte; bei Januaraussaat unter Folie für Juniernte. F1-Hybride.

'Nandor' Mittelfrüh; bei Januaraussaat unter Folie für Juniernte. F1-Hybride vom Nantaisetyp. Schon jung gut zu ernten mit sehr weichem Zentralzylinder. Teilresistenz gegen Möhrenfliege.

'Napoli' Früh reifende Möhre; bei Oktobersaat unter Folie für Maiernte.

'Nelson' Früh reifende Möhre; für Oktoberaussaat unter Folie und Maiernte.

'Parano' Züchter Nunhems Zaden BV, Haarlem, Holland. F1-Hybride; ca. 50 cm lang mit orangem Herz.

'Presto' Mittelfrühe Sorte; bei Januarsaat für Juniernte.

'Primo' Mittelfrühe Sorte; für Januarsaat unter Folie zur Maiernte. F1-Hybride. Teilresistenz gegen Möhrenfliege.

Möhren von NIAB, Cambridge, aufgenommen 20. Juli

Weißfleischige Möhre 'Blanche'

Gelbfleischige Möhre 'Jaune Obtuse'

Wilder Sellerie in Sandwich, Grafschaft Kent, GB

Selleriepflanze aus Wisley, aufgenommen 1. November

SELLERIE

Apium graveolens L. *(Umbelliferae)*
Celery, Celeriac, Smallage (GB)

Apium graveolens ist ein bedeutsames Gemüse, das heute in drei unterschiedlichen Formen angebaut und angeboten wird. Stangensellerie besteht aus den dicken saftigen Blattstielen und ist die var. *dulce (Mill.) Pers.*, Knollensellerie ist der dicke runde Wurzelstock, d.h. die var. *rapaceum (Mill.) Gaud.* Der Blatt- oder Schnittsellerie wird als Laub geschnitten und zum Würzen benutzt und ist die var. *secalinum Alef.* Der letztere ist gleich dem in China angebauten Sellerie, wo Blätter und Stengel gemeinsam grün und ungebleicht gekocht werden. Dieser Sellerie schmeckt sehr kräftig. Ich erhielt ihn zusammen mit Kochklößen als erste Mahlzeit bei meiner Arbeit im Herbarium in Peking. Wilder Sellerie kommt in Europa und Asien vor und wächst in Sumpfgebieten und oft im Schlamm an den Ufern der Flutkanäle nahe der See oder auch in leicht brackigen Bereichen. Die Pflanze ist zweijährig mit reichverzweigtem Stamm und kurz gestielten oder sitzenden Dolden weißer Blüten. Der Geruch ist sehr durchdringend. Sellerie wurde wahrscheinlich zuerst zum Würzen und als Heilpflanze benutzt, bevor man die milder schmeckenden Formen mit dicken Blattstielen und den Knollensellerie selektierte. Stangensellerie wurde wahrscheinlich im 16. Jahrhundert zuerst in Italien angebaut und von John Evelyn in seinen Schriften um 1690 als neues Gemüse in England bezeichnet. Er wird mit roten, gelben oder grünen und auch selbstbleichenden Blattstielformen angebaut wie auch die ursprünglichen Formen, die durch Erdanhäufelung oder andere Hilfsmittel gebleicht werden müssen.

Knollensellerie ist noch jünger und war in England bis um 1720 unbekannt, als, wie Jane Grigson in ihrem Gemüsebuch berichtet, er aus Alexandria von Stephen Switzer eingeführt und in seinem Samenkatalog angeboten wurde. Fuchs erwähnt ihn in seinem Kräuterbuch von 1543. Neuere Sorten haben größere Knollen, die weniger uneben sind als früher, jedoch alle haben weißes knackiges Fleisch und eine feste Knolle. Anders als bei den Karotten ist die Sellerieknolle nicht ein Teil der Wurzel, sondern der unterste Stengelteil und deshalb auch aus botanischer Sicht eine Knolle. Man sieht auf der Knollenaußenhaut die Narben der älteren Blätter, und daß die Wurzeln vom unteren Teil der Knolle ausgehen.

Gartenkultur von Stangensellerie

Sellerie braucht einen nährstoffreichen feuchten Boden für gutes Wachstum und läßt sich deshalb besonders gut in den Kalkmoorflächen des Flachlandes in Ostengland und in Florida ziehen. Er wächst auch gut in der dünnen Torfschicht der mergelreichen Böden Mittelenglands, nachdem auf diesen Flächen der Torf abgebaut worden ist. Zum guten Wachstum benötigt Stangensellerie mindestens 25 mm Niederschlag pro Woche, d.h. 25 l pro qm. Bei zu trockner Kultur werden die Stengel faserig und zäh und sind nicht knackig und saftig.

Die Aussaat erfolgt am besten unter Schutz, und die Auspflanzung ab mindestens 10–15°C. Für früheste Ernte wird Februar empfohlen, aber Aussaaten Ende März und Anfang April sind meist besser. Wenn die Jungpflanzen mehr als 12 Stunden Temperaturen unter 10°C erhalten, löst dies, ebenso wie Verletzungen beim Auspflanzen, das Schossen aus, bevor Stangensellerie geerntet werden kann. Der Boden sollte nährstoffreich, besonders an Stickstoff, und mit seinem pH-Wert über 6,6 liegen. Flüssige Nachdüngung ist ab 4 Wochen nach Pflanzung förderlich oder eine Kopfdüngung mit Natriumnitrat besonders wirksam.

Selbstbleichender Stangensellerie wird am besten im geschlossenen Bestand statt in Reihen angebaut, da eine gewisse zusätzliche Bleichwirkung die Stengelqualität verbessert. Die Pflanzen sollten zur optimalen Entwicklung etwa 30 cm Abstand zueinander haben, ein engerer Stand erbringt aber eine höhere Gesamternte, wenn auch kleinere Einzelpflanzen.

Stangenselleriesorten, die gebleicht werden müssen, werden normalerweise in 40 cm breiten und 30 cm tiefen Gräben in Einzelreihe mit 20 cm Abstand zwischen den Pflanzen gezogen. In einem breiteren Graben können die Pflanzen aber auch in Doppelreihe mit 20 cm Abstand gezogen werden. Wässern ist wichtig, und das Anhäufeln sollte beginnen, wenn die Pflanzen 30 cm hoch sind und alle drei Wochen mit zusätzlichen 8 cm Boden fortgesetzt werden. Vor dem Anhäufeln sollten die äußeren Blätter entfernt werden, damit sich eine einzelne geschlossene Pflanze mit gleichmäßigen Stengeln ergibt. Das Bleichen kann auch ohne Anhäufeln mit schwarzer Polyäthylenfolie oder mehreren Lagen Zeitungspapier oder dickem braunem Papier erfolgen, das um die Pflanzen gebunden wird. Von den verschiedenen Stangenselleriétypen ist der gelbstengelige der empfindlichste und der rosastengelige der robusteste.

Bleichen von Stangensellerie mit braunem Papier

Gartenkultur von Knollensellerie

Sellerieknollen in der im Laden käuflichen Qualität und Größe zu ziehen, ist schwierig. Das Geheimnis großer Knollen ist eine lange Wachstumsperiode und genügend Wasser, damit sie im Sommer nie trocken stehen. Ein nährstoffreicher Boden mit viel organischer Masse ist ebenfalls erforderlich. Aussaat erfolgt unter Schutz im zeitigen Frühjahr, d.h. im Februar, und Auspflanzung nach Abhärtung im Mai mit 30–40 cm Pflanzenabstand. Knollensellerie verträgt leichten Schatten. Die äußeren Blätter sollte man im Hochsommer entfernen und zu dieser Zeit auch die Fläche mit Kompost oder abgelagertem Dünger mulchen, um das Wachstum zu fördern und die Bodenfeuchtigkeit zu erhalten. Jede Pflanze darf nur einen Wachstumspunkt behalten. Alle Seitentriebe müssen so früh wie möglich entfernt werden. Die Pflanzen sind robuster als Stangensellerie und halten sich an kühler frostfreier Stelle in Sand eingeschlagen oder mit Stroh geschützt.

Chinesischer Sellerie Dieser Typ wird wegen seiner Blätter und jungen Stengel angebaut und mit Ausnahme der Wurzeln ganz verzehrt. Aussaat erfolgt ins Freiland im späten Frühjahr und Sommer, wobei man die Pflanzen in möglichst flottem Wachstum hält und reichlich wässert und düngt. Blätter und Blattstengel können nach Bedarf geschnitten oder die ganze Pflanze geerntet und vor dem Kochen grob zerkleinert werden.

Krankheiten und Schädlinge

Die Selleriefliege, ein Blattminierschädling, gefährdet Sellerie ernsthaft durch Schädigung der Blätter junger Pflanzen und darauffolgende Wachstumsminderung. Die geschädigten Blätter mit großen gelben oder braunen Stellen sind leicht erkennbar. Alle befallenen Blätter sollten sorgfältig gesammelt und verbrannt werden. Bei sehr schwerem Befall ist die Bekämpfung mit einem systemischen Insektizid möglich, erfordert aber Einhaltung der Wartezeit. Verwandte Gemüse wie Pastinake und Maggikraut können gleichfalls befallen werden. Die Möhrenfliege kann auch den Sellerie befallen und verursacht Wuchsdepression. Bekämpfungsmöglichkeiten siehe bei Möhren.

Eine Pilzerkrankung, die durch eine *Septoria*-Art ausgelöst wird, zeigt sich durch Flecken auf den Sellerieblättern (Septoria-Blattfleckenkrankheit). Behandlung prophylaktisch durch Saatgutbehandlung und Entfernung befallener Pflanzen. Die Bekämpfung kann notfalls mit einem systemischen Fungizid erfolgen.

Chinesischer weißstengeliger Bleichsellerie

Chinesischer Schnittsellerie

Bleichselleriepflanzen von NIAB, Cambridge, aufgenommen 1. November

Stangenselleriebestand

Stangensellerie 'Golden Self-blanching' in Villandry

STANGENSELLERIE

(GB: Celery)

'American Green' (Tall Utah 52-70) syn. 'Greensnap'. Grünstengelige Sorte, die nicht gebleicht werden muß. 'Tall Utah' ist eine Auslese aus 'American Green'-Typen.

'Giant Pink' Rosa- oder rotstengelige Sorte mit dunkelgrünen Blättern. Die Blätter sind bei Bleichung blasser und bei tiefen Temperaturen farbintensiver.

'Golden Self-blanching' Diese Sorte hat sehr helle, goldgelbe Blätter und goldfarbene Stengel. Schmeckt als junge Pflanze am besten bei Spätsommerernte und verträgt keinen Frost.

'Ivory Tower' Schnellreifende, selbstbleichende, blaßgrüne Sorte mit schmalen Stengeln. Bedarf guter Kulturführung, da die Stengel bei Trockenheit wattig und faserig werden.

KNOLLENSELLERIE

(GB: Celeriac)

'Iram' Mittelgroß-kugelige Knollen mit wenigen Seitentrieben.

'Marble Ball' Weiße, runde Knollen mit wenig Unterschied zu 'Iram' (Abb. S. 124).

'Tellus' Braunrote Blattstiele; mittelgroße, kugelige Knollen, schnell wachsend.

Knollensellerie aus Wisley, aufgenommen 27. September

Pflanzenmaterial aus Sellindge, Kent, aufgenommen 15. Oktober

Schossende Petersilie im Sommer

PETERSILIE

Petroselinum crispum (Miller) A.W. Hill *(Umbelliferae)*
Parsley (GB)

Drei Petersilientypen werden angebaut. Mooskrause Blattpetersilie, Glatte Blattpetersilie und Wurzel- oder Knollenpetersilie *(var. tuberosum)*, von der sowohl die dicken Wurzeln wie auch die Blätter verwendet werden können. Alle drei sind zweijährig und wachsen leicht in jedem guten Boden und sind gut winterhart. Die Blätter sind Vitamin-C-reich und dienen zum Würzen von Speisen und Salaten. Die Wurzelpetersilie wird gekocht gegessen und ist ein traditioneller Bestandteil des polnischen oder russischen Borschtsch. Jane Grigson fand Wurzelpetersilie auch in einem Rezept für Hasensuppe in Bulgarien und in einer kroatischen Schweinefüßchensuppe und nennt auch ein erstaunliches Rezept für eine Hamburger Rinds- und Aalsuppe, die ebenfalls Wurzelpetersilie verwendet. In Deutschland gehört Wurzelpetersilie zum Wurzelgemüse für die Zubereitung von Brühen und Saucen. Petersilie ist als Wildart unbekannt, und man nimmt an, daß sie aus Südeuropa stammt. Sie ist heute verbreitet aus Kultur verwildert, so daß ihr Wildvorkommen nicht mehr feststellbar ist. Eine zweite Art, *Petroselinum segetum* (L.) Koch, ist in Westeuropa ostwärts bis Mittelitalien heimisch und wächst in Hecken und an grasigen Wegrändern. Sie riecht wie Petersilie, hat aber weiße Blüten und einfach gefiederte Blätter. Petersilie war als Würzkraut bei den Griechen bekannt, und Theophrastus erwähnt in seinen Schriften um 320 v. Christus zwei Sorten. Seit damaliger Zeit wird sie in Südeuropa angebaut und erreichte England wahrscheinlich über Sardinien um 1548. Samen der Wurzelpetersilie wurde erst um 1727 durch Philip Miller über Holland nach England eingeführt und trägt dort heute noch den Namen 'Hamburg parsley'. Man sollte keine wildwachsenden petersilieähnlichen Pflanzen aus Wassergräben, von Wegrändern oder feuchten Waldgebieten essen, da es sich um giftige Doldenblütler handeln könnte, die wie die Hundspetersilie *(Aethusa cynapium L.)* ihr verblüffend ähnlich sehen.

Gartenkultur

Petersilie wird im Frühling für Sommerernte oder im Juli und August zur Überwinterung und Aberntung im kommenden Frühling ausgesät. Diese Pflanzen blühen dann im Hochsommer. Man sollte das Saatgut vor der Aussaat über Nacht einweichen, da die Keimung in der Regel langsam und unregelmäßig erfolgt und relativ hohe Temperaturen erfordert. Die Samen verlieren auch bereits nach einem guten Jahr ihre Keimfähigkeit, weshalb frisches Saatgut für befriedigende Auflaufergebnisse nötig ist. Die Pflanzen können auch unter Schutz in Kästen vorgezogen und dann in 15 cm Abstand ausgepflanzt werden. Auf diese Entfernung sollten sie auch bei Reihensaat direkt an Ort und Stelle ausgedünnt werden.

Glattblättrige Petersilie ist problemloser im Anbau als mooskrause Sorten und hat einen etwas kräftigeren Geschmack. In der Türkei wird sie meist an Stelle von Basilikum zur Würzung von Tomatensalat benutzt und gilt als Aphrodisiakum. Von all den mooskrausen Sorten soll 'Krausa' den besten Geschmack besitzen.

Wurzelpetersilie braucht mindestens drei Monate Wachstumszeit und einen tiefgründigen, gut bearbeiteten Boden, wie er für Möhren erforderlich ist. Es gibt Sorten mit kurzen, gedrungenen Wurzeln, wie auf Seite 128 abgebildet, und solche mit langen schlanken, über 15 cm großen Wurzeln, die fast Karotten ähneln. Man kann bei dichter Saat jung ernten oder mit 15 cm Abstand bis zum Herbst wachsen lassen. Gekocht und als Gemüse verzehrt, besitzt Wurzelpetersilie einen leicht süßen nußartigen Geschmack, so zwischen gut schmeckender Pastinake und Möhre.

Die Möhrenfliege kann auch Petersilie befallen und Wuchsdepression auslösen. Schnecken fressen an den Wurzeln besonders bei Wurzelpetersilie, wobei sie die weicheren äußeren Schichten abfressen und zur Verbräunung der Wurzeln beitragen.

'Clivi' Niedrige Sorte mit grünbleibenden Grundblättern, die auch im Alter nicht vergilben. **'Green Velvet'** Nah verwandt mit 'Moss Curled' ('Mooskrause') mit pikantem Geschmack. **'Hamburg'** Sehr alte Sorte mit eßbaren, stark konischen, langspitz-auslaufenden Wurzeln. 'Late Hamburg parsley', späte Hamburger Wurzelpetersilie, ist bei Vilmorin abgebildet und hat Wurzeln wie lange Möhren. 'Berliner' ist ähnlich. Die Blätter sind auch eßbar und können wie glattblättrige Petersilie verwendet werden. **'Moss Curled'** (syn. 'Mooskrause') ist eine wüchsige Sorte und wahrscheinlich die beste zur Überwinterung im Freiland. **'Paramount Imperial Curled'** Dunkelgrüne Sorte mit leicht gekrausten Blättern von Sutton's Seeds (GB). **'Plain-leaved', 'Flat-leaved', 'Glattblättrige'** ist die einfache Schnittpetersilie. Sie hat einen kräftigeren Geschmack als die krausblättrigen Sorten und ist auch in der italienischen Küche verbreitet. Dabei Achtung vor der Verwechslung mit Hundspetersilie.

Glatte Petersilie und Mooskrause im Feldanbau

Petersilie 'Green Velvet'

Thomas Jeffersons Gemüsegarten in Montecello, Virginia, USA

KNOLLENFENCHEL

Foeniculum vulgare Miller var. *azoricum* (Miller) Thell. *(Umbelliferae)*
Florentine oder Florence Fennel (GB)

Fenchel wird wegen seiner Samen, seiner Blätter und der dicken, eßbaren zwiebeligen Stengelbasis, bekannt als Knollenfenchel, angebaut. Er ist normalerweise zweijährig und bildet im ersten Jahr eine dicke Wurzel und die 'Fenchelknolle' und blüht im darauffolgenden Sommer. Die Blätter sind fein zerteilt und weich und die Blüten gelb.

Beim Fenchel gibt es zwei, aber nicht immer klar zu unterscheidende Unterarten. Die *ssp. vulgare*, der Gartenfenchel, schmeckt mild. Sowohl Samen wie Blätter werden zum Würzen besonders von Fischgerichten benutzt und durch den milden Geschmack des Anis verbessert. Die dicken Wurzeln junger Pflanzen werden gekocht und gegessen. Zu ihr gehört auch die *var. azoricum*, von der Philip Miller meinte, daß sie von den Azoren stamme, deren verdickte Stengelgrundbereiche als Knollenfenchel verzehrt werden.

Die *ssp. piperitum (Ucria) Coutinho*, der Pfefferfenchel, auch carosella genannt, hat steifere schmalere Blattabschnitte und scharfschmeckende Samen, die zum Würzen von Likör verwendet werden. Es ist eine Staude des Mittelmeergebietes, wo sie auf felsigen Plätzen wächst. Die in den Gärten als Zierpflanze gezogene Sorte mit purpurnen oder bronzefarbenen Blättern gehört wahrscheinlich hierher. Es ist eine sehr tief wurzelnde Staude, die es bis auf die strengsten Winter auch bei uns im Garten aushält. Der normale Fenchel ist im Süden Englands meist auf sandigen oder kalkigen Böden in Seenähe verwildert, während der auf den Klippen in Seenähe möglicherweise heimisch sein kann. Der Knollenfenchel stammt aus Italien, wo er sowohl gekocht als auch roh, z.B. zu Käse, gegessen wird. Er wurde von den Römern angebaut und entstand als Knollenfenchel wahrscheinlich in Italien. Die früheste Information über einen Anbau in England stammt aus dem frühen 18. Jahrhundert von Thomas Jefferson. Er erhielt 1824 Samen für seinen Garten in Montecello von dem amerikanischen Konsul, in Leghorn bei Livorno in Italien. Dabei war ein begeisterter Bericht über die Köstlichkeiten italienischen Fenchels, »wie bei dem besten Stangensellerie«.

Gartenkultur

Fenchel braucht leichten Boden mit gutem Wasserabzug, aber reichliche Wasserversorgung und eine kühle Wachstumsperiode, um gute Knollen auszubilden. Er neigt dazu, in den langen Sommertagen vor der Knollenbildung zu schossen. Die in englischen Gärten gewachsenen Knollen sind länglicher als die aus Europa importierten runden, obwohl sie meist zarter und wohlschmeckender sind.

Die Aussaat kann ab April für frühe Ernte im Spätsommer oder Ende Juli/Anfang August für eine Spätherbsternte erfolgen. Die Sorten 'Zefa Fino' (aus der Schweiz) und 'Perfection' (aus Frankreich) sind für frühe Aussaaten am besten geeignet, da sie trotz sommerlicher Langtage die Fenchelknollen ausbilden. Ältere Sorten, wie auch die verbreitete 'Sweet Florence', müssen spät ausgesät werden, da sie sonst ohne Ausbildung der Knollen in Blüte gehen. Die Pflanzen müssen gut gewässert werden, um so schnell wie möglich zu wachsen. Anzucht entweder in Töpfen und Auspflanzen auf 30 cm Abstand, wobei möglichst wenig Wurzelstörungen erfolgen sollen, oder Aussaat an Ort und Stelle mit Ausdünnen auf den gleichen Abstand. Fenchel scheint kaum von Schädlingen oder Krankheiten befallen zu werden.

Der **Dill**, *Anethum graveolens L.*, ähnelt dem Fenchel mit dünnen feinen Blattabschnitten und gelben Blüten. Es ist eine einjährige Pflanze aus China, Indien und Westasien und meistens als Würzkraut angebaut. Samen und Blätter werden ähnlich wie bei Fenchel verwendet.

Pflanzen aus Sellindge, Kent, aufgenommen am 20. August

Fenchelblütenstände

Fenchelsorte 'Perfection'

Gut ausgebildete Fenchelknollen

Junge Süßkartoffelpflanzung mit trockenen Rapsstengeln

MANIOK

Manihot esculenta Crantz *(Euphorbiaceae)*
Cassava, Tapioca, Manioc, Yuca (Mexiko), Aypu, Boniato (Karibik)

Maniok ist ein Hauptnahrungsmittel in den Tropen. Die Pflanze ist nur aus Kultur bekannt und stammt aus Südamerika, wo sie wahrscheinlich durch Kreuzung mehrerer wilder Arten entstand. Die frühesten archäologischen Funde stammen aus dem Küstenbereich Perus ca. 1000 v. Christus. Sie wird heute weit verbreitet überall dort angebaut, wo einer feuchtwarmen Wachstumsperiode eine Trockenperiode folgt, und wegen ihrer problemlosen Kultur auch im primitiven Ackerbau auf Wanderflächen genutzt. Stecklinge werden zu Beginn der Wachstumsperiode in den Boden gesetzt und die länglichen knolligen Wurzeln meist nach 8–12 Monaten, sobald sie groß genug sind, geerntet. Die Wurzeln können bis 1,3 m lang werden und enthalten bei den bitteren Sorten giftige Zyanverbindungen ebenso wie Stärke und Eiweiß. Diese Sorten müssen durch Zerkleinern, Waschen und Auspressen mit nachfolgendem Trocknen und Kochen behandelt werden, um sie zu entgiften. Die neueren, verbesserten süßen Sorten enthalten wenig Gift, und dies meist in der Haut, so daß sie nach dem Abschälen durch einfaches Abkochen für den Verzehr geeignet sind. Sie können geröstet, gekocht oder in dünne Scheiben geschnitten zu kartoffelähnlichen Chips verarbeitet werden.

SÜSSKARTOFFEL, BATATE

Ipomoea batatas (L.) Por. *(Convolvulaceae)*
Sweet Potato (GB), Batata (E)

Süßkartoffeln sind tropische Knollenfrüchte, die länglichen Kohlrüben ähneln und oft schöne rote oder gelbe Haut und süßliches kartoffelähnliches Fleisch besitzen. Süßkartoffeln wurden weit verbreitet in Südamerika bei den Vorinkakulturen angebaut und vor der echten Kartoffel nach Spanien eingeführt. So beziehen sich viele frühere Hinweise, z.B. auch bei Shakespeare, in Wirklichkeit auf die Süßkartoffel. Sie hat auch eine lange Anbaugeschichte in Ostasien, wo sie in Polynesien bereits vor 1250 angebaut wurde und sich von dort aus im 14. Jahrhundert nach Neuseeland ausbreitete. Captain Cook und Sir Joseph Banks entdeckten ihren Anbau auf der Nordinsel Neuseelands bei den Maoris, als sie dort 1769 landeten. Man vermutet, daß sie 1594 nach China gelangte.

Die Süßkartoffel ist eng mit der als Zierpflanze angebauten Winde verwandt und weniger mit den Gartenunkräutern Zaunwinde und Ackerwinde. Man nimmt an, daß sie in Kultur aus *Ipomoea trifida (HBK) G. Don* entwickelt wurde, die wild von Mexiko südwärts bis Venezuela vorkommt. Ihre Blüten sind rosa, purpurn oder weiß, die Stengel flach wachsend oder kletternd. Sie wurzeln dort, wo sie dem Boden aufliegen, und bilden Knollen. Die Blätter sind spitz und manchmal am Grunde 3-5-lappig. Die jungen Triebspitzen sind ebenso wie die Knollen eßbar.

Die Vermehrung erfolgt durch Stücke bereits ausgetriebener Knollen oder etwas später im Jahr durch Triebstecklinge. Eine gute Kaliversorgung ist für eine hohe Ernte wesentlich. Dies hat sie in Verbindung mit der einfachen Anbauweise besonders für den Anbau auf Brandrodungsflächen geeignet gemacht, wo man schnell wachsende Erträge braucht. Manche Sorten sind in den Tropen nach 2 Monaten erntereif, andererseits bedarf es selbst bei schnellreifenden Sorten in Nordamerika etwa 90 Tage. Zur Einlagerung von Süßkartoffeln für den Winter müssen sie etwa 1 Woche Wärmebehandlung bei 25°C durchmachen, um dann bei etwa 14°C gelagert werden zu können.

Süßkartoffeln benötigen für gutes Wachstum subtropische Wärme, und es gibt bisher keine Sorte, die in England oder Mitteleuropa ausreichend wächst und gedeiht, obwohl man sie in Südeuropa anbaut und einige geeignete Sorten für den Südosten der Vereinigten Staaten und die wärmeren Gegenden Neuseelands entwickelt wurden. Die hier gezeigte Sorte 'Tokatoka Gold' hat runde glatte Knollen und ist besonders in Neuseeland verbreitet, wo sie zur Herstellung von Chips verwendet wird.

WASSERSPINAT

Ipomoea aquatica Forsk. *(Convolvulaceae)*
Water Spinach, Kancon, Green Engtsai (GB)

Wasserspinat ist eine im Wasser wachsende *Ipomoea*-Art mit eßbaren jungen Trieben und Blättern, die wie Spinat verwendet werden. Sie stammt wahrscheinlich aus Südindien, findet sich aber heute überall in den Tropen, wo ihre aufgeblasen wirkenden, schwimmenden Stengel die Wasseroberfläche bedecken. In warmen tropischen Gegenden, z.B. Florida, entwickelte sie sich zum gefährlichen Unkraut.

Die problemlose Anzucht aus Saat gelingt nur bei Temperaturen über 25°C. Die Sämlinge werden oft auf dem Boden ohne Wasseranstau gezogen und haben dann, im Gegensatz zur Wasserform, aufrechte Stengel und schmale Blätter statt blasig aufgetriebene Stiele und herzförmige Blätter. Landform und Wasserform lassen sich durch Stecklinge vermehren. Die Blüten sind weiß oder rosa im Gegensatz zu purpur bei der Wildart. Die schwache Pflanze von Seite 45 wuchs aus Hochsommeraussaat in England.

Weiße japanische Süßkartoffel

Süßkartoffelsorte 'Tokatoka Gold'

Weißfleischige Süßkartoffel mit roter Haut

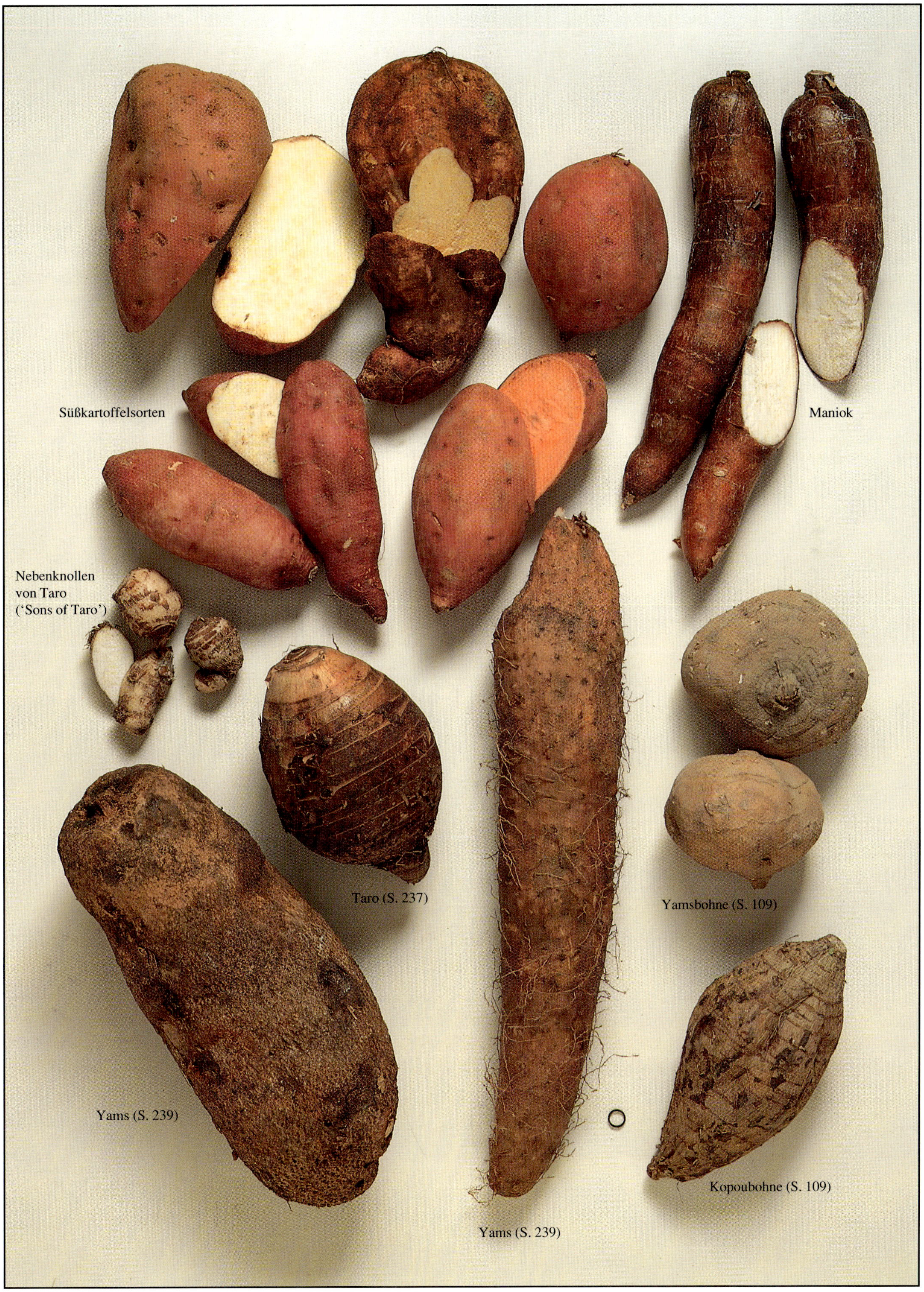

Tropisches Knollengemüse vom Londoner Markt, aufgenommen am 10. Dezember

Wildkartoffelstandort an Felsnase in Mexiko

KARTOFFEL

Solanum tuberosum L. *(Solanaceae)*
Potato (GB); Papas (Inca); Pomme de Terre (F); Papata (E)

Die Kartoffel ist zweifellos das bedeutendste aller Gemüse und steht zur Zeit weltweit an 4. Stelle aller angebauter Nahrungsmittel nach Weizen, Mais und Reis. Die Kartoffel wächst in allen gemäßigten Klimaten und auch in vielen Teilen der Tropen und dort besonders in den Gebirgen oder bei Anbau in der kühlen Jahreszeit. Neben Vitaminen und etwas Eiweiß enthalten die Knollen große Mengen an Stärke, derentwegen sie hauptsächlich als Nahrung dienen. Außerdem ergeben 500 g gekochte neue Kartoffeln die täglich empfohlene Vitamin-C-Menge sowie nennenswerte Mengen an Vitamin B1 und Riboflavin. Durch das Alkaloid Solanin sind die tomatenähnlichen Früchte und die Blätter giftig wie auch die Stellen der Kartoffelknollen, die durch Lichteinfall vergrünt sind. Kochen zerstört das Solanin.

Der Ursprung unserer Kartoffeln

Die Kartoffel gehört zur Familie der Nachtschattengewächse *(Solanaceae)*, zu der auch die Tomate *(Lycopersicum esculentum Mill. nom. cons.*, der Gemüsepaprika und der Würzpaprika *(Capsicum-Arten)* und viele andere Gemüse wie auch der Tabak *(Nicotiana tabacum L.)*, die Tollkirsche *(Atropa belladonna L.)* und andere Giftpflanzen gehören.

Zur Gattung *Solanum* gehören neben der Kartoffel die Aubergine *(Solanum melongena L.)*, die Huckleberry *(Solanum melanocerasum All.)*, der bittersüße Nachtschatten *(Solanum dulcamara L.)* und andere giftige Arten, von denen viele das Alkaloid Solanin enthalten.

Knollentragende *Solanum*-Arten findet man in der Natur in den Gebirgen Nord- und Südamerikas von Westnebraska, Colorado und Utah bis nach Mexiko, wo sie besonders häufig in den Hochgebirgen ab 2500 m und weiter unten an besonders kühlen schattigen Stellen zu finden sind. Andere knollentragende Arten kommen in Mittelamerika und südwärts bis Chile und im argentinischen Patagonien vor.

Die Taxonomie der mit der Kartoffel verwandten Arten ist sehr komplex, und Hunderte von Arten wurden durch die Botaniker benannt, die die Anden und Mexiko bereisten, um Material für die Kartoffelzüchtung in Europa und Nordamerika zu sammeln. J.G. Hawkes sprach in einem Vortrag vor der Royal Horticultural Society in London 1966 von 170 Arten, und seine neueste Monographie nennt 235 Arten, von denen 7 angebaut werden und die anderen Wildpflanzen sind.

Die Wildarten sind sowohl in Gestalt wie auch in ihren Ansprüchen an den Standort viel unterschiedlicher als die angebauten Kartoffelsorten. Zum Beispiel ist *Solanum acaule* eine stengellose Art, deren Blattrosette dem Boden aufliegt. Sie kommt in den Anden von Peru, Bolivien und Nordargentinien in Höhen von 3500 bis 4600 m vor und übersteht Frost von –8°C. Eine andere Art, *Solanum demissum Lindl.*, aus den Kiefern- und Tannenwäldern der hohen Gebirge Mexikos hat 6 cm große Knollen und ist sowohl gegen Frost wie gegen Krautfäule resistent. Wir fanden reiche Vorkommen dieser Art auf dem Waldboden in Mittelmexiko genau in den Gegenden, in denen Millionen von Monarchschmetterlingen *(Danaus plexippus)* den Winter verbringen. Interessant ist, daß diese Kartoffelart 1848 von John Lindley im Garten der Königlichen Gartenbaugesellschaft in London angebaut wurde und zu den wenigen Arten gehört, die tatsächlich zur Entwicklung der heutigen Kartoffelsorten beigetragen haben. Von einer anderen mexikanischen Art, von *Solanum cardiophyllum subsp. ehrenbergii* wird berichtet, daß sie auf den örtlichen Märkten dort gefragter ist und mehr kostet als die angebauten Kartoffeln. Eine kleine Kartoffel mit unterschiedlich roten, runden, unregelmäßig geformten Knollen, die diese Art sein könnte, fanden wir 1991 auf dem Markt in Guadalajara in Mittelmexiko, wo sie unter dem Namen ‘papitas’ (kleine Kartoffeln) verkauft wurde.

Es gibt keine einzige direkt erkennbare Stammart der heute angebauten Kartoffel als Wildpflanze. Prof. Hawkes vermutet, daß die erste kultivierte Kartoffel *Solanum leptophyes* war, die heute an felsigen Stellen in den Gebirgen Nordboliviens und Höhenlagen von 3200 bis 3950 m vorkommt. Nachdem diese Art in Kultur genommen war, entstand aus ihr die auch heute noch diploide Art *S. stenotomum*, die man heute noch in Peru angebaut findet. Kreuzungen zwischen *S. stenotomum* und einer anderen Wildart, *S. sparsipilum* (auch diploid), wurden nach Chromosomenverdoppelung zur fertilen, tetraploiden *Solanum tuberosum L. subsp. andigena*, dem Ahnen der heute verbreiteten Kartoffel.

Andere in den Anden angebaute Kartoffelarten enthalten weitere Wildarten als Einkreuzung. *Solanum acaule*, die wild vorkommende tetraploide Art, wächst in sehr großen Höhenlagen und hat sich mit *S. stenotomum* gekreuzt, woraus *S. juzepczukii*, eine sterile triploide Art mit hoher Frostresistenz entstand. Sie kann in größeren Höhenlagen als jede andere Nahrungspflanze angebaut werden, was in den Anden Mittelperus bis 4500 m geschieht. Kreuzungen mit der Art *S. megistacrolobum* haben zu weiteren frostresistenten Kartoffeln geführt, die in den Gebieten der Hochanden, wo sie angebaut werden, Yari und Ajaviri heißen. Die Art *Solanum phureja Juz. & Buk.* wiederum ist mehr an tropische Klimate angepaßt, wo sie kontinuierlich wächst und Knollen bildet, ohne eine Ruhepause zu machen.

Auf der Hochebene, dem Altiplano von Peru und Bolivien, um den Titicacasee und den Poopósee, ist die Vielfalt der angebauten Kartoffeln noch extrem groß, und die Vielfalt wird durch die dortigen Bauern gefördert, die manchmal 15 und mehr Sorten auf einem einzigen Feld anbauen.

Solanum demissum mit einer Frauenmantelart (*Alchemilla spp.*) in Mexiko

Zum Verkauf angebotene Kartoffeln auf dem Markt in La Paz, Bolivien, aufgenommen von Sam Phillips

Kartoffelgeschichte

Man vermutet, daß die Kartoffeln zu den ersten Feldfrüchten gehörten, die in Kultur genommen wurden, als die Hochanden vor 7000 bis 10 000 Jahren besiedelt wurden. Überreste von Kartoffeln hat man in Schichten in der Chilcaschlucht südlich von Lima gefunden und auf etwa 4000 v. Christus datiert. Frühe verbindliche Nachweise für den Anbau von Kartoffeln fand man an beeindruckend ungewöhnlichen Töpferwaren, die in der Mochakultur an der Küste entstanden und in Gräbern im nördlichen und mittleren Peru gefunden wurden und etwa aus dem Jahre 1000 stammen. Einige dieser Töpfe hatten die Form von Kartoffeln, die in dieser heißen und trocknen Gegend nicht angebaut werden, aber wahrscheinlich aus den Hochanden importiert wurden. Eine besonders große Urne aus dem Zentralhochland von Peru hat grobe Abbildungen von anu *(Tropaeolum tuberosum)*), oca *(Oxalis tuberosa)* und ulluco *(Ullucus tuberosus)*, drei anderen wichtigen peruanischen Wurzelgemüsen, und ebenso auch der Kartoffel.

Zur Inkazeit, etwa um 1400, wurde die Kartoffel weit verbreitet angebaut. Auch damals waren die heute noch auf den Märkten verkauften, auf natürliche Weise gefriergetrockneten Kartoffeln, Chuno genannt, ein wichtiges Nahrungsmittel. Die Kartoffeln wurden in Scheiben geschnitten oder ganz der trocknen, kalten Bergluft ausgesetzt. Der Erfolg der Kartoffel und der anderen Wurzelgemüse lag in ihrer Fähigkeit, auf den eisigen, windigen Hochflächen zu wachsen, die für Mais, der Hauptnahrung der wärmeren Gegenden, zu kalt waren.

Chuno, aufgenommen von Sam Phillips in La Paz, Bolivien

Die ersten Berichte von Europäern über Kartoffeln stammen aus dem Jahr 1537, als Cieza de Leon sich im Gebiet des heutigen Kolumbien einer Expedition von Cartagena nach Cali anschloß. Sein Reisebericht wurde 1553 veröffentlicht, und er beschreibt darin, daß die Nahrung der eingeborenen Bevölkerung im Bereich des Titicacasees aus frischen und den gefriergetrockneten, Chuno genannten Kartoffeln bestehe. Eine gegen 1560 von Juan de Castellonos in seinen *Elegias* gegebene Beschreibung wurde erst 1886 veröffentlicht. Er gab eine gute Beschreibung von der Kartoffel und verglich sie mit einer Trüffel von der Größe eines Hühnereis, rund oder länglich, weiß oder purpurn oder gelb gefärbt, und bezeichnete sie als mehlige Wurzel guten Geschmacks, die eine Delikatesse für die Indianer und auch ein appetitliches Mahl für die Spanier sei.

Als erster Bericht über Kartoffeln in Europa gilt der in den Aufzeichnungen des La Sangre Hospitals in Sevilla von 1573, als Kartoffeln als normale Gemüseversorgung im Herbst gekauft wurden, wobei allerdings die Möglichkeit besteht, daß dieser Hinweis von Kartoffeln sich auf Süßkartoffeln bezieht. Das läßt vermuten, daß sie in Spanien angebaut wurden, dort aber nicht sehr verbreitet waren, da Clusius sie in seinen Berichten über seine Spanienreise 1564 nicht erwähnt. Von Spanien kamen die Kartoffeln nach Italien, von wo aus Clusius 1588 seine ersten beiden Knollen und eine Frucht von Philip de Sivry, dem Präfekten von Mons, erhielt, der sie wiederum von einem Freund des päpstlichen Legaten in Belgien erhalten hatte. Da sie leicht wuchsen, verbreitete sich ihr Anbau schnell in Europa, und Clusius berichtet 1601, daß sie verbreitet in den Gärten Deutschlands und in Teilen Italiens angebaut wurden.

Clusius berichtet auch, daß er eine Zeichnung der Kartoffeln zwischen 1589 und 1593 von James Garret erhielt, der in England lebte. Dies liegt vor dem ersten Bericht über Kartoffeln in England, den Gerard 1596 in einem seiner Gartenkataloge gab. Er veröffentlichte in seinem Kräuterbuch *(Herball)* 1597 auch eine Abbildung, die eine unbehaarte Pflanze mit vielen kleinen runden unregelmäßig geformten Knollen mit wenigen Augen zeigt und der Kartoffelform gleicht, die Clusius in seinem Holzschnitt abbildete, den wiederum Gerard in späteren Ausgaben benutzte. Eine davon sehr unterschiedliche Form zeigt die Abbildung in Johann Bauhins *Historia Plantarum Universalis* von 1651. Sie zeigt längliche Knollen mit vielen tiefliegenden Augen und sehr behaartem Stengel und gleicht damit Sorten, die heute noch in den Anden angebaut werden. Gerard berichtet, daß er diese Knollen aus Virginia erhalten habe, was man heute für ebenso falsch hält wie die Legende, daß die Kartoffel durch Sir Francis Drake nach England eingeführt worden sei. Clusius besuchte Drake 1581 in England und lernte dabei keine Kartoffeln kennen. Drake brachte Raleighs Kolonisten 1586 von Virginia, USA, nach England zurück und könnte Kartoffeln als Reiseproviant erworben haben, obwohl Gerards Feststellung vermuten läßt, daß er die ersten Kartoffeln nach 1588 erhielt.

Nach Beschreibungen der ersten in Europa angebauten Kartoffeln waren deren Stengel mit 1,5–2 m sehr lang, und ihre Kartoffeln entwickelten sich erst im Herbst.

Dies stimmt mit dem angenommenen Ursprung in den Anden Kolumbiens überein, wo die Kartoffeln erst, nachdem die Kurztage im Herbst beginnen, blühen und Knollen anlegen. Die Illustrationen und ein von Bauhin im Herbarium in Basel hinterlegtes Exemplar wurden von Hawkes als *subsp. andigena* identifiziert. Der komplexe hybride Ursprung der Kartoffeln zeigt sich auch durch die große Variabilität bei Vermehrung durch Aussaat. Es gibt eine Vermutung, daß die englischen Kartoffeln, die meist weiß- oder braunhäutig sind, aus einer von der spanischen getrennten Einführung stammen. Als die russischen Botaniker Juzepczuk und Bukasov in den 20er Jahren Südamerika besuchten, um ursprüngliche Kartoffelsorten zu finden, waren sie sehr erfreut darüber, daß ihnen einige Sorten im südlichen Chile und besonders auf den Chiloeinseln begegneten, die denen in Europa angebauten Kartoffeln sehr ähnlich waren. Diese Sorten waren auch an die langen Sommertage und kühlen Temperaturen hoher Lagen außerhalb der Tropen angepaßt. Über die chilenischen Kartoffeln berichten schon sehr früh Seeleute wie Sir Francis Drake 1578, der auf seiner Weltreise Kartoffeln von den Indianern der Mochainsel, vor der Küste Chiles, erwarb. Es gibt jedoch keine Anzeichen dafür, daß er von diesen Kartoffeln welche nach Europa mitbrachte. Juzepczuk und Bukasov kamen zu dem Schluß, daß diese chilenischen Sorten die wirklichen Ahnen der europäischen Kartoffeln seien, leider gibt es aber keine Anzeichen dafür, daß diese südlichen Kartoffeln je nach Europa eingeführt wurden. Die Ähnlichkeiten werden heute auf Selektion ähnlicher Eigenschaften zurückgeführt. Es ist wahrscheinlich, daß die chilenischen Kartoffeln auch aus den Hochanden Perus stammen. Sie gelangten entweder durch Wanderung der Bevölkerung oder durch Handel – mindestens 1000 Jahre vor dem 16. Jahrhundert – nach Süden.

Die europäischen Kartoffeln wurden aus den Formen und Typen selektiert und gezüchtet, die zufällig Europa frühzeitig erreichten, und nicht aus Formen, die wegen ihrer Qualität oder speziellen Eigenschaften für Nordeuropa dafür geeignet waren. Da die ersten nach Europa gelangten Sorten sich für das nördliche Klima nicht recht eigneten, wurde die Kartoffel nur langsam in Nordeuropa zu einer bedeutenden Kulturpflanze. Die tropischen Formen begannen erst mit den Kurztagen zu blühen und Knollen zu bilden und gediehen am besten in Südeuropa und Westirland, d.h. in Gebieten, wo herbstlicher Frost das Kraut nicht absterben läßt. Seit Clusius' Zeiten haben die Anbauer die Kartoffeln durch Knollen und auch durch Samen vermehrt und, ob nun beabsichtigt oder nicht, Sorten ausgelesen, die ihre Knollen bereits im Frühsommer zu bilden beginnen.

Martyn schreibt in der 8. Ausgabe von Millers *Gardener's Dictionary* 1798 über Anbauer in der Gegend von Manchester, die immer wieder neue Sorten aus Samenvermehrung selektierten und miteinander wetteiferten, möglichst früh im Jahr verkaufsfähige Knollen zu erhalten. Auch in anderen Teilen der Welt wurden sehr früh schon Kartoffeln angebaut, und manche Sorten haben ihre tropischen Charakteristika länger als in Europa behalten. Wahrscheinlich brachten die Portugiesen die Kartoffeln nach Indien, wo bereits 1615 Anbau betrieben wurde, und von Formosa weiß man von 1650 über Anbau zu berichten. Alte Sorten hat man in diesen Tagen noch auf den Kanarischen Inseln gefunden, wohin sie wahrscheinlich direkt aus Peru und vom Hochland von Lesotho kamen.

Erst im 18. Jahrhundert wurde die Kartoffel auf den Britischen Inseln ein wichtiges Grundnahrungsmittel. Ein früher Versuch, den Kartoffelanbau zu fördern, war die 1644 von John Forster auf Hanslop, Buckinghamshire, geschriebene Abhandlung: *»Englands Glück vergrößern oder ein sicheres und leichtes Mittel gegen alle künftigen Hungerjahre durch die Anpflanzung der Wurzeln, Kartoffeln genannt.«* Kartoffeln wurden aber in keinem Land vor 1800 das Grundnahrungsmittel der Armen. Die ärmsten Kleinpächter, die in Schottland von ihren Flächen in den Tälern vertrieben worden waren und sich entlang der Küste angesiedelt hatten, lebten meist jedes Jahr in der Gefahr einer Hungersnot und begannen bald auf die Kartoffel als eine einfache Nahrungsquelle zu vertrauen.

1845 berichtete die Times, daß zu dieser Zeit die zwei Hauptmahlzeiten eines Arbeiters aus Kartoffeln und nicht aus dem bisher gewohnten Brot und Käse bestanden, und es gab in manchen Kreisen Besorgnis darüber, so von einer Nahrungspflanze abzuhängen.

Die frühe Geschichte der Kartoffel und manche weiteren faszinierenden Details sind in *Geschichte und soziale Bedeutung der Kartoffel (The History and Social Significance of the Potato)* von R.N. Salaman zu finden, der Direktor der Kartoffelvirus-Versuchsstation in Cambridge war.

Verlassene 'lazy beds' bei dem Hafen Killary in Connemara

Das Buch erfuhr 1985 eine Neuauflage, versehen mit einer kritischen Einführung von Professor J. G. Hawkes von der Birmingham University.

Die irische Kartoffelhungersnot

Es gibt eine möglicherweise wahre Legende, daß Sir Walter Raleigh um 1590 die ersten Kartoffeln auf seine Güter in Youghal in Co. Cork in Irland gebracht hat. Im frühen 18. Jahrhundert war die Kartoffel bereits ein so wichtiger Teil der Nahrung geworden, daß ein Teilausfall im Februar 1727 in Cork einen Aufstand auslöste, als die Versorgung knapp wurde. Die Bevölkerung Irlands wuchs nur langsam, nachdem nur etwa 500 000 Cromwells Feldzüge von 1649 bis 1651 überlebt hatten, bis dann Ende des 18. Jahrhunderts eine überraschende Zunahme erfolgte. Von 1779 bis 1841 wuchs die Bevölkerung um 142 % auf 8,2 Mio. (was von manchen auch als Unterschätzung bezeichnet wurde). Irland war laut Disraeli das dichtbevölkertste Land Europas geworden.

Der Bevölkerungszuwachs in Irland erfolgte hauptsächlich in den ländlichen Gegenden und am schnellsten unter den ärmsten Schichten der Gesellschaft. Dies war durch die Ernährung mit reichlich Kartoffeln und Milch möglich geworden, die selbst die Ärmsten sich leisten konnten. Das milde Klima und reichlicher Sommerregen sorgten für große Ernten. Die Kartoffeln wuchsen in torfigen sauren Böden nach dem irischen Anbausystem 'lazy beds'. Dabei wurden die Kartoffeln auf 4 Fuß voneinander verlaufende Erdwälle gelegt, die vorher mit Mist oder Tang gedüngt worden waren. Anschließend wurden die Wälle aus den Furchen angehäufelt. Das Ganze ergab dann eine Kultur auf Hochbeeten mit dazwischen liegenden Gräben, die die Pflanzbereiche vor zuviel Regen schützten und auch Kaltluft bei Bodenfrost schadlos zwischen den Reihen abfließen ließen.

Wie frühe Illustrationen des Kartoffelanbaues in den Anden zeigen, ist das Kulturverfahren der 'lazy beds' erstaunlich ähnlich. In beiden Fällen hat man schmale Spaten benutzt, ähnlich den Stechspaten, die heute noch zum Torfstechen verwendet werden. Verlassene 'lazy beds' kann man heute noch an den Hängen von Connemara finden. Vor einigen Jahren fanden wir ein ähnliches Hochbeete-Kultursystem, das noch immer in einem entlegenen Teil von Co. Mayo (Irland) genutzt wurde.

Im frühen 19. Jahrhundert pachteten sich die ärmsten Familien etwa einen halben Acre Land, um eine Ernte Kartoffeln anzubauen. Dies gab ihnen die Möglichkeit, die sehr hohen Pachten zu zahlen und noch genügend Nahrung für sich selbst übrigzubehalten. Die Ernährung von gekochten Kartoffeln mit der Milch einer Kuh, die auf den Bergen graste, reichte zu einem einfachen, aber gesunden Leben. In den meisten Gebieten gab es auch eine überreiche Versorgung mit Brennmaterial, das man in den Sümpfen schlug und zum Kochen und Heizen wie auch zum Brauen von Whisky oder auch zum Brennen von Kartoffelschnaps benutzte. Ein Teilausfall der Jahresernte konnte jedoch Mittellosigkeit für die Familie und damit Not und Elend bedeuten, da es eine große Nachfrage nach Land und keine Sicherheit für den Pächter gab. Immer wiederkehrende Teilausfälle bei der Kartoffelernte und damit verbundene Hungersnöte erforderten oft in manchen Distrikten die Aufmerksamkeit der Regierung. Ein besonders verheerender Ausfall der Kartoffelernte erfolgte 1739 durch strenge Fröste Anfang November und einen langen kalten Winter. Man schätzte, daß 300 000 Menschen, ein Drittel der Bevölkerung, umkamen. Man muß sich daran erinnern, daß die Kartoffeln zu dieser Zeit ihre Knollen sehr spät im Herbst entwickelten und deshalb die milden Klimagebiete im äußersten Westen Irlands am besten für ihren Anbau geeignet waren.

Das wirkliche Desaster passierte über ein Jahrhundert später. 1845 waren die Voraussagen für eine große Ernte bis Ende Juli hervorragend. Und Anfang August kam der erste Bericht von einer neuartigen Krankheit der Kartoffel von der Isle of Wight. Wenige Tage später wurde die Krankheit in Ost-Kent festgestellt, und am Ende der gleichen Woche hatte sie sich bis in die Außenbezirke Londons ausgebreitet. Die Krankheit war auch in Frankreich und Holland weit verbreitet, und Dr. Lindley berichtete in *The Gardener's Chronicle*, daß die Felder in Belgien vollkommen zerstört seien und verbreitet Schaden bis nach Polen festzustellen sei.

Dr. Lindley ließ in seinem Bericht keinen Zweifel daran, welches Ausmaß an Unheil entstehen würde, wenn diese Krankheit Irland erreichen sollte – am 13. September berichtete man von dieser »Pest« aus der Nähe von Dublin. Im Oktober waren die meisten Kartoffeln noch nicht geerntet, und es gab widersprüchliche Berichte darüber, welchen Umfang die Krankheit erreicht habe (1845 entgingen die frühen Sorten meist der Krautfäule). Sogar nach der Ernte der ersten Flächen schienen die Kartoffeln in Ordnung zu sein, aber nicht lange, denn »anscheinend bemerkenswert gute, vor wenigen Tagen gekaufte Kartoffeln« faulten bald. Die Krautfäule hatte sich in allen Teilen Irlands ausgebreitet. Zahlreiche Methoden zur Konservierung erkrankter Knollen wurden vorgeschlagen. Dazu gehörte auch eine, sie mit Chlorgas zu behandeln. Aber alle waren nutzlos.

Der Grund für die Krautfäuleerkrankung war unbekannt. Dr. Lindley, der ein Orchideenexperte war und Herausgeber des *Gardeners's Chronicle* sowie stellvertretender Sekretär der Gartenbaugesellschaft und einer der bedeutendsten Wissenschaftler seiner Zeit, war der Meinung, daß das übermäßig feuchte Wetter im Herbst Pflanzen und Knollen zur Aufnahme von so viel Wasser veranlaßt hätte, daß sie mit 'wet purification' (nasser Fäule) verfaulten. Die Regierung in London sandte Dr. Lindley und Dr. Playfair in offiziellem Auftrag nach Irland, und sie berichteten, »daß in den Gebieten um Dublin, die sie besucht hätten, nach ihrer Schätzung mindestens die Hälfte der gegenwärtigen Kartoffelernte Irlands vernichtet sei und .... wir fürchten, daß diese Schätzung noch zu niedrig liegt«. Der Teilausfall der Ernte 1845 war schlimm genug. Ihr folgte aber der fast totale Ernteausfall 1846, da die Flächen, die vorher noch der Krankheit entgangen waren, jetzt befallen wurden; in diesem Jahr schlug die Krankheit früher zu, und im kalten nassen Wetter Anfang August färbten sich alle Kartoffelfelder Irlands schwarz.

Der wirkliche Auslöser dieser Krankheit wurde bald von Reverend M.J. Berkeley, einem Landpfarrer in Northamptonshire, entdeckt. Er war ein schon wohlbekannter Mykologe und Fachmann für Mollusken und Algen, die er während seiner Vikarszeit in Margate untersucht hatte. Berkeley und sein Briefpartner in Frankreich, ein Dr. Montagne, der als Arzt in Napoleons Armee gedient hatte, fanden beide die Hyphen und Sporen der Krautfäule auf der Unterseite der befallenen Kartoffelblätter und tauschten davon Zeichnungen aus. Berkeleys Abhandlung, die den Pilz beschrieb: *Botanische und physiologische Beobachtungen der Kartoffelpest*, wurde im Januar 1846 im *Journal der Gartenbaugesellschaft* veröffentlicht, aber vom gartenbaulichen Establishment nicht akzeptiert. Es folgte eine wilde Auseinandersetzung zwischen denen, die wie Berkeley glaubten, daß der Pilz der Grund für das Absterben der Pflanzen sei, und jenen, die wie Dr. Lindley glaubten, daß das Blattgewebe durch eine Form von Wassersucht absterbe und der Pilz erst dann eindringe.

Es scheint, daß die Krankheit zuerst 1843 in Nordamerika festgestellt wurde, als der Großteil der Ernte an der Ostküste von Neuschottland bis Neuengland zerstört wurde, obwohl es bereits 1830 einen begrenzten Befall in Deutschland nahe Hannover gegeben hatte. Die Details der Lebensgeschichte des Krautfäulepilzes *Phytophthora infestans* wurden erst Anfang des 20. Jahrhunderts klar. Heute weiß man, daß sich die Krankheit unter entsprechenden warmen und feuchten Bedingungen bemerkenswert schnell durch Sporen ausbreiten kann und die feuchten Ostwinde zweifellos den ersten Befall von Nordfrankreich über Kent nach England und Irland ermöglichten. Die Hungersnot, die dem Krautfäulebefall 1845 und 1846 folgte, war die schlimmste, die Irland je erlebt hat. Im Juni 1847 erhielten über 3 Mio. Menschen Notrationen aus Regierungssuppenküchen, meist in Form von gekochtem Maismehl, das aus Amerika importiert war. Ebenso schätzt man, daß zwischen 1846 und 1851 über 1,5. Mio. Menschen starben und fast 1 Mio. auswanderten; der größte Teil nach England, aber viele von denen, die sich noch die Überfahrt leisten konnten, nach Amerika. Die Bevölkerung von Connaught nahm um 28,6 % ab, und in anderen Gegenden Irlands war es ähnlich, wenn auch geringer.

Auch in Deutschland führte sich die Kartoffel nur sehr langsam ein. Erst als im 18. Jahrhundert Friedrich der Große seine Kartoffelfelder bewachen ließ, nachts aber die Wachen abzog, wurde die bislang nur als Zierpflanze gehaltene Kartoffel so begehrt, daß sie gestohlen und dann auch angebaut wurde. Vorher begeisterte man sich vor allen Dingen an den schönen Kartoffelblüten, mit denen sich auch heute noch bezaubernder Tischschmuck gestalten läßt.

Die Entwicklung moderner Kartoffelsorten

Die frühen Kartoffelanbauer erwähnen Sorten mit purpurnen und auch weißen Blüten, und frühe Abbildungen zeigen Sorten unterschiedlicher Knollenformen. Saatgut wurde weit verbreitet zur Vermehrung benutzt, um die schädliche Wirkung einer Viruserkrankung (Curl), die die meisten

Wirkung von Krautfäule an Kartoffelblättern

Kartoffelbeete an der Connemaraküste in Irland

Kartoffelfelder in Idaho, USA

Sorten innerhalb weniger Jahre nach ihrer Einführung befiel, zu vermindern. Gärtner, die mit den ursprünglich eingeführten Sorten arbeiteten, schafften es, Sorten zu entwickeln, die ihre Knollen eher im Juli denn im Oktober und November entwickelten, und beschrieben diese frühen und eine große schwarzknollige Sorte, die sich besonders gut einlagern ließ.

Namenssorten wurden vor 1770 kaum erwähnt. Einige der verbreitetsten Kartoffeltypen waren: 'The Irish Apple', eine mehlige, spät reifende gute Lagersorte; 'The White Kidney', eine der frühesten irischen Sorten, die im Westen Ende Juli geerntet werden konnte; 'Ox Noble', reich tragend und als Viehfutter verwendet; 'The Lumper' mit sehr reichen Ernten und verbreitet in Irland vor der Hungersnot angebaut, jedoch äußerst empfindlich gegenüber Krautfäule; 'The Ashleaf', wahrscheinlich um 1804 gezüchtet, war eine andere frühe Sorte, die das ganze 19. Jahrhundert hindurch viel angebaut wurde.

Alle diese Sorten stammten von schon lange in Europa angebautem Material ab und erwiesen sich als äußerst empfindlich für Krautfäule. Einer der ersten Züchter, der neue Eigenschaften aus südamerikanischen Kartoffeln einzuführen versuchte, war Reverend Chauncey E. Goodrich aus New York, der 1851 eine kleine Auswahl Knollen von dem US-Konsul in Panama erhielt, der sie auf dem örtlichen Markt gekauft hatte. 'Rough Purple Chile' war eine der Sorten, die er von ihm erhielt und aus der 'Early Rose' entstand, ein Samenelter moderner Sorten wie 'Golden Wonder'.

William Paterson aus Dundee war ein anderer zu dieser Zeit tätiger Züchter. Er begann, nicht mit Virus befallenes Material – selbst vom Kap der Guten Hoffnung – zu sammeln und erhielt so reichlich Saatgut. Durch Aussaat im großen Maßstab und Selektion züchtete er mehrere Namenssorten. Dazu gehörte 1863 auch 'Victoria', eine bedeutende Sorte und eine der Eltern von 'Up-to-Date', die heute noch angebaut wird. Zwei berühmte Sorten wurden im späten 19. Jahrhundert von James Clarke aus Christchurch, Hampshire, gezüchtet. Es sind 'Magnum Bonum' und 'Epicure', die beide von Suttons eingeführt wurden und Eltern neuerer Sorten sind.

Gartenkultur

Kartoffeln wachsen am leichtesten von allen Gemüsen, vorausgesetzt, sie erhalten während der Wachstumszeit genügend Wasser und sind vor Frost geschützt. Heute kann man die Sorten nach der Schnelligkeit ihrer Knollenentwicklung in drei Gruppen einteilen: frühe, die nach etwa 100 Tagen geerntet werden, und mittelfrühe, die nach 110–120 Tagen erntereif sind. Beide Gruppen werden klein als frische Kartoffeln verzehrt. Kartoffeln als Hauptfrucht sind nach etwa 130 Tagen erntereif, bleiben aber meist bis zum Herbst im Boden und werden nach dem Einkellern im Winter verzehrt. Saatkartoffeln werden meist im zeitigen Frühling verkauft und sollten an einem hellen, frostfreien Platz zum Keimen ausgelegt werden. Sie bleiben so, bis Boden und Wetter zur Pflanzung geeignet sind. Es ist wichtig, gesunde Saatkartoffeln aus verläßlicher Quelle zu kaufen, um nur solche zu verwenden, die nicht schon etiolierte (langhalsige) Keime besitzen. Ideal für Kartoffeln ist sandiger Boden mit hohem Humusgehalt und ausreichender Feuchtigkeit während der Wachstumszeit. Kartoffeln wachsen auch auf Kalkboden. Da Kartoffeln reichliche Stickstoffversorgung benötigen, ist es

'Magnum Bonum'

Blüten von *Solanum demissum* aus Mexiko

gut, den Boden im vorausgehenden Herbst mit Stalldung oder Gartenkompost oder beidem zu düngen und den Rückhalt der Feuchtigkeit im Boden zu verbessern. Auch ist bei der Pflanzung eine Gabe von etwa 170 g eines ausgeglichenen Volldüngers pro m^2 förderlich. Alte Bücher empfahlen die Verwendung von Kalk, Ruß, Holz, Asche und Laubmull – zu einer Zeit, da es noch keine Mineraldünger gab.
Die Knollen werden normalerweise einen Monat vor dem letzten Frost, d.h. je nach Lage zwischen Ende März und Anfang Mai gelegt. Wenn sie vor dem letzten Frost aus dem Boden herauswachsen, sollten sie durch Bedeckung oder Anhäufeln geschützt werden. Vlies ist ein geeignetes modernes Frostschutzmaterial im Frühling. Im normalen Boden werden die Knollen üblicherweise in einer Rille 10 cm tief auf 40 cm Abstand gelegt. Die aufwachsenden Triebe werden während der Wachstumszeit ein- bis dreimal angehäufelt, um sowohl die Bildung von mehr Knollen aus den unteren Blattachseln zu fördern wie auch die Knollen vor Licht zu schützen, damit sie nicht vergrünen. Eine andere Möglichkeit besteht darin, schwarze Polyäthylenfolie als Mulch auszulegen. Dies spart das Anhäufeln und ist besonders auf stark verunkrautetem Boden hilfreich. Die Kartoffeln werden wie oben beschrieben gelegt, die ganze Reihe wird jedoch mit einem Streifen schwarzer Polyäthylenfolie nach der Pflanzung abgedeckt. Wenn die Triebe die Folie durchstoßen wollen, wird ihnen dies durch einen Schnitt erleichtert. Nebenbei wird durch die Folie der Unkrautbewuchs unterdrückt. Die Polyäthylenfolie wird vor der Kartoffelernte abgerollt.

Kartoffeln benötigen während des Hauptwachstums reichliche Wasserversorgung. Zusätzliches Bewässern bei einer Knollengröße von etwa 1 cm steigert die Größe früher Kartoffeln. Bei Kartoffelanbau als Hauptfrucht sind Wassergaben im 10-Tages-Abstand während der ganzen Wachstumszeit erforderlich – es sei denn, es fällt ausreichend Regen.

Kartoffeln werden im Garten in Sellindge gelegt

Krankheiten und Schädlinge

Obwohl die heutigen Sorten nicht so empfindlich gegen Krautfäule *(Phytophthora infestans)* sind wie die, die zur Zeit der großen irischen Hungersnot angebaut wurden, so bleibt die Krautfäule doch die Krankheit, die den Kartoffelanbau wesentlich beeinflußt. Frühkartoffeln sind selten ernsthaft betroffen. 'Estima', 'Spunta' und 'Maris Peer' gehören zu den resistentesten Sorten. Wenn bei der ersten Vermutung von Befall mit Bordeauxbrühe gespritzt wird, läßt sich meistens ein schwerer Ausbruch der Erkrankung vermeiden. Stark befallene Pflanzen sollten am Boden abgeschnitten und entfernt werden, damit die Sporen nicht durch Einwaschung in den Boden die Knollen infizieren. Krautfäulebefall zeigt sich meist bei warmfeuchtem Wetter mit dunkelbraunen Flecken auf einigen Blättern und einem feinen weißen Rand (Pilzmycel) rund um den befallenen Bereich.

Schorf ist eine andere verbreitete Krankheit, bei der die Kartoffelhaut braun und rissig wird. Hier ist Vorsorge bei der Pflanzung wichtig durch Einarbeiten von möglichst viel Humus und anschließendem regelmäßigem Wässern. Virusinfektionen sind beim Gartenanbau von Kartoffeln weniger bedeutsam, wenn man dem Bestand nicht Saatkartoffeln für den nächstjährigen Anbau entnehmen will.

Die Virusübertragung erfolgt durch Blattläuse, weshalb Saatkartoffelanbau meist in windreichen Gegenden erfolgt, die die Blattläuse nicht lieben.

Der verbreitetste Schädling der Kartoffeln sind die Schnecken, besonders die kleinen dunklen mit gelbem Bauch, die meist unterirdisch leben. Bekämpfung durch Ausstreuen von Aluminiumsulfat um die Pflanzen herum.

Der Kartoffelkäfer mit seiner schwarzroten und cremegelben Längsstreifung ist nach wie vor besonders durch seine Larven ein bedeutsamer Fraßschädling. Er trägt im Englischen den Namen Coloradokäfer, nach dem Staat der USA, wo er 1824 als harmloser Fresser auf verschiedenen wilden *Solanum*-Arten erstmals festgestellt wurde. Als europäische Bauern nach dem Goldrausch von 1858 Colorado erreichten und die Kartoffeln mitbrachten, fand der Käfer diese ihm zusagende neue Futterpflanze. Er breitete sich dann schnell ostwärts aus, überquerte den Mississippi 1865 und erreichte die Atlantikküste 1873 und zerstörte in der Zwischenzeit in vielen Staaten der USA die Kartoffelernte. In Europa wurde er erstmals 1901 in Tilbury festgestellt, blieb aber ohne beständiges Vorkommen bis zum 1. Weltkrieg 1914/18, in dessen Folge er in der Nähe eines amerikanischen Armeelagers, außerhalb von Bordeaux, 1922 auf Dauer Fuß faßte. In England ist er nicht zum Dauerschädling geworden, in Mitteleuropa jedoch immer noch regelmäßig auftretend – wenn auch durch intensive Bekämpfung mit Insektiziden in abnehmender Befallstärke. Im Garten sollte man bei der Kontrolle der Pflanzung die erwachsenen Käfer und später die Larven absammeln und ist dann meist nicht auf die Anwendung von Insektiziden angewiesen.

'Magnum Bonum' ('Early Rose' x 'Paterson's Victoria') Der Züchter James Clarke von Christchurch, Hants, hinterließ aber keine Aufzeichnungen über ihre Entstehung. Eingeführt ab 1876 durch Suttons. Teilresistenz gegen Krautfäule und wichtig als Elter von Sorten wie 'King Edward'. Es heißt oft, daß sie aus Samen von 'Early Rose' entstanden sei.
'Solanum demissum Lindl.' Kleine Wildkartoffel, die in Zentralmexiko in etwa 3000 m Höhe vorkommt. Wächst in *Abies-religiosa*-Wäldern zusammen mit *Alchemilla procumbens* und verschiedenen strauchigen Arten von *Cestrum, Senecio* und *Eupatorium*, die den Nektar für die dort überwinternden Monarchschmetterlinge bieten. Obwohl sehr winterkalt, fallen die Temperaturen dort doch selten mehr als einige Tage unter den Gefrierpunkt. *Solanum demissum* wurde in der neueren Kartoffelzüchtung verwendet und findet sich unter den Eltern vieler heutiger Kartoffelsorten.

Kartoffelpflanzung mit Mulch durch schwarze PE-Folie

Kartoffeln von Peter Maine, aufgenommen am 15. Oktober

Kartoffeln von Peter Maine, aufgenommen am 15. Oktober

'Dr. MacIntosh' ('Herald' x *Solanum phureja-Hybride)* Enthält auch Gene von *S. demissum.* Gezüchtet 1944 von T. P. McIntosh in Schottland. Wächst am besten in einer feuchten Jahreszeit. Fleisch wächsern, Sorte für Hauptkultur.

'Duke of York' ('Early Primrose' x 'King Kidney') Züchtung von 1891, durch W. Sim at Fyvie, Aberdeenshire, und im gleichen Jahr von Daniels eingeführt. Sehr frühe, ertragreiche Sorte und gut zum Vorkeimen geeignet. Ausbreitende Pflanze mit glatten, grünen Stengeln. Blätter manchmal mit Nebenblättchen. Für alle Böden, insbesondere auch schwere, geeignet.

'Epicure' ('Magnum Bonum' x 'Early Regent') Züchtung von James Clarke of Christchurch, Hants, und eingeführt 1897 von Suttons. Sehr frühe Sorte mit purpurnen Stengeln und wenigen weißen Blüten. Blätter mit schmalen kleinen Seitenblättchen und großen Nebenblättchen. Runde Knollen mit tiefliegenden Augen. Zu ihrer Zeit eine außerordentlich robuste und ertragreiche, sehr frühe Sorte mit exzellentem Geschmack. Reichtragend, kann schon früh gerodet werden.

'Golden Wonder' Ein Zufallssport von 'Maincrop', eingeführt von James Clarke von Christchurch, Hants, aber durch J. Brown aus einer Frucht von 'Early Rose' 1904 gezogen. Eine kräftige, aufrechte Pflanze mit runzligen Blättern und weißen Blüten. Früher als Tafelsorte sehr hoch geschätzt.

'Mona Lisa' ('Bierma A1-287' x 'Colma') Züchtung aus Holland von 1982. Frühe Hauptfruchtsorte.

'Nadine' (aus *Solanum vernayi, polycross)* Neue, in Schottland gezüchtete Sorte. Mittelfrüh mit runden Knollen und wächsernem Fleisch.

'Russet Burbank' (syn.'Netted Gem', die ein Sämling von 'Early Rose' sein soll) Mittelgroß, besonders für Folienkartoffeln verwendet. Spät reifende Hauptfruchtsorte. Lange, weißfleischige Knollen, verbreitet in Nordamerika.

'Sefton Wonder' Alte Sorte von vor 1926.

'Sherine' (aus *Solanum vernayi polycross)* Neue, mittelfrühe Sorte.

'Up-to-Date' ('Old Blue Don Seedling' x 'Paterson's Victoria') 1891 von Archibald Findlay eingeführt. Hauptfruchtsorte mit blaßpurpurnen Blüten mit weißer Spitze. Als sehr feine Tafelsorte bekannt mit gekocht wächsernem Fleisch.

Kartoffelblüten

Kartoffelfelder in Maine, USA

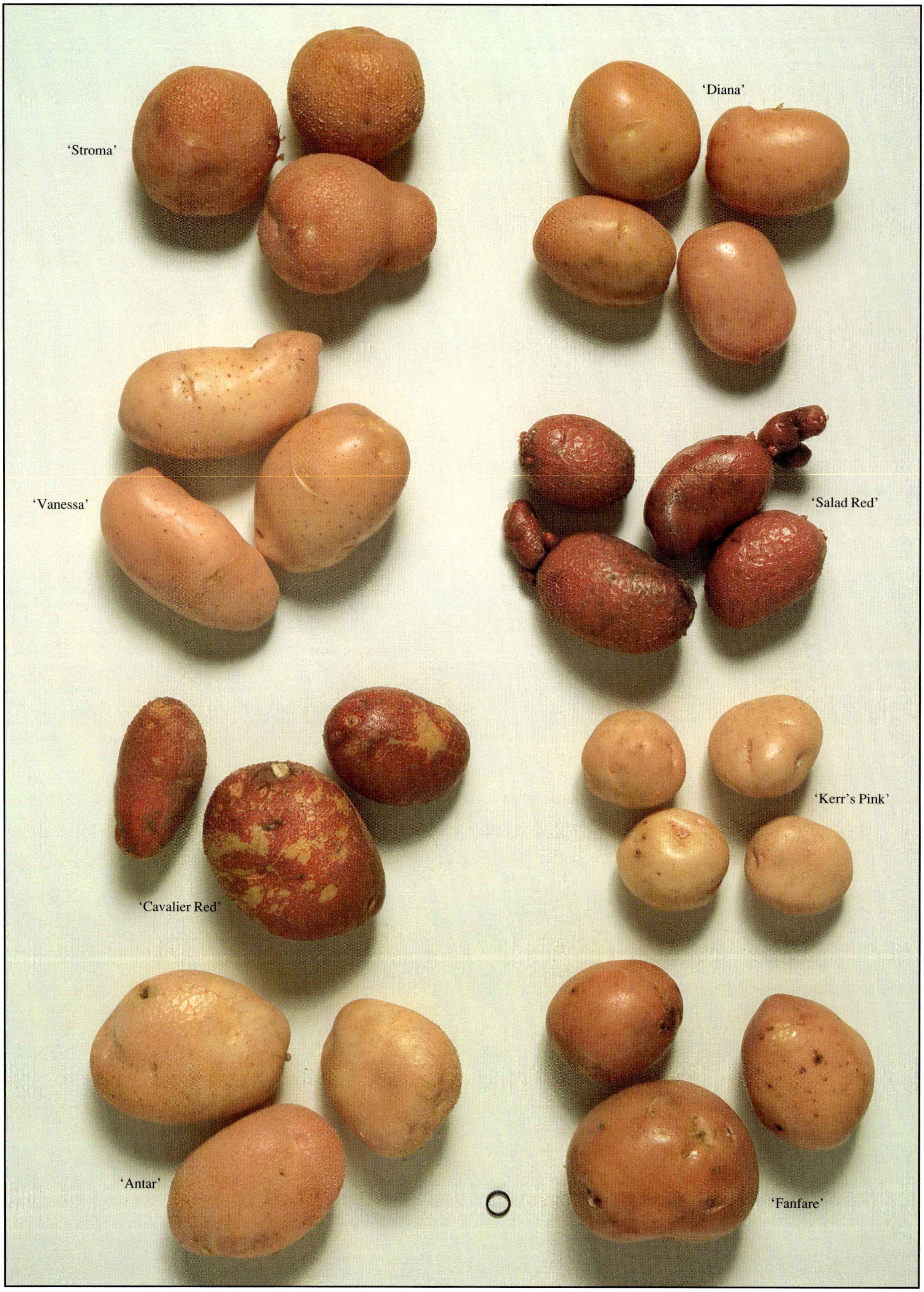

Kartoffeln von Peter Maine, aufgenommen am 15. Oktober

Kartoffeln von Peter Maine, aufgenommen am 15. Oktober

Frisch gegrabene Kartoffeln der Sorte 'Home Guard'

Kartoffel 'Red Gold'

'Antar' Alte Sorte bei Peter Maine.

'Cavalier Red' Alte Sorte bei Peter Maine.

'Diana' ('Desirée Mutante' x ZPC61-98) Gezüchtet von ZPC in Holland 1962.

'Fanfare' Gezüchtet von ZPC in Holland.

'Home Guard' ('Doon Pearl' x 'Cumnock') 1943 von McGill und Smith Ltd. gezüchtet. Sehr frühe Sorte mit wenigen weißen Blüten. Blätter mit vielen Nebenblättchen. Flaches Blatt mit zum Rand gedrehten Blättchen. Ovale, weiße Knollen, die etwas mehlig kochen. Nicht gut auf trocknem Standort.

'Kerr's Pink' ('Fortyfold' x 'Smith's Early') 1907 von J. Henry von Ottawa, ehemals Brae, Cornhill, Banffshire, gezüchtet. Ursprünglich als 'Henry's Seedling' und im Gebiet als 'Brae Seedling' bekannt. Kerr, ein Samenhändler aus Banff, erwarb sie und führte sie 1917 unter dem heutigen Namen ein. Hauptfruchtsorte, reich weißblühend. Graue Blätter mit ziemlich großen Nebenblättchen und gefärbter Mittelrippe. Runde Knollen mit rosa Haut und cremefarbenem Fleisch. Verbreitete, mehlig kochende Sorte in Schottland.

'Mein's Early' Züchter Laing & Mather. Alte Sorte von vor 1920. 'Mein's Early Round' dürfte nicht identisch zu 'Mein's Early' sein.

'Penta' ('Bellona' x 'Estima') Gezüchtet von J.P. Dijkhuis in Holland 1983.

'Pentland Beauty' Gezüchtet von der schottischen Pflanzenzuchtstation 1955.

'Pink Duke of York' Alte Sorte bei Peter Maine.

'Red Gold' Alte Sorte bei Peter Maine.

'Salad Red' Alte Sorte bei Peter Maine.

'Stroma' (V32 x 'Desirée') Mittelfrühe neue Sorte.

'Ulster Ensign' Gezüchtet von John Clarke aus Broughgammon in Nordirland.

'Vanessa' (Bierma B 584 x 'Desirée') Gezüchtet von ZPC in Holland 1973. Frühe Sorte mit wenigen hellpurpurnen, weißspitzigen Blüten. Blätter mit runden Blättchen und zahlreichen Nebenblättern. Hellgelbes, gekocht wächsernes Fleisch.

Kartoffeln von Peter Maine, aufgenommen am 15. Oktober

'All Blue' Amerikanische Sorte. Blauhäutige, blaufleischige Sorte mit gutem Geschmack bei Backen und Kochen. Erhältlich bei Seeds Blum.

'Angus Beauty' Alte Sorte bei Peter Maine.

'Blue Kerr's Pink' Blauhäutige Form von 'Kerr's Pink'.

'Caribe' Züchtung von Finlay. Alte Landsorte, die in Neuengland im 19. Jahrhundert zum Export in die Karibik angebaut wurde. Fleisch cremeweiß, mehlig mit purpurner Haut. Früh reifend mit großen Knollen zur Einlagerung. Reich tragend und besonders als Ausstellungskartoffel wegen der hübschen Form und Farbe empfohlen.

'Catriona' (syn. 'Torquil') Von A. Finlay in Auchtermuchty, Schottland. 1920 gezüchtete und eingeführte Sorte unbekannter Eltern.

'Di Vernon' Der flach wachsende Habitus unterscheidet sie von 'Kate Glover', deren Knollen mehr rot als purpurn gefleckt sind. Von 'Catriona' unterscheidet sie sich durch das flachere Blatt und den flachliegenden Wuchs. Die Wuchskraft von 'Di Vernon' ist geringer als die von 'Catriona' und ihr Stengel auch stärker gefärbt. Farbe und Form der Knollen beider Sorten sind gleich. Eltern sind nicht bekannt. Gezüchtet von A. Finlay von Auchtermuchty und 1922 eingeführt.

'Edgecote Purple' Züchter Wilde, Edgecote. Blüten mit purpurnem Schlund und bestaubtes fedriges Blatt. Lange, ziemlich dünne Knollen mit gelbem Fleisch und exzellentem Geschmack, für den diese Sorte berühmt ist.

'German Black' Alte Sorte bei Peter Maine.

'Mauve Queen' Von R. Scarlett vor 1916 gezüchtet und von Dobies eingeführt.

'Morven' ('Maris Piper' x 'Desirée') x VRTIS Die Sorte ist ein *S. vernayi Polycross*.

'Pink Fir Apple' (syn. 'Tannenzapfen') 1979 eingeführte Hauptfruchtsorte. Aufrechte, schlanke Pflanze mit wenigen weißen Blüten und Nebenblättern. Eine Salatkartoffel mit gelbem wächsernem Fleisch und kräftigem Geschmack.

'Purple-eyed Seedling' Attraktive, meist zur Ausstellung verwendete Sorte.

'Salad Blue' Sorte von Peter Maine.

Kartoffeln von Peter Maine, aufgenommen am 15. Oktober

Die Sorte 'Tannenzapfen'; im englischsprachigen Raum heißt sie 'Pink Fir Apple'

'All Blue'

'Caribe'

Kartoffeln von Peter Maine, aufgenommen am 15. Oktober

Kartoffeln von Peter Maine, aufgenommen am 15. Oktober

Blüten der Sorte 'Maris Peer'

'German Lady's Finger'

'Desirée' ('Urgenta' x 'Depesche') Gezüchtet von ZPC in Holland 1962. Hauptfruchtsorte mit ausbreitenden schwarzpurpurnen Trieben und Blattstielen und wenigen Nebenblättchen an den Blättern. Purpurne, zu weiß verblassende Blüten. Blaßgelbes, beim Kochen gut festes Fleisch.

'Estima' ('Oldenburger 51640' x G 3014) Züchtung von J.P. und P.R. Dijkhuis in Holland 1973. Mittelfrühe Sorte mit wenigen weißen Blüten. Blätter glatt und glänzend mit durchschnittlich großen Nebenblättchen. Gute Resistenz gegen Krautfäule; hellgelbe Knollen in reicher Ernte.

'German Lady's Finger' Längliche, 12 cm lange Knollen mit goldgelber Haut und gelbem Fleisch. Trägt als 'Fingersorte' gut.

'King Edward' (syn. 'King Edward VII', 'Fellside Hero') ('Magnum Bonum' x 'Beauty of Hebron') Gezüchtet um 1902 von einem Gärtner aus Northumberland, dessen Name verlorengegangen ist und der sie 'Fellside Hero' nannte. Eingeführt 1910 von J. Butler.

'Kirsty' ('Pentland Crown' x Sämling 3683a) Gezüchtet von Dr. J.H.W. Holden am Scottish Crop Research Institute, Midlothian, 1982. Frühe Hauptfruchtsorte. weiße, große, runde Knollen mit flachen Augen. Weiches cremefarbenes Fleisch. Gut für Folienkartoffeln. Erhältlich bei Marshalls.

'Kondor' Neue Sorte, bei Marshalls erhältlich.

'Marfona' ('Primura' x ['Craigs Bounty' x 'Profit']). Enthält auch Gene von *S. demissum* und *S. phureja.* Gezüchtet von J.P.G. Konst & Zn in Zwannshoek 1975. Mittelfrühe Sorte mit großen weißen Knollen, die sich gut für Folienkartoffeln eignen. Robuste, auch auf armen Böden gute Sorte.

'Maris Peer' Gezüchtet vom Plant Breeding Institute in Trumpington, Cambridge. Hauptfruchtsorte, reich blühend und verbreitet im Feldanbau.

'Maris Piper' Gezüchtet vom Plant Breeding Institute in Trumpington, Cambridge, 1962. Mittelfrühe, reich blühende Sorte mit purpurnen, weißspitzigen Blüten. Blätter mit wenigen kleinen Nebenblättern. Weißes, beim Kochen wächsernes Fleisch. Nicht Trockenheit vertragend.

'Pentland Crown' (Komplexe Hybride mehrerer Sorten). Gezüchtet von der Scottish Plant Breeding Station 1958. Hauptfruchtsorte. Wenige weiße Blüten. Graugrüne Blätter mit mehreren großen Nebenblättchen. Trockenheit vertragend. Weißes, beim Kochen mehliges Fleisch.

'Pentland Dell' ('Roslin Chania' x 'Roslin Sasumua') Gezüchtet von der Scottish Plant Breeding Station 1960. Hauptfruchtsorte. Viele weiße Blüten. Blätter mit wenigen Blättchen und einem rundlichen Endblatt. Wenige kleine Nebenblättchen. Weißes, gekocht mehliges Fleisch.

'Pentland Squire' ('Pentland Crown' x 'Pentland Dell') Gezüchtet von der Scottish Plant Breeding Station 1970. Hauptfruchtsorte. Wenige weiße Blüten. Blätter ähnlich 'Pantland Dell', aber dunkelgrüner und schwerer. Weißes, ziemlich mehlig kochendes Fleisch.

'Ratte' (syn. Spargelkartoffel 'Quenelle de Lyon', 'Princes', 'Corne de Mouton') Züchter und Eltern unbekannt und 1872 eingeführt. Hauptfruchtsorte. Meist in Frankreich angebaute Salatkartoffel mit zahlreichen kleinen, länglichen, gelben Knollen und beim Kochen wächsernem Fleisch.

'Romano' ('Draga' x 'Desirée') Gezüchtet von R.J. Mansholt in Holland 1979. Hauptfruchtsorte. Die selten erscheinenden Blüten sind purpurn mit weißer Spitze. Blätter mit großen, breit überlappenden Blättchen und mehreren Nebenblättchen. Rothäutige Knollen mit cremefarbenem Fleisch. Etwas Resistenz gegen Krautfäule.

'Wilja' ('Climax' x ['Craig's Bounty' x 'Profijt']). Züchtung von J.P. Konst in Holland 1967. Mittelfrüh, selten blühend, dann weiß. Blätter mit überlappenden Blättchen und großen Nebenblättchen. Hellgelbes Fleisch, das beim Kochen stark wächsern wird.

Kartoffeln aus Sellindge, aufgenommen am 1. Juli

Kartoffeln von Peter Maine, aufgenommen am 15. Oktober

Frisch gegrabene 'Alhambra'

Kartoffeln in Sellindge

Blüten der Sorte 'Rubinia'

'Accent' ('Alcmaria' x ALM 66-42) Eingeführt von Marshalls 1992. Frühe Sorte mit blaß cremefarbenem wächsernem Fleisch.

'Ailsa' (G4324 x 'Maris Piper') Hauptfruchtsorte.

'Alhambra' ('Desirée' x 'Maris Piper') Hauptfruchtsorte.

'Arran Pilot' ('Mauve Queen' x 'Pepo') Züchtung von Donald Mackelvie 1930. Frühe Sorte mit wenigen purpurnen, weißspitzigen Blüten. Blätter mit wenigen kleinen Nebenblättchen. Verläßliche und problemlose Sorte mit wächsernem Knollenfleisch von gutem Geschmack. Trockenheitsresistent; Rodung nach 100 Tagen möglich.

'Ausonia' ('Wilja' x M63-665) Mittelfrüh.

'Costella' (TSK 063-665 x 'Wilja') Mittelfrüh.

'Dunluce' ('Saskia' x ['Black 20943b11' x 'Clarke F97']) Züchtung von James Clarke in Ballymoney, Nordirland, 1946. Frühe Sorte mit seltenen, purpurnen, weißspitzigen Blüten. Große Blätter mit überlappenden Hauptblättchen und wenigen kleinen, rundlichen Nebenblättchen. Blattreiche, langsam wachsende Pflanze mit gutem Ertrag großer, sehr glatter weißer Knollen. Hellgelbes, mehlig kochendes Fleisch.

'King Edward' siehe Text Seite 147 und Abbildungen Seite 146 und 148.

'Kingston' ('Pentland Crown' x 'Maris Piper') Enthält auch Gene von *S. demissum*. Gezüchtet durch das Plant Breeding Institute in Trumpington bei Cambridge 1981. Die seltenen Blüten sind weiß. Hellgelbes, gekocht wächsernes Fleisch.

'Lola' syn. 'Lolita' ('Spunta' x 'Claustar') Enthält auch Gene von *S. demissum*. Gezüchtet 1981. Frühe Sorte mit blaßgelbem, etwas mehligem Fleisch.

'Manna' (ZPC 50-35 x ZPC 55-37) Gezüchtet von ZPC in Holland 1978. Frühe Sorte mit wenigen blaßpurpurnen Blüten. Rauhe Blätter mit ziemlich großen Blättchen und Nebenblättchen. Hellgelbes, gekocht wächsernes Fleisch.

'Rubinia' (Sport von 'Arka') Gezüchtet durch J.P.G. Konst und Söhne 1983. Frühe Sorte mit Nebenblättchen. Fleisch cremegelb und glatte, rosafarbene Haut.

'Sante' (Y66-13-636 x ALM 66-42) Hauptfruchtsorte.

TOMATE

Lycopersicum esculentum L. *Mill. nom. Cons. (Solanaceae)*
Tomato (GB); Tomatl, Nahuatl (Mexiko); Tomate (E); Pomodoro (I); Paradeiser (A)

Ursprung der Tomate

Die Tomate ist mit der Kartoffel und anderen *Solanum*-Arten eng verwandt. Sie unterscheidet sich jedoch dadurch, daß sich ihre Staubbeutel mit Poren und nicht durch Längsspalt öffnen. Alle Tomaten haben gelbe Blüten und rote oder seltener gelbe oder gar grüne Früchte.

Etwa 10 Arten werden heute als Gattung *Lycopersicum* zusammengefaßt. Sie stammen alle aus dem westlichen Südamerika, sind kurzlebige Stauden und können einjährig kultiviert werden. Die Wildform unserer Tomate, *L. esculentum subsp. cerasiforme* (Dun.) A. Gray, ähnelt der kleinfrüchtigen Kirschtomate (GB: cherry tomato) und findet sich heute noch wild in Mexiko, Mittelamerika und Südamerika. Die großfrüchtigen Tomaten wurden ziemlich sicher aus dieser Unterart entwickelt. Eine zweite Art *L. pimpinellifolium L. (Mill.)* wird manchmal angebaut. Die Johannisbeertomate kommt an der Pazifikküste von Ecuador und Peru vor und wird manchmal angebaut.

Bei der Eroberung durch die Spanier wurden Tomaten bereits weit verbreitet in Mexiko und Südamerika angebaut. Ungewiß ist jedoch, in welchem Land sie erstmals in Kultur genommen wurden.

Die ersten Einführungen nach Europa kamen wahrscheinlich aus Mexiko, aus den Gebieten um Vera Cruz und Puebla. Es waren hauptsächlich großfrüchtige Sorten. Die Tomaten kamen wahrscheinlich kurz nach der Eroberung Mexikos durch Cortes 1523 nach Europa. Der früheste Bericht jedoch stammt von dem italienischen Botaniker Matthiolus von 1544. Er beschrieb eine gelbfruchtende Sorte, von der der italienische Name 'pomodoro', d.h. Goldapfel stammt. Eine schöne Abbildung im *Hortus Eystettensis* von 1613 zeigt eine Tomate mit sehr großen, gelben, unregelmäßig geformten Früchten. Die ersten Einführungen umfaßten neben dieser gelben Sorte auch eine weißfrüchtige und zwei rotfrüchtige Sorten.

Bei der Einführung der Tomate betrachteten die Europäer sie mit beträchtlichem Argwohn, da ihnen die meisten Früchte von Solanum-Arten als giftig bekannt waren. Die Tomate erwarb sich den Ruf eines Aphrodisiakums und damit den Namen Liebesapfel (Love Apple und Pomme d'Amour).

Tomatensorten

Die wichtigsten Tomatensorten kann man in drei Gruppen einteilen, neben denen es noch einige bei uns unbedeutendere oder älteren Sorten zuzuordnende Typen gibt. Die großfrüchtige Fleischtomate wie z.B. 'Delicious' hat runde, etwa 10 cm große, oft unregelmäßig geformte Früchte. 1,5 Früchte ergeben etwa 1 kg. Die mittelgroßen, rundfrüchtigen Sorten wie z.B. 'Moneymaker' haben Früchte mit etwa 5 cm Durchmesser mit etwa 10 Früchten pro kg. Kleinfrüchtige Kirschtomaten sind etwa 1,5–2,5

Verwilderte Tomaten in Mexiko

Gelbe Johannisbeertomate im Vergleich zur Fleischtomate 'Brandywine' (Text S. 157)

cm groß in überreichem Behang. Die großfrüchtigeren Kirschtomatensorten wie 'Gardener's Delight' ergeben mit 45–50 Früchten 1 kg und sind meist süßer und geschmackvoller als die großfrüchtigen oder mittelfrüchtigen Sorten. Bei der Kirschtomate mit den kleinsten Früchten, 'Sweet 100', gehen etwa 80 Stück auf das Kilo. Andere, nur in speziellen Bereichen oder Gegenden bedeutende Sorten, haben längliche, pflaumen- oder birnförmige oder ziemlich viereckige (für die Konservenindustrie), gestreifte oder wie Gemüsepaprika hohle Früchte und variieren in der Fruchtfarbe von weiß bis blaßrosa, rot, grün und gelb.

Neuere Zuchtziele sind Toleranz oder Resistenz gegenüber Krankheiten, höhere Erträge und Eignung für Maschinenernte, Transport und Verarbeitung, Eigenschaften, wie man sie in Tomatengroßanbaugebieten wie z.B. Kalifornien benötigt. In Europa gehört zu den Zuchtzielen auch die Möglichkeit, Tomaten unter Glas ganzjährig anbauen zu können und auch in den Wintermonaten geschmackvolle Früchte und hohen Flächenertrag zu erzielen.

Ein weiteres Zuchtziel ist die Wuchsbegrenzung, d.h. die Pflanze beendet ihr Wachstum nach einer bestimmten Zahl von Blättern bzw. Nodien. Dies ist für Feldanbau wichtig, damit die Früchte relativ gleichmäßig reifen und auf einmal geerntet werden können. Dieses Zuchtziel wird im Privatanbau für die Kultur von Topf- und Kübeltomaten genutzt.

Einige dieser Zuchtziele berücksichtigen die Interessen des Hobbygärtners nicht, der vor allem Geschmack und lange Erntezeit höher schätzt.

Ein äußerst wichtiges Zuchtergebnis war die Verkürzung des Griffels in der Staubgefäßröhre, so daß Selbstbestäubung eintritt und der Fruchtansatz fast automatisch erfolgt. Bei den ursprünglichen Sorten war der Griffel so lang, daß die Narbe über die Staubgefäßröhre hinausreichte und Insektenbefruchtung erforderte. F1-Hybridsorten sind auch für den Hobbyanbau wichtig, da sie problemlos zu kultivieren und frühreifend sind.

Gartenkultur

Tomaten werden bei uns einjährig und in warmen Klimaten als kurzlebige Stauden angebaut. Sie wachsen am besten in heißen Klimaten mit ausreichender Wasserversorgung im Frühling während des Hauptwachstums und trockneren, sonnigen Bedingungen während der folgenden Fruchtreife. In Gegenden mit Spätfrösten sollten die Pflanzen unter Schutz angezogen und erst nach den Eisheiligen, Ende Mai Anfang Juni, ausgepflanzt werden. Dies erfordert Aussaat etwa 6–8 Wochen vor der Pflanzung, und die ersten Blüten sollten sich beim Auspflanzen gerade öffnen. Tomaten können in einem Kleingewächshaus gezogen werden, wobei der Geschmack aber bei Freilandkultur besser ist, vorausgesetzt, sie reifen richtig aus. Der Vorteil des Gewächshausanbaues liegt in der früheren und reicheren Ernte und in der längeren Erntezeit bis in den Herbst hinein und in der größeren Sortenauswahl für diese Anbauart.

Tomaten benötigen nährstoffreichen, gut wasserdurchlässigen, aber feuchtigkeitshaltenden Boden. In nicht zu stickstoffreichen Böden wachsen die Pflanzen gut und haben ein richtiges Verhältnis zwischen Blatt und Frucht. Die Pflanzen benötigen in der Jugend Kalidüngung und Mehrnährstoffdünger mit Stickstoffbetonung während der Hauptwachstumszeit. Der Kalibedarf steigt in trüben feuchten Witterungsperioden.

Großfrüchtige Kirschtomate 'Gardener's Delight' in Substratsackkultur an einer Wand

Tomaten wachsen auch gut in Säcken mit Torf oder torfähnlichen humosen Komposten, bedürfen dann jedoch der sehr ausgewogenen und angepaßten Düngung. Nach eigener Erfahrung ist jedoch der Geschmack von Früchten, die in normalem Boden wachsen, besser. Wahrscheinlich erhalten die Pflanzen bei dieser Kultur weniger Wasser und Stickstoff.

Buschsorten brauchen nicht angebunden zu werden, benötigen aber eine Mulchdecke um die Pflanze, damit die Früchte nicht dem Boden aufliegen. Die großen, endlos wachsenden Sorten, die 2 m und höher werden können, müssen aufgebunden und die Seitentriebe, sobald sie sich zeigen, ausgebrochen werden (Ausgeizen). Bei Freilandkultur wird der Haupttrieb meist nach der Ausbildung von 4 Fruchttrauben abgeschnitten, da nur diese genügend ausreifen können. Die unteren Blätter werden entsprechend der Reife der Tomaten von unten an allmählich entfernt, um den Früchten mehr Luft und Licht zukommen zu lassen.

Bei Kulturende grün gepflückte Früchte können an warmer Stelle nachreifen.

Krankheiten, Schädlinge und Kulturprobleme

Grün- oder Gelbkragen nennt man die Erscheinung, bei der an den Früchten im Bereich des Stengelansatzes grüne, unreife und feste Fruchtstellen auch bei der Rotfärbung der Früchte bestehen bleiben. Zu intensive Sonneneinstrahlung und möglicherweise auch Kalimangel zählen zu den Ursachen, für die die Sorten unterschiedlich empfindlich sind.

Blütenendfäule beginnt mit einem eingefallenen Fleck an der Blütenansatzstelle der Frucht, der sich allmählich braun und dann schwarz verfärbt und auf die gesamte Frucht ausdehnen kann. Streßsituation durch starkes vegetatives Wachstum und schlechte Kalziumversorgung gehören zu den Ursachen. Bei Anzucht in Gefäßen oder Kultursäcken kann der Streß auch durch zu hohe oder zu geringe Wassergaben entstehen.

Bakterienwelke ist in feuchtwarmen, tropischen Klimaten, nicht aber in kühleren Gebieten ein Problem.

Verticilliumwelke zeigt sich durch Welken der Blätter an der Triebspitze an und ist meist durch Befall der Wurzeln und des Stengelgrundes mit dem Verticilliumpilz bei zu niedrigen Bodentemperaturen und schlechter Bodenstruktur festzustellen. Anhäufeln mit neuer Wurzelbildung aus dem Stengel kann Abhilfe schaffen.

Tomaten-Mosaikvirus Zahlreiche Virusarten können Tomaten befallen und Fleckung und Kräuselung der Blätter auslösen. Die neueren Sorten sind meist gegen diesen Virus tolerant. Er wird durch Blattläuse oder Berührung übertragen und kommt auch auf anderen Nachtschattengewächsen vor und kann auch Gurken befallen. Wenn er z.B. im Tabak einer Zigarette vorhanden ist, kann ein Raucher beim Aufbinden und Ausgeizen der Tomaten diese Virusinfektion mit seinen Fingern verursachen.

Platzen der Früchte kann erfolgen, wenn reife oder fast reife Früchte nach relativer Trockenheit plötzlich reichlich mit Wasser versorgt werden. So wirken auch zu radikaler Rückschnitt und Entblätterung.

Wilde Tomatenpflanze in Mexiko

Blütenstand einer Kulturtomatensorte

Tomaten aus Sellindge, Kent, aufgenommen am 16. August

Tomaten in einem Polyäthylentunnel-Gewächshaus

'Ida'

'Alicante'

'Zapotec Ribbed'(Text S. 155)

Blattläuse, Weiße Fliege und Rote Spinne Alle drei Schädlinge befallen Tomaten und können besonders bei Unterglaskultur gefährlich werden. Regelmäßige häufige Spritzung mit Schmierseifenlösung kann alle drei Schädlinge in Schach halten. Nützlinge müssen rechtzeitig beim ersten Befall in Unterglaskulturen eingesetzt werden.

'Alicante' Hochwachsende Sorte für Freiland- und Gewächshausanbau. Mittelgroße Früchte, reich tragend, in kühlen Klimabereichen geschmacklich besser aus Unterglasanbau.

'Beefsteak' (syn. 'Crimson') Hochwachsende Sorte mit großen, in Nordamerika in 80–90 Tagen reifenden Früchten.

'Blizzard' Für Anbau unter Schutz in kühlem Klima. Anfällig für Blütenendfäule.

'Counter' F1-Sorte für Unterglasanbau. Anfällig für Blütenendfäule.

'Dombito' F1-Sorte mittlerer Wuchshöhe für Unterglasanbau in nördlichem Klima. Große, dickwandige Früchte, aber weniger geschmackvoll als 'Supermarmande'.

'Eurocross' F1-Sorte für Anbau im beheizten Gewächshaus in Nordeuropa. Mittelgroße Früchte. Sehr ertragreich, aber wenig Geschmack. Resistent gegen Grünkragen und anfällig für Blütenendfäule.

'Ida' F1-Sorte mit großen Früchten zum Unterglasanbau in Nordeuropa. Kompakte, sehr ertragreiche Sorte mit Toleranz gegen Tabakmosaikvirus und Resistenz gegen Pilzerkrankungen im Wurzelbereich. Erhältlich ist diese Sorte bei Suttons.

'Ida Gold' ist eine orangegelbe Sorte mit niedrigerer Fruchtsäure.

'Moneymaker' Züchter F. Stonor. Mittelgroße Frucht, 4–6 cm, hochwachsend für Freiland- und Unterglasanbau und dann geschmacklich besser als im Freiland. Nicht anfällig für Blütenendfäule.

'Shirley' F1-Hybride mit Resistenzen für Unterglasanbau. Kompakt wachsende, früh reifende Sorte.

'Sioux' Hochwachsende Sorte für Freiland- und Unterglaskultur. Mittelgroße, tiefrote, nicht säuerliche, in etwa 70 Tagen reifende Früchte. Empfindlich gegen Blütenendfäule.

'Striped Cavern' Hochwachsende Sorte für Freiland- und Gewächshausanbau. Besonders unreif deutlich gestreifte Früchte von idealer

Tomaten aus Wisley, aufgenommen am 3. September

Größe und Form zum Füllen. Leidet nicht unter Blütenendfäule.
'Super Roma' Birnförmige Tomate mit wenig Geschmack bei geringer nördlicher Sonne. Geeignet zur Herstellung von Tomatenmark. (Abb. S. 152)
'Zapotec Ribbed' Von den Zapotec Indianern in Südmexiko angebaute Sorte. Scharlachrote, etwa 9 cm große, gerippte Früchte. (Abb. S. 153)
'Ailsa Craig' Züchtung von A. Balch, Springfield Farm, Forres, Schottland. Mittelgroße Frucht, 5 cm. Hoch wachsend für Freiland- und Gewächshauskultur. Kein besonderer Geschmack.
'Alfresco' F1-Buschsorte.
'Gardener's Delight' (syn. 'Sugar Lump'). Kleine, 2,5–4 cm große Früchte. Sehr hoch wachsend für Gewächshaus- und Freilandkultur. Fruchtreife nach 50 Tagen und dann bis weit in den Herbst hinein. Ausgezeichneter Geschmack.
'Gemini' F1-Sorte von Dobies.
'Moneycross' Hoch wachsende Sorte für Freiland- und Gewächshauskultur.
'Plumito' Von W. Robinson & Sons.
'Red Robin' Sehr niedrige Pflanze für Balkonkasten- und Topfkultur mit kleinen, etwa 2,5 cm großen Früchten.
'Ronaclave' Hoch wachsende Sorte für Freiland- und Gewächshauskultur.
'Suttons Ornamental' Mischung kleinfrüchtiger Sorten unterschiedlicher Farben und Früchte. Früchte mit gutem Geschmack.
'Sweet Chelsea' F1-Sorte ohne Wachstumsbegrenzung. Amerikanische Freilandsorte, die aufgebunden werden muß, und in guten heißen Klimaten reifen die ersten Früchte nach 45 Tagen.
'Sweet 100' Hoch wachsende, reich tragende, sehr kleinfrüchtige Sorte für Freiland- und Gewächshauskultur. Besonders im Freiland guter Geschmack. Süß, aber weniger kräftig als 'Gardener's Delight'.
'Tigerella' Mittelgroße, rote Früchte mit gelben Streifen. Hoch wachsend für Freiland- und Gewächshauskultur.
'Tornado' Von Marshalls 1988 eingeführte großfrüchtige F1-Freilandbuschtomate. Die Früchte beginnen 75 Tage nach der Pflanzung zu reifen.
'Yellow Canary' Kleinfrüchtige, gelbe Sorte.
'Yellow Perfection' Hoch wachsend. Mittelgroße, gelbe Früchte mit sehr gutem starkem Geschmack, für Freiland- und Gewächshauskultur. Blattform etwas kartoffelähnlich.

'Ailsa Craig'

'Gemini'

'Sweet 100'

'Yellow Perfection'

Niedrige Tomate 'Red Robin'

'Tornado'

Tomatensorte 'Britain's Breakfast'

'Ruffled Yellow', aufgenommen bei Leslie Land in Maine, USA

'Yellow Currant'

'Green Grape'

'Brandywine' Alte Amish-Sorte von 1885, die nach einem Fluß benannt ist. Hoch wachsend, mittelfrüh (etwa 74 Tage), jedoch krankheitsempfindlich.. Große Früchte von etwa 350 bis 450 g, dunkel-rötlichrosa mit vorzüglichem Geschmack, als 'Tomatenhimmel' beschrieben.

'Britain's Breakfast' Englische, nicht in Großbritannien angebaute Tomatensorte.

'Evergreen' Mittelfrühe Sorte ohne Wachstumsbegrenzung. Leslie Land beschreibt sie so: »Dieses Jahr neu für mich. Keine neue, aber auch keine alte Sorte. Eine der bestschmekkendsten Tomaten, die ich je angebaut habe, sowohl sehr süß wie sehr tomatenhaft schmekkend – gleich rotfrüchtigen Sorten. Bei der Reife außen gelb überlaufen, jedoch mit smaragdgrünem Fleisch. Farbe dunkelt beim Kochen, mehr als bei rotfrüchtigen Sorten. Hochschultrige, unregelmäßige Fruchtform. Möglicherweise durch Trockenheit verursacht. Früchte 7,5–11,5 cm groß mit 170–225 g.«

'Golden Boy' Neue Goldfruchttomate mit wohlgeformten und gut schmeckenden Früchten.

'Green Grape' Neue Kirschtomatensorte mit etwa 2,5 cm großen, nicht besonders ansehnlichen Früchten. Kleine Buschpflanzen. Vollreife Früchte außen gelblich-grün, innen hellgrün mit köstlichem Geschmack.

'Lemon Boy' Hoch wachsende F1-Sorte mit großen, orangegelben Früchten guter Qualität.

'Marmande' Alte großfrüchtige französische Sorte mit gutem Geschmack. Besonders für Freilandkultur und für kühlere Lagen geeignet.

'Nepal' Mittelfrühe, ziemlich reichtragende Sorte ohne Wuchsbegrenzung mit sehr gleichmäßigen runden Früchten. Exzellenter Geschmack und Resistenz bzw. Toleranz gegen die verbreiteten Tomatenkrankheiten. Vermutlich aus Nepal und deshalb weniger durch kühle Sommer beeinflußt als normale Tomaten. Ich kann dies aufgrund der Erfahrungen in diesem Sommer nicht sagen, denn er war warm und trocken, so daß die Pflanze nur sehr gute Trokkenheitstoleranz zeigen konnte. Sehr feste, 8,5–11 cm große Früchte mit ziemlich gleichmäßig 225 g. Die Sorte wird von Suffolk Herbs in England und von Johnny's Selected Seeds in Nordamerika angeboten.

'Ruffled Yellow' Mit ungewöhnlicher, verhältnismäßig hohler Fruchtform und guter Eignung zum Füllen.

'Subarctic Plenty' Kleine bis mittelgroße, im Geschmack nicht besonders gute Früchte. Buschtyp, der auch schlechteres Wetter verträgt und sich für Gegenden mit kurzer Wachstumsperiode eignet (nicht abgebildet).

'Supermarmande' (syn. 'Marmalade Super') soll früher reifen und stärker krankheitsresistent sein als 'Marmande'. Hoch wachsende Sorte für Freiland- und Unterglasanbau mit in beiden Fällen gutem Geschmack (nicht abgebildet).

'White Beauty' Hoch wachsende amerikanische Sorte mit Fruchtreife in etwa 84 Tagen. Weiße, bei Reife blaß cremegelbe, ziemlich große, 170–225 g schwere, sehr süße Früchte, die etwa 7,5–11 cm Durchmesser haben. Weniger leicht weißfleckig werdend als andere gelbe Sorten. Resistent gegen Blütenendfäule.

'Yellow Currant' Sehr kleinfrüchtige gelbe Sorte. Bei Aussaat entwickelt sich eine Mischung aus gelben und roten, etwa 1,5 cm großen Früchten.

Die alte Sorte 'Marmande'

Sorte 'Evergreen', aufgenommen bei Leslie Land

'White Beauty', aufgenommen bei Leslie Land

'Nepal', aufgenommen bei Leslie Land

'Brandywine', aufgenommen bei Leslie Land

'Lemon Boy' und 'Golden Boy'

Tomatillo in Mexiko

EßBARER SCHWARZER NACHTSCHATTEN

Solanum nigrum L., var. *guineense* L., syn. *Solanum melanocerasum All. (Solanaceae)*
Garden Huckleberry, Sunberry (GB)

Dies ist eine besondere Form des gewöhnlichen Schwarzen Nachtschattens, der als Unkraut vorkommt. Die Frucht ist etwas süßer und größer als bei der Wildart. Sie wird hauptsächlich in Nordamerika angebaut, und die Früchte werden als Belag beim Backen verwendet. Die neueren Sorten sind schnell wachsende, einjährige Pflanzen, die bis 1,5 m hoch und breitbuschig wachsen. Die Samen sollten im Spätfrühling oder Frühsommer ausgesät werden, da sie nur bei Wärme keimen. Die Pflanzen können auf 30 cm ausgedünnt werden und sollten reichlich Dünger und Wasser erhalten, bis sie sich zu großen Pflanzen entwickelt haben. Vorkultur unter Schutz und Auspflanzen nach den Eisheiligen empfiehlt sich.

Kap-Stachelbeere

KAP-STACHELBEERE

Physalis peruviana L., syn. *P. edulis Sims. (Solanaceae)*
Cape Gooseberry (GB)

Die Kap-Stachelbeere ist eine hohe verzweigte Staude, die in Gegenden mit kalten Wintern einjährig gezogen wird. Wenn die Pflanze im Wurzelbereich trocken steht, überlebt sie etwa –5°C. Die Blüten sind blaß cremegelb mit dunkler Mitte, die Früchte bei der Reife orangegelb und in einen papierenen trocknen Kelch wie in einen Lampion eingehüllt. Die Früchte halten sich in gutem Zustand Monate. Sie können roh oder als Marmelade gegessen werden und – nachdem man die Kelchhülle geteilt und zurückgebogen hat – in Schokolade eingetaucht verzehrt werden.

Trotz des Namens Kap-Stachelbeere stammt die Pflanze aus Südamerika, und das, obwohl sie seit langer Zeit in Südafrika eingebürgert ist, wie dies auch in Australien und Südosteuropa geschah. Man trifft in Mittel- und Südamerika auf etwa 100 Wildarten von *Physalis*, wobei aber nur die beiden hier abgebildeten für Nahrungszwecke angebaut werden. Arten, die wie kleine Formen von *P. peruviana* aussehen, sind in den Gebirgen Mexikos verbreitet. Zwei andere Arten, *P. pubescens L.* und *P. angulata L.*, die aus den südöstlichen USA und Mexiko stammen, werden in der Ukraine angebaut. Die asiatische Art, *Physalis alkekengii L.*, kommt wild in Osteuropa und in der Türkei und ostwärts bis Japan vor. Sie wird als Freilandstaude gezogen und heißt Lampionblume. Der Lampion färbt sich im Herbst leuchtend rot und bleibt im Winter durchaus dekorativ an den Stengeln hängen. Andere staudige Arten kommen in Nordamerika vor, haben aber nicht diese leuchtend roten Laternen.

Pflanzen benötigen die gleichen Bedingungen wie Freilandtomaten. Sie sind tolerant gegen Trockenheit, bringen aber mehr und bessere Früchte, wenn sie bei heißem trockenem Wetter gut gewässert werden.

Kap-Stachelbeere mit Blüten und jungen Früchten

Eßbarer Schwarzer Nachtschatten

TOMATILLO, ERDBEERTOMATE

Physalis ixocarpa Brot. ex Hornem., syn. *P. philadelphica* Lam. *(Solanaceae)*
Tomatillo, Jamberberry, Strawberry Tomato, Jamberry (GB); Tomate, Tomate verde (Mexiko). (Die Tomate heißt in Mexiko Jitomate.)

Sie gleicht der Kap-Stachelbeere, ihre Früchte sind aber größer und füllen den Kelch voll aus, so daß er oft bei der Reife platzt. Die Pflanzen sind kleiner und bleiben niedriger, was besonders dann geschieht, wenn die Zweige durch das Gewicht der grünen oder purpurn überlaufenen Früchte nach unten gezogen werden. Die Frucht wird verbreitet in der mexikanischen Küche verwandt, wo sie anstelle von Tomaten für die Herstellung einer ausgezeichneten Sauce für gegrilltes Fleisch benutzt wird. Eine Sorte mit süßeren gelben Früchten kann man roh essen.

Tomatillo stammt aus Mexiko und wurde dort seit langem angebaut, ist aber trotz seines ausgezeichneten Geschmacks selten anderswo im Anbau. Man findet es auch als Unkraut in Südkalifornien. Die Kultur sollte in warmem, ziemlich trocknem Wetter problemlos und ähnlich der der Tomate sein. Samen sowohl der süßen wie auch der scharfen Sorten sind in Amerika unter dem Namen 'Tomatilla de Milpa' erhältlich. Unter nordamerikanischen Bedingungen beginnt die Pflanze nach etwa 70 Tagen zu fruchten. Die Pflanzen benötigen weiten, mindestens 50 cm betragenden Abstand oder müssen mit Stöcken gestützt werden.

Eßbarer Schwarzer Nachtschatten

Süße Tomatillo in Kalifornien

Aubergine der Sorte ‘Easter Egg’ aus Wisley, aufgenommen am 10. August

AUBERGINE, EIERPFLANZE

Solanum melongena L. (Solanaceae)
Eggplant, Aubergine (GB); Mélongène (F); Berenjena (E); Brinjal (P)

Die Aubergine ist eine Staude, die sowohl halbstrauchig wie auch krautig wächst und meist einjährig gezogen wird. Neuere Sorten sind buschige, bis 1 m hohe Pflanzen mit wenigen, sehr großen Früchten. Ursprünglichere Sorten werden aber höher und sind fast strauchig. Die Blätter sind weichhaarig und die Blüten purpurn. Alte Sorten sind meist sehr stachelig, und zwar besonders an den Fruchtstengeln, eine Eigenschaft, die in den neueren Sorten nicht mehr vorkommt.

Die Wildart *Solanum melongena var. insanum* stammt aus Indien, wo sie auf trocknen Hügeln vorkommt. Sie ist sehr stachelig und hat bei der Reife gelbe Früchte, die sehr bitter schmecken. Herklots berichtet, daß nahe verwandte Arten als Unkräuter in Südostasien zu finden sind und deren kleine Früchte von den Dorfbewohnern gegessen werden. Zu diesen Arten gehört auch *Solanum ferox L.*, das behaarte Früchte besitzt, und *S. torvum Swartz* mit verzweigten Büscheln runder Früchte. Die Fruchtformen von ursprünglichen Auberginesorten, die in Dörfern in Thailand gezogen werden, variieren sehr stark von flachkugelig bis eiförmig und sind alle nicht größer als 5 cm Durchmesser. In der Farbe variieren sie von intensiv magentapurpurn bis reinweiß, blaß- und dunkelgrün schattiert bis weiß, grün und goldgelb.

Geschichte

Die frühesten Aufzeichnungen über den Anbau von Auberginen kommen aus China aus dem 5. Jahrhundert v. Christus, zum Zeitpunkt, zu dem sie sicherlich bereits in Indien im Anbau waren. Die Aubergine war wahrscheinlich in Europa im 13. Jahrhundert bekannt, aber vor dem 16. Jahrhundert nicht verbreitet angebaut. Sie wurde von den Arabern nach Europa gebracht, die sie in Spanien anbauten und wie man weiß, bereits im 4. Jahrhundert kultivierten.

Die ersten in England angebauten Sorten wurden mehr als Zierpflanzen denn als Gemüse genutzt und hatten weiße, eiförmige Früchte, die der Pflanze ihren englischen und deutschen Namen Eierpflanze einbrachte. Aubergine ist die französische Bezeichnung, die sich vom katalanischen *alberginia* ableitet, was wiederum selbst eine Verballhornung des arabischen al-badingan ist.

Die neueren großfrüchtigen Sorten sind dunkelpurpurne, schwarzhäutige F1-Hybriden, die aus zwei Inzuchtlinien gezogen werden und hybride Wuchskraft besitzen. Die große Samenmenge pro Frucht macht bei der Saatzucht Handbestäubung wirtschaftlich.

Gartenkultur

Auberginen erfordern die gleichen Bedingungen wie Unterglastomaten. Die Aussaat erfolgt im Frühling bei etwa 20°C. Danach werden im Mai die Pflanzen im Gewächshaus oder im Freiland nach genügend Erwärmung des Bodens ausgepflanzt. Die Pflanzen sollten immer über 15°C mit höheren Tagestemperaturen liegen, damit sie befriedigend wachsen. Der Boden sollte gut gedüngt und gut wasserdurchlässig sein und kalireich zur Förderung eines guten Wurzelwachstums. Auberginen wachsen gut in Substratsäcken mit Torfkompost, neigen aber dazu, sehr blattreich zu wachsen und müssen bei heißem Wetter häufig bewässert werden. Wenn die Pflanze bei 40 cm gestutzt wird, fördert das das buschige Wachstum. Bei neueren Sorten werden nur 5 große Früchte pro Pflanze belassen und alle weiteren entfernt. Bei Beginn des Fruchtwachstums sollte mit stark kalihaltigem Tomatendünger gedüngt werden.

Weiße Fliege und Rote Spinne befallen häufig Auberginen im Unterglasanbau, wobei die Rote Spinne Auberginen besonders oft in Frühbeetkästen oder auch an trocknen Pflanzstellen im Freiland befällt. Beide Schädlinge vermehren sich unter trocknen warmen Bedingungen besonders schnell, können aber durch häufige Befeuchtung der Blätter und Spritzen mit einer Schmierseifenlösung wie auch durch den Aufbau einer ausreichenden Population eines geeigneten Nützlings bekämpft werden. Blattläuse treten verbreitet auf der Unterseite der Blätter auf und sollten, sobald sie entdeckt werden, mit Schmierseifenlösung bekämpft werden. Warmes feuchtes Gewächshausklima ist für Auberginen, aber auch für Botrytis ideal. Der Grauschimmel befällt die abgestorbenen Blütenblätter oder Stengelverwundungen, und dies besonders im Herbst, wenn das Wetter feuchter und kühler wird. Ausreichende Luftbewegung nach dem Spritzen und die Entfernung jedes abgestorbenen Blattes beugt dem Ausbruch ersten Grauschimmelbefalls vor.

'Caspar': Diese Sorte hat reinweiße, etwa 15 cm lange Früchte und weißes Fleisch. **'Easter Egg':** Diese neue Sorte aus der ursprünglich östlichen Eierpflanze aus Indien gab ihr den Namen. In heißen Klimaten reifen die Früchte in 52–65 Tagen an etwa 60 cm hohen Pflanzen. Die Früchte sollten bei etwa 7,5 cm geerntet werden. **'Striped':** Diese gestreiften Sorten wurden auf einem Markt in Südfrankreich gekauft. Sie scheinen aus Italien zu stammen und werden unter Namen wie 'Listada de Gandia' und 'Rose Blanca' gezogen. Samen von beiden Sorten ist bei Seeds Blum erhältlich. 'Violette de Firenze' ist ähnlich und besitzt manchmal blaßviolette, manchmal gestreifte große Früchte.

Weißfrüchtige (möglicherweise 'Caspar') und gestreifte Auberginen aus Frankreich

Auberginenblüte

Auberginen aus Wisley, aufgenommen am 10. August

Sorte 'Slice Rite' in Blüte

'Chinese Long', Anbau in Malawi

'Rima'

'Easter Egg'

'Chinese Long'

'Black Enorma' F1-Hybride. Kompakte, bis 70 cm hohe Pflanze. Frucht groß, schwarz, fast rund. In Nordamerika in 75 Tagen reif.

'Black Prince' F1-Hybride. Wächst wie 'Black Enorma', Frucht aber etwas länglicher und in Nordamerika in 62 Tagen erntereif.

'Chinese Long' Viele asiatische Sorten haben sehr lange dünne Früchte. Mit 125 Tagen in Nordamerika ist dies eine langsam reifende Sorte mit 25 cm langen Früchten. 'Long Bridge' hat längere Früchte, reift aber schneller in etwa 85 Tagen.

'Easter Egg' Dies ist eine neue Sorte der ursprünglichen asiatischen Eierpflanze aus Indien, deren hühnereiähnliche Früchte ihr den Namen gaben. Die Früchte reifen in heißen Klimaten in 52–65 Tagen an bis 60 cm hohen Pflanzen. In England und Mitteleuropa für Anbau im warmen Gewächshaus.

'Elondo' F1-Sorte von Thompson and Morgan, GB.

'Little Fingers' Von Harris Moran Company, Kalifornien, USA, entwickelte Sorte, die sich aber auch für den Anbau im unbeheizten Gewächshaus in England und Mitteleuropa eignet. Reift in Nordamerika in 68 Tagen. Schmale, ca. 16 cm lange Frucht.

'Rima' Holländische Sorte von Sluis und Groot, die sich beim Versuchsanbau in unbeheiztem Folientunnel in Wisley besonders auszeichnete. Reich verzweigte, etwa 80 cm hohe Pflanze. Früchte dunkelpurpurn und etwa 20 cm lang und 6 cm dick.

'Slice Rite' F1-Sorte. In Nordamerika in 74 Tagen reif. Wir stellten fest, daß sich diese Sorte im Gewächshaus in Südengland sehr langsam entwickelte und eine sehr feste Haut hatte, jedoch durch ihre späte Reife die Saison verlängerte, nachdem die Ernte der anderen großen schwarzhäutigen Sorten beendet war.

Der Gemüsegarten von Villandry in Frankreich im Spätsommer

PAPRIKA

Capsicum annuum L. *(Solanaceae)*
Peppers (GB); Pimiento (E)

Würzpaprika und Gemüsepaprika stammen von der Art *Capsicum annuum L.* ab, die in Mexiko und Mittelamerika zu Hause ist. Zwei Varietäten werden unterschieden: var. *annuum*, zu der alle angebauten Typen gehören, und var. *minimum*, manchmal auch var. *aviculare* genannt, zu der alle wilden und verwilderten Unkrauttypen gehören. Der letztere Typ heißt auch Vogelpaprika oder Chillipiquin und ist heute in den südlichen USA von Florida bis Südarizona anzutreffen und von dort aus bis nach Südamerika, wo er in Cañons und auf Brachflächen wächst.

Capsicum baccatum L., der sich durch die gelben oder bräunlichen Flecken auf den Blüten und hervorstehende Kelchzähne unterscheidet, wächst im gemäßigten und subtropischen Südamerika.

Die Paprikasamen, die sich in Schichten aus 7000 v. Christus in Tehuacan in Mexiko fanden, können auch von wild gesammelten Früchten stammen. Der früheste Anbau ist 2000 Jahre jünger und zeigt Paprika auf präkolumbianischer Keramik. Wahrscheinlich ist der Würzpaprika noch vor dem Gemüsepaprika kultiviert worden. Als Paprika nach Europa kam, gab es bereits alle wesentlichen Gruppen, die auch heute noch kultiviert werden.

Die erste Nachricht vom Paprikaanbau in Europa datiert von 1500. Paprikaanbau war bald weit verbreitet. Die scharfen Würzpaprikas wurden getrocknet, gepulvert und dienten als Pfefferersatz für die tropische Kletterpflanze *Piper nigrum*, die als teurer Import aus Ostasien kam. Paprika wurde bald weit verbreitet in Ostasien angebaut und spielt auch heute noch eine große Rolle in der Küche Indiens, in Malaysia und den südlichen Teilen Chinas.

Würzpaprika, Chili, Cayennepfeffer Sie sind meistens sehr klein und bei der Reife rot. Die Schärfe hängt vom Gehalt an Capsaicin ab, der wiederum sortenabhängig ist und vom Klima beeinflußt wird. Heißes Klima fördert die Schärfe des Paprikas. Bei der Reife wird Paprika schärfer oder milder, wobei die Samen immer schärfer sind als das Fleisch. Die großen scharfen Sorten sind länglich wie 'Anaheim' oder glockenförmig wie 'Poblano' oder bei der Reife gelb wie 'Hungarian Wax'. (Es gibt auch eine milde Hungarian Wax, die oft als 'Banana' bezeichnet wird.) 'Pasilla' ist ein Typ mit länglichen schwarzbraunen Früchten.

Gemüsepaprika, Sweet Pepper, Pimiento, Bell Pepper Dieser Paprikatyp ist in den gemäßigten Klimagebieten am bekanntesten und wird verbreitet in den Gewächshäusern Nordeuropas und im Freien in Südeuropa, im Mittleren Osten und in Nordamerika angebaut. Die großen hohlen Früchte sind meist bei der Reife rot, können aber auch gelb und bei manchen Sorten auch schwarzpurpurn sein.

Paprika ist eine schnell wachsende, einjährige Pflanze, die am besten in den trockneren Teilen der Tropen mit warmem Sommerwetter wächst. In gemäßigten Klimaten sollte sie unter Glas im März oder Ende April ausgesät werden. Wenn die Pflanzen etwa 8 cm groß sind, können sie in Säcke mit Substrat gepflanzt werden. Dann sollte man sie so warm wie möglich kultivieren und erst, wenn es im Freien heiß genug ist, an eine geschützte Stelle im Freien bringen. Jungpflanzen können auch im Topf bis 12 cm Größe kultiviert und dann nach Abhärten, Ende Juni, in Frühbeetkästen gepflanzt werden. Für die Entwicklung einer kräftigen Pflanze ist die Düngung wesentlich, sollte aber bei Beginn des Fruchtansatzes vermindert werden. Schwaches Wachstum im Freiland ist meist durch Mangel an Wärme bedingt. In Gewächshäusern und in feuchten tropischen Klimaten können die Stengel durch Botrytis absterben. Starke Luftbewegung kann da vorbeugen.

CAYENNEPFEFFER

Capsicum frutescens L. *(Solanaceae)*
Tabasco, Chili, Goat, Spur Pepper (GB)

Diese Art stammt aus dem tropischen Südamerika und wird verbreitet in Südostasien und Indien angebaut. Die frühesten Anzeichen ihres Anbaues stammen aus Ablagerungen des peruanischen Küstenbereiches.

Sie gleicht *Capsicum annuum L.*, wobei aber die grünlichweißen Blüten auf aufrechten Stengeln stehen und nur die Blüte selbst nach unten gekehrt ist. Die Früchte zeigen aufwärts. In warmen Klimaten bilden diese

Paprikasorte 'Cabri'

Capsicum annuum 'Tomato'

Japanische Paprikasorte 'Yatsufusa'

'Super Chilli'

Tabasco *(C. frutescens)*

'Albino' (S. 168)

Pflanzen einen niedrigen buschigen Strauch. Die Sorte 'Tabasco', nach der Stadt im südlichen Mexiko benannt, ist in Kultur am verbreitetsten und wird am häufigsten zur Herstellung der berühmten Sauce verwendet. Die Sorte wird auch als 'Thai Hot Chili' angeboten. Kultur wie bei *C. annuum.*

Capsicum chinense Jacq. wird oft von *C. frutescens L.* dadurch unterschieden, daß die Blütenstiele abstehen oder nach unten geneigt sind und an jedem Nodium zwei oder mehr Blüten sitzen, obwohl beide Arten sehr ähnlich sind. Jacquin beschrieb diese Art erstmals 1776 und hielt sie fälschlicherweise für eine Art aus China, obwohl sie wahrscheinlich aus dem westlichen Amazonasbecken stammt. Hierher gehören Sorten wie 'Rocotillo', 'Habanero' (Seite 168) und 'Uvilla Grande'.

Rocoto, *Capsicum pubescens Ruiz & Pavon*, wird in den Hochanden und in den gebirgigen Teilen Mexikos angebaut. Der wilde Stammelter ist unbekannt. Anbau erfolgte bereits in größerem Umfang bei den Inkas und auch heute noch in einigen Teilen Perus und im Gebiet von Patzcuaro in Mexiko. Die Blüten sind purpurn und groß und die Samen dunkelbraun im Gegensatz zum Strohgelb bei anderen. Die Früchte sind meist rund und gewöhnlich gelb oder orange, aber auch rot. Sie haben die Größe kleiner Pflaumen mit dicken Fruchtwänden und sind außerordentlich scharf. Jean Andrews beschreibt diese Art in ihrem Buch über Paprika und erwähnt, daß sie eine lange Wachstumszeit mit Tageslängen zwischen 11 und 13 Stunden braucht, also in großen Höhenlagen nicht angebaut werden kann. In Mexiko wird sie meist zwischen 1200 und 2000 m angebaut und verträgt demnach kühles feuchtes Klima.

'Cabri' Amerikanische Sorte mit ungewöhnlich geformten Früchten.
'Super Chilli' Neue Hybridsorte mit vielen, ca. 7 cm langen Früchten an etwa 60 cm hohen Pflanzen und scharfem Geschmack.
'Tomato' Alte Sorte, die als eine der ersten nach Europa kam und 1613 im *Hortus Eystettensis,* der Darstellung der Pflanzen aus dem Garten des Fürstbischofs von Eichstädt, abgebildet wurde. Die glockenförmigen Paprikas können hieraus entwickelt worden sein. Dickfleischige, reif milde Frucht.
'Yatsufusa' Japanische Sorte mit scharfen, ca. 9 cm langen Schoten.

Die strauchige Art *C. frutescens* in Mexiko

Alte Paprikasorte 'Cayenne' (S. 171) in Ryton

Paprikaschoten aus Wisley, aufgenommen am 3. September

Gemüsepaprika 'Big Bertha'

Hellfrüchtige Sorte 'Gypsy', Cubanelle-Typ, in Wisley

'Ace' F1-Hybride. Züchter Burpee. Frucht 3–4eckige, groß, grün, schnellreifend, für Unterglasanbau in Großbritannien und Nordeuropa geeignet. Erntereif in 60 Tagen in Nordamerika.
'Big Bertha' F1-Hybride mit bis 25 cm Länge und 10 cm Durchmesser. Meist 3lappige, zum Teil eingebeulte, schnell rötende Frucht. Eine der größten Gemüsepaprikasorten. Reift in 70 Tagen in Nordamerika. Tolerant gegen Tabakmosaikvirus.
'Canapé' Speziell für kühle Klimazonen gezüchtete F1-Hybride, die auch im ungeheizten Kasten oder in geschützter Gartenecke in England im Freiland trägt. 3eckige rotfärbende Frucht. Guter Träger. Reife in 60 Tagen.
'Golden Bell' (oder **'Belle'**) F1-Hybride. 3–4eckige, große, dickwandige, orangegelb-reifende, in etwa 65 Tagen in Nordamerika pflückreife Sorte. Diese Glockenformen des Speisepaprikas entstanden bei den Mexikanern in präkolumbianischen Zeiten und kamen sehr früh nach Europa, wie Abbildungen bei Joachim Camerarius um 1589 in seinem Kräuterbuch zeigen.
'Gypsy' F1-Hybride, gehört zur Cubanelle-Gruppe. Große längliche, blaßgelbe Früchte, bis 10 cm lang und 7 cm Durchmesser, rot reifend. Diese Typen tragen mehr als die glockenförmigen Gemüsepaprikasorten und sollen unter idealen Bedingungen bis 40 Früchte pro Pflanze bringen. Verbreitete Sorte, die in Nordamerika nach 65 Tagen erntereif ist.
'Lipstick' Problemlos wachsende Sorte mit hohen Erträgen und etwa 12 cm langen herzförmigen, dickfleischigen Früchten, die in Nordamerika in 53 Tagen erntereif sind.
'Purple Belle' F1-Hybride von Burpee. Kompakt wachsend; ziemlich kurze, bis 9 cm lange, 4kantige, fast quadratische, von grün zu purpurn und rot in 70 Tagen in Nordamerika reifende Frucht. Diese Gemüsepaprikaform gibt es heute in purpurn, fast schwarz und gelb, meist aber bei der Reife orange und rot (siehe auch Seiten 168/169).
'Redskin' F1-Hybride. Sehr kompakte, bis 37 cm hohe Pflanze. Grüne, bei der Reife rote Früchte. Geeignet für Topfkultur.

Gemüsepaprika 'Golden Bell' in Wisley

'Lipstick', Paprikatyp von Leslie Land in Maine, USA, aufgenommen

Paprikaschoten von Anthony Rix in Malawi, am 20. Dezember aufgenommen

'Albino' in Malawi

'Albino' Diese Sorten mit aufrechten spitzen Früchten gehören zu der 'Fresno'-Gruppe und haben größere Früchte als die verwandte 'Santa Fe'-Gruppe. 'Cascabelle' ist eine dazwischenstehende Sorte mit schmaleren gelben, orangen und roten Früchten. Bei 'Albino' reift die Frucht von weiß und purpurn-gestreift zu rot an sehr niedriger Pflanze.

'Habanero' Eine Sorte von *Capsicum chinense Jacq.*, die in der Karibik und auf der Halbinsel Yucatan in Mexiko angebaut wird. Die Schoten reifen goldgelb und sind außerordentlich scharf. Es heißt, über 1000mal schärfer als 'Jalapeno'.

'Italian Sweet' Gut entwickelt sind die Früchte 20 cm lang und am Stengelansatz 5 cm breit und werden dann schmäler. Sie reifen rot und sind meist süß, nicht scharf und werden oft eingelegt für Vorspeisensalate genutzt.

'Key Largo' F1-Hybride der Cubanelle-Gruppe. 15–18 cm lange, unregelmäßig grubige, sich zur Spitze verjüngende, gelbgrün bis orangerot reifende Paprikaschote. Sehr ertragreiche Sorte mit dickem mildem Fleisch und mehr Geschmack als bei den großen Gemüsepaprikasorten.

'Santa Fe Grande' 5–8 cm lange, meist aufrecht stehende Früchte. Bei Verzehrreife blaßgrün, aber rot reifend.

'Long Sweet Banana' Diese langfrüchtigen blaßgelben Paprika heißen meist 'Sweet', 'Yellow' oder 'Banana', wenn sie mild, und 'Hungarian Yellow Wax', wenn sie scharf sind. Die scharfe Sorte kam in den 30er Jahren aus Ungarn in die USA, und die milden Banana-Sorten wurden von Cornelli Seed Co. 1940 eingeführt. Beide Sortentypen sind etwa 15 cm lang, bei Verzehrreife blaßgelb und bei Endreife rot.

'Perfection' Ein echter Paprika mit glatten herzförmigen, etwa 7 cm langen, dunkelgrünen, rot in 65–80 Tagen in Nordamerika reifenden Früchten. Sie sind mild mit starkem Geschmack und werden meist in der Konservenindustrie verarbeitet. Dieser Typ stammt aus Spanien, aus frühen Einführungen aus Mexiko dorthin; Sorten mit ähnlich geformten Früchten werden von Clusius 1611 aus Italien erwähnt.

'Purple Belle' (Text S. 167)

'Italian Sweet'

Capsicum chinense 'Habanero'

Bananenpaprika in Villandry

'Santa Fe Grande'

'Golden Bell' (Text S. 167)

'Key Largo'

Paprika aus Sellindge, Kent, aufgenommen am 25. September

'Red Chili'

Chili Paprikapflanzen mit Fruchtansatz

'Hot Gold Spike'

'Apache'

'Apache' Eine neue F1-Hybride der Chili-Gruppe.
'Cayenne' Eine alte Sorte aus vorkolumbianischen Zeiten, von der erstmals 1542 in Französisch Guayana berichtet wird. Heute weit verbreitet angebaut in Asien. Lange schlanke, gebogene, sehr scharfe, leuchtend rot reifende Früchte. Getrocknet und gemahlen liefern sie und ähnliche Sorten den bekannten Cayennepfeffer.
'Hot Gold Spike' Gelbfrüchtige Sorte aus 'Santa Fe Grande' und verbreitet in den südwestlichen USA angebaut. Reif sehr scharf.
'Jalapeno' Mexikanische Sorte, benannt nach der Stadt Jalapa und immer noch verbreitet in Mexiko und den südwestlichen USA im Erwerbsanbau. Meist eingelegt oder eingedost, oft geräuchert, aber auch frisch verzehrt. Die Früchte sind dunkelgrün, reifen rot, haben dickes Fruchtfleisch und ein stumpfes Ende und sind bei der Reife etwa 5 cm lang. Geschmack, insbesondere mit den Samen zusammen, sehr scharf.
'Peter Pepper' Eine in Texas erhaltene alte Sorte, oft in der Umgangssprache wegen der Form Penispaprika genannt. Es gibt rote und gelbe Typen. Sie sind sehr scharf und werden meist als Rarität angebaut, können aber auch grün eingelegt werden.
'Red Chili' Diese Form des scharfen Paprikas hat lange Früchte unterschiedlicher Schärfe, die grün verzehrreif sind und dann meist gegessen werden, aber rot ausreifen. Die Früchte sind meist 10–15 cm lang. Die Sorte wird in Kalifornien und Neumexiko für die Konservenindustrie angebaut. Aus ihr wurde auch die Sortengruppe 'Anaheim' für diesen Zweck entwickelt.
'Serrano' Diese mexikanische Chili-Sorte wird von Meereshöhe bis hoch hinauf auf das Zentralplateau angebaut. Sie wird meist grün gegessen oder eingedost. Sie läßt sich ohne Schwierigkeiten auch in kühlen Klimaten in einem Gewächshaus anbauen und bringt reiche Ernte auf großen vielverzweigten und deutlich behaarten Pflanzen.

Grotesk geformte Paprikas der Sorte 'Peter Pepper'

'Jalapeno' Paprika, gezogen und fotografiert von Leslie Land

Wilder Feldsalat in Sellindge

Purpurblättrige Schwarznessel

SCHWARZNESSEL

Perilla frutescens L. (Britt.) *var. crispa* (Thunb.) Decne. *(Labiatae)*
Perilla (GB), Shiso (Japan)

Die Schwarznessel, in Japan ein sehr verbreitetes Küchenkraut, wird hauptsächlich wie Petersilie zur Garnierung benutzt. Die nesselähnlichen Blätter sind entweder leuchtend grün, rötlich oder purpurn. Bei abgepacktem Essen oder auch zu vorbereiteten Picknickpäckchen ist das Schwarznesselblatt als Dekoration oft schon aus Kunststoff.

Die Schwarznessel ist eine buschig wachsende Einjahrespflanze, die aus Südostasien stammt und lange schon wegen des in ihren Samen enthaltenen Öls in China angebaut wurde. *Var. crispa*, die als Küchenkraut angebaute Varietät, hat einen längeren Kelch und kleinere Samen und ist am Blattrand gekraust. Beider Blüten sind klein und weißlich. Die Pflanze wird auch medizinisch angewandt und soll Parasiten abtöten, die in rohem Fisch vorkommen. Die Schwarznessel benötigt leicht sauren Boden in warmer Lage ähnlich wie Basilikum. Aussaat erfolgt meist im zeitigen Frühjahr unter Schutz, und die Pflanzen werden bis zum Auspflanzen einzeln in Töpfen gezogen, was frühestens nach den Eisheiligen möglich ist. Früher wurde Schwarznessel viel für Pflanzungen mit tropischer Atmosphäre verwendet und damals *Perilla nankinensis (Lour.) Decn.* genannt, was sich als Sortenbezeichnung 'Nankinensis' erhalten hat.

KNOLLENZIEST, JAPANISCHE KARTOFFEL

Stachys affinis Bunge, syn. *S. sieboldii* Miq. *(Labiatae)*
Chinese Artischocke (GB), Crosnes (F)

Der Knollenziest gehört zur gleichen Familie wie die Pfefferminze und der Salbei und viele andere Küchenkräuter. Er ist nahe verwandt mit den bei uns verbreiteten Arten *Stachys sylvatica L.*, dem Waldziest, und *S. palustris L.*, dem Sumpfziest, aber auch *Betonica officinalis*, dem Heilziest. Die Pflanze sieht dem Sumpfziest sehr ähnlich, unterscheidet sich aber durch die Wurzelknollen, die einer kleinen Turmschnecke ähnlich sehen. Dies sind die eßbaren Teile der Pflanze. Sie werden gewaschen und für 5–10 Minuten gekocht und dann in Butter geschwenkt oder kalt mit einer Sauce Vinaigrette verzehrt, können aber auch fritiert werden.

Knollenziest stammt aus China und wurde dort, aber auch in Japan, als ganz besonderes Gemüse angebaut, da die frischen Knollen jadeähnlich aussehen. Erst 1882 kamen einige Knollen durch den berühmten Erforscher chinesischer Botanik, Dr. E. Bretschneider, der sie in einem Garten bei Peking gefunden hat, an die Société d'Acclimatisation in Paris. Der französische Name erinnert an die französische Stadt Crosne, wo die Pflanzen zuerst im Garten von M. Pailleux, dem Vizepräsidenten der o. g. Gesellschaft, wuchsen.

Die Knollen werden im zeitigen Frühling mit 15 cm Abstand in 7,5 cm Tiefe in nährstoffreichen sandigen Boden gesetzt. Sie dürfen nicht austrocknen und ertragen Halbschatten. Wenn der Herbstfrost die Pflanze oberirdisch absterben läßt, sind sie erntefähig. Da die Knollen sehr klein sind, braucht man für größere Ernten eine beachtliche Fläche.

KAFFERN-KARTOFFEL

Plectranthus esculentus N.E.Br. syn. *Coleus esculentus* (N.E.Br.) G. Taylor *(Labiatae)*
Livingstone Potato (GB)

Dieses ungewöhnliche Gemüse beschreibt Dr. Herklots in seinem Buch »Gemüse von Südostasien« sehr genau, und zwar von Material, das er 1969 in Malawi sah. Es wird in vielen Teilen Afrikas als Gemüse angebaut, und zwar von Nigeria und Simbabwe südwärts bis Transvaal und Natal, ist aber in der Kap-Provinz selbst unbekannt. Das hier gezeigte Material erhielt ich von meinem Bruder Anthony aus der Nähe von Dedza in Malawi und zog es in England. Die länglichen Knollen haben bei großen Exemplaren die Dicke eines Männerarms und sind unregelmäßig verzweigt. Gekocht haben sie die Konsistenz und den Geschmack von Kartoffeln. Vermehrt wird durch Teilstücke mit Knospen, die im späten Frühjahr oder zu Beginn der Regenzeit gesetzt werden. Das Wachstum ist schnell. Die mit weichhaarigen Blättern besetzten Stengel werden ca. 1 m hoch. Es bilden sich auch bis 3 m lange, kriechende Stengel, die auf dem Boden wurzeln und an den Nodien Knollen bilden. Die Blüten sind gelb, etwa 2 cm lang. Die Wurzeln werden meist nach etwa 7 Monaten Wachstumszeit gegraben.

Die Gattung *Plectranthus* umfaßt etwa 50 hauptsächlich in Afrika verbreitete Arten. Manche werden als Zimmerpflanzen oder Bodendecker in warmen Klimaten gezogen. Sie sind sehr nah mit der Gattung *Coleus* verwandt, von denen eine Art, die Haussa-Kartoffel (Sudan- oder Madagaskar-Potato, GB) *Coleus parviflorus Benth.*, ebenfalls eßbare Knollen besitzt. Diese Coleusart ist eine wichtige Feldfrucht in den trockeneren Teilen des tropischen Afrika und wird auch in Indien, Malaysia und Java angebaut. Die eßbaren Knollen sind rund, braun oder schwarz und entstehen büschelig am Stengelgrund. Die Pflanze wird entweder durch kleine Knollen oder durch Triebstecklinge vermehrt. Beim Anbau in England bildeten sich die Knollen nur im Herbst.

Knollenziest *Stachys affinis*

FELDSALAT, RAPUNZEL

Valerianella eriocarpa Desv. und *V. locusta* (L.) Laterrade *(Valerianaceae)*
Lamb's Lettuce, Corn Salad (GB)
Nüsslisalat (CH), Mache (F)

Feldsalat ist während des Winters sehr wertvoll. Als ich in der Schweiz arbeitete, servierte die Mensa im Januar kleine Schälchen mit Salat, der aussah wie Gänseblümchenblätter. Der Name Nüsslisalat beschreibt den nußartigen Geschmack recht gut, aber ich erkannte die Pflanze nicht gleich als die, die auch an den Ziegelmauern unseres Gemüsegartens in Kent wuchs. Bei unserer unkrautartigen Wildform waren die Blätter zarter und blasser grün, geschmacklich aber gleich. Die Pflanzen blühen im zeitigen Frühling in dichten, silberblauen Blütenköpfchen an den Enden verzweigter Stengel.

Über 30 Arten der Gattung *Valerianella* sind in Europa und der Türkei heimisch. Aber nur die zwei o. g. scheinen angebaut zu werden. Man kann sie an ihren Früchten unterscheiden; glatt bei *V. locusta* und haarig mit einem dauerhaften ungleich gezähnten Kelch bei *V. eriocarpa*, der mehr südlicheren Art, die meist in Italien angebaut wird. *Var. oleraceae (Schlecht.) Beistr.* ist eine angebaute Varietät von *V. locusta* mit größeren Blättern und mehr korkigen Früchten. Andere Arten haben größere Früchte, die wie Kletten mit Harken oder gebogenen Dornen geschmückt sind.

Feldsalat wird heute in England selten, in Deutschland noch verbreitet angebaut, während in den Vereinigten Staaten über 15 Sorten angebaut werden. Diese Sorten scheinen dem Namen nach aus Holland oder Nordfrankreich zu stammen, unterscheiden sich aber in ihrer Frosthärte. 'Verte d'Etampes' mit den wirsingähnlich aufgetriebenen Blättern ist ungewöhnlich.

Blüten des Knollenziest

Gartenkultur

Feldsalat ist ein Wintergemüse und sollte im Juli oder August, vielleicht noch Anfang September, in nährstoffreichen Boden mit gutem Wasserabzug für Ernte im Spätwinter oder zeitigen Frühling gesät werden. Er wächst in milden Witterungseinbrüchen weiter und kann jederzeit geerntet werden. Man kann ihn auch im Sommer anbauen, aber dann leidet er unter Trockenheit und Mehltau. Bei größer wachsenden Sorten sollten die Pflanzen auf 15 cm ausgedünnt werden. Man kann Einzelblätter ernten oder später die ganze Pflanze, bevor sie zum Blühen kommt.

Fedia cornucopiae (L.) Gaertn. (Valerianaceae), der afrikanische Baldrian, ist nah mit *Valerianella* verwandt, hat aber leuchtend purpurne, große Blüten, deren Blütenröhre länger ist als die Blütenzipfel. Im Mittelmeergebiet Südeuropas verbreitet, wächst er in Olivenhainen und an ähnlichen offenen Plätzen. Wurde früher wie Feldsalat angebaut, aber ich habe nicht erfahren können, ob dies heute noch der Fall ist.

Junge Triebe der Kaffern-Kartoffel

Gartenkürbis 'Little Gem'

Kürbisfeld in Kalifornien

KÜRBISSE

Cucurbita ssp. (Cucurbitaceae)
Marrow, Pumpkin, Squash (GB)

27 Arten – kräftige Pflanzen mit langen Trieben und kletternden Ranken – umfaßt die Gattung *Cucurbita*. Es sind einjährige Pflanzen wie auch Stauden, die aus Nord- und Südamerika stammen. 6 Arten wurden im präkolumbianischen Amerika als Nahrungspflanzen angebaut und gehörten neben Mais und Bohnen zu den wichtigen Grundnahrungsmitteln.

Sehr alte Kulturpflanzen wie die Kürbisse mit sehr weiter Verbreitung haben zu einer Fülle unterschiedlicher Fruchtformen, Fruchtverwendungen, Fruchteigenschaften und Reifezeiten bzw. Lagerfähigkeiten geführt. Dies spiegelt sich in der Fülle der Begriffe wider, die dafür im englischsprachigen Raum verwendet werden und die sich manchmal auf die Form oder auf die Zeit der Ernte, die Verwendung, die Lagerfähigkeit oder die Fruchtform beziehen. In Kultur sind heute vor allem *C. pepo L.*, *C. maxima Duch. ex. Lam.*, *C. moschata (Duch. ex Lam.) Duch. ex Poir.* und *C. mixta Pangalo*. Vertrauter sind uns da die italienische Bezeichnung Zucchini und die französische Bezeichnung Courgette, die der englischen Bezeichnung Vegetable Marrow entspricht und die unreifen Früchte von *C. pepo L.* bezeichnet, die wir in den letzten Jahren als Gemüse schätzen gelernt haben.

Junge Frucht des Gartenkürbis

Kürbisse kann man als Gemüse mit Butter gebacken oder gegrillt oder als Pastetenfüllung verzehren oder zu Marmelade verarbeiten, Einlegen oder roh essen. Zu den Kürbissen gehören auch die größten aller Gemüse, oft über 100 kg schwere Einzelexemplare. Manche Winterkürbisse werden als Viehfutter benutzt, da man sie einige Monate lang lagern kann, was übrigens auch als Schmuck und Dekoration interessant ist. Die Samen der meisten Arten können roh oder geröstet gegessen werden und enthalten wertvolles Pflanzenöl, das sich daraus gewinnen läßt, so z.B. vom Ölkürbis. Hartschalige Kürbisse können nur zur Zierde angebaut werden oder nach Aushöhlen und Trocknen als Gefäße und Behältnisse für vielerlei Gebrauch, z.B. als Wassergefäße, Schwimmer an Fischernetzen, Penishüllen, Schnupftabakdosen usw. verwendet werden.

Medizinisch wurden manche Kürbisse zur Bekämpfung von Eingeweidewürmern verwendet, d.h. als Wurmmittel. Besonders in *C. maxima* hat man einen Stoff namens Cucurbitin in den Samen gefunden.

GARTENKÜRBIS

Cucurbita pepo. L. (Cucurbitaceae)
Vegetable Marrow, Autumn Pumpkin, Summer Squash, Gourd (GB)

Diese Art stammt ursprünglich aus Nordamerika nördlich von Mexiko City, kommt aber heute nicht mehr wild vor, obwohl verwandte Arten mit harten kleinen, furchtbar bitteren Früchten noch in Mexiko und Guatemala zu finden sind. Die meisten Fruchtformen waren bereits in Kultur, als diese Art im 16. Jahrhundert nach Europa gelangte. *C. pepo* ist eine

Gartenkürbisse des Typs 'Summer Crookneck', aufgenommen bei Leslie Land in Maine, USA (Text S. 176)

kräftige einjährige Pflanze mit Ranken oder kurzen aufrechten (bei Buschsorten) Trieben und langen Ranken. Die Stengel sind kantig, die Blätter breit, 3eckig und tief gelappt; Stengel wie Blätter sind durch kleine Stachelhaare rauh. Die Blüten sind gelb mit aufrechten Blütenzipfeln. Der Fruchtstiel ist fest, 5kantig und tief gerippt.

Die Sorten von *C. pepo* können in folgende Gruppen eingeteilt werden:
Pepo-Gruppe (Pumpkins) Rund oder flach, oft gerippt. Hierher gehören Futter-, Speise- und Ölkürbisse. Viele Sorten haben keine Ranken mehr und klettern deshalb auch nicht. Für menschlichen Verzehr vorgesehene Sorten sollten möglichst gleich nach der Ernte gegessen werden.
Giromontiina-Gruppe (Vegetable Marrow, Zucchini, Courgette) Hierher gehören die lang- oder rundfrüchtigen unterschiedlich gefärbten Kürbisse, die sich seit einiger Zeit bei uns als Gemüse großer Beliebtheit erfreuen. Die Buschtypen ranken nicht mehr und sind deshalb auch für kleine Gärten und hohe Ernten geeignet. Junge Blätter, offene männliche Blüten und junge Früchte werden gegessen, die Blüten in Butter gedünstet, die jungen Blätter wie Gemüse zubereitet.
Patissoniana-Gruppe Großer Formenreichtum, sehr zierende Früchte. Eine Gruppe, die in Deutschland wenig verbreitet ist, aber insbesondere in Amerika in vielen Zubereitungen, insbesondere roh und gekocht, Tradition hat. Der Name stammt von einem indianischen Wort, das »roh verzehrte Nahrung« bedeutet. Die als Summer Squash bezeichneten Typen gehören zu *C. pepo,* während die als Autumn Squash oder Winter Squash bezeichneten Typen zu *C. maxima* gehören. Als Typen unterscheidet man flache, mützenförmige 'Scallop oder Custard Squash' sowie nach der Halsform 'Straightneck, Crookneck und den Spaghettikürbis' (Vegetable Spaghetti). Hierher gehört auch die oft als Zierform angebaute Dornenkrone, nach englischer Bezeichnung ein Scallop Squash.
Die **Microcarpina-Gruppe** soll noch erwähnt werden mit kleinen, ungenießbaren, meist stark verholzenden Früchten, die in vielen Formen unsere Zierkürbisse darstellen. Die Sorte 'Delicata', manchmal auch Süßkartoffelsquash genannt, ist eigenständig. Sie wächst kompakt und bringt viele kleine Früchte mit rundlichem Ende. Die Haut ist weiß mit grünen Streifen, das Fleisch orangefarben und süß.
'Pompeon' *(C. pepo)* Alte Sorte mit sehr dunkelgrüner Frucht. Früher wurde dieser Name 'Pompeon' für alle Arten von Kürbissen benutzt.

Blüten der Zucchinisorte 'Burpees Golden'

Frucht des Spaghettikürbis (Text S. 176)

Kürbisse, die in Wisley über einen Zaun klettern

'White Vegetable Spaghetti' *(C. pepo)* Spaghettikürbisse sollen in der Mandschurei entstanden sein. Es sind Kletterpflanzen mit weißlichen Früchten, die gelblich reifen. (Abb. S. 175)
'Yellow Crookneck Squash' *(C. pepo)* Verbreitete Gruppe von Summer-Squash-Sorten in Nordamerika, die meist bei einer Fruchtgröße von etwa 25 cm verzehrt werden. Bei vielen Sorten ist auch der Trieb gelb. Sie reifen in Nordamerika nach etwa 50 Tagen.

FEIGENBLÄTTRIGER KÜRBIS

Cucurbita ficifolia Bouche (Cucurbitaceae)
Fig-leaved Gourd, Malabar Gourd (GB), Chilicayotl (Mexiko)

Diese Art ist am weitesten von Mexiko über Mittel- und Südamerika bis Chile verbreitet. Funde in Huata Prieta in Peru gehen bis ins Jahr 2000 v. Christus zurück. Trotzdem gibt es keine unterscheidbaren Sorten.

Die Pflanze ist in frostfreien Klimaten eine Staude mit langen rankenden Trieben. Die Blätter sind stachelig rauh und meist tief gelappt und feigenblattähnlich. Die Blüten sind gelb bis hellorange mit kurzen stumpfen Blütenzipfeln und werden im Kurztag gebildet. Die Früchte sind länglich bis rund, dunkelgrün mit weißen Streifen und Flecken und haben weißes Fleisch und schwarze oder dunkelbraune Samen. Stengel hart, rund, leicht kantig, nicht korkig. Ohne deutlich unterscheidbare Sorten in ganz Südamerika, in Ostasien und Indien und auch in kleinem Umfang im Mittelmeergebiet angebaut. Man kennt sie zumindest seit 1613 in Europa, wo sie als große gelbfrüchtige Tomate im *Hortus Eystettensis,* dem Gartenbuch des Bischofs von Eichstädt, abgebildet ist (siehe Abbildung S. 192).

MOSCHUSKÜRBIS, BISAMKÜRBIS, MELONENKÜRBIS

Cucurbita moschata (Duch. ex Lam.) Duch. ex Poir. *(Cucurbitaceae)*
Butternut, Winter Squashes, Pumpkins (GB)

Diese Art wurde wahrscheinlich als erste in Kultur genommen. Erste Nachweise fand man in Tehuacan, südlich von Mexiko City, aus der Zeit um 3400 v. Christus und ähnlich frühe Nachweise auch in Peru. Es sind lange rankende oder kletternde Pflanzen (auch Buschtypsorte verfügbar) mit großen weichen, leicht gelappten Blättern und harten kantigen Stengeln und 3- oder 4armigen Ranken. Die gelben Blüten besitzen oft blattartige, gestielte Hochblätter. Der Fruchtstengel ist kantig und am Fruchtansatz verbreitert. Die Früchte sind meist glatthäutig mit orangem Fruchtfleisch und halten sich gut.
Drei Hauptsortengruppen: **Butternut** Flaschenförmig mit geradem Hals, z.B. 'Butternut Waltham' oder 'Ponca'. 'Early Butternut' wächst buschig. **Crookneck** Glatte Haut, wie z.B. 'Golden Cushaw'. **Kentucky Field** oder **Large Cheese** flachkugelig.

RIESENKÜRBIS

Cucurbita maxima Duch. ex Lam. *(Cucurbitaceae)*
Winter Pumpkin, Autumn und Winter Squash, Gourd (GB)

Ursprünglich stammt diese Art aus Südamerika, aus Chile, Argentinien, Bolivien und Uruguay. Es ist eine wüchsige, rankende, einjährige Pflanze mit langen rankentragenden Trieben. Die Stengel sind weich und rund und die Blätter weder spitz noch tief gelappt. Die Blüten sind gelb mit rundlichen, auswärts gerichteten, zurückgebogenen Blütenzipfeln. Fruchtstengel zylindrisch, weich und korkig und nicht kantig wie bei *C. pepo.* Fruchtform sehr variabel und schließt auch Zierkürbisse mit dicker harter Schale ein.
Zwei Sortengruppen:
Riesenkürbisse Dazu gehören die Sorten mit den größten Früchten, so z.B. Arthur Veseys 'Show King', der 181,44 kg gewogen haben soll.
Winter Squash Eine große Gruppe sehr zierender Früchte, die im Herbst reifen und lange in den Winter hinein dekorativ und farbenprächtig sind. Sie können an kühlen, trocknen Stellen bei Frostschutz lange gelagert werden. Dazu gehören die amerikanischen Typenbezeichnungen Acorn, Buttercup, Hubbard, Turban und Banana Squash.

'Delicata', aufgenommen bei Leslie Land in Maine, USA, (Text S. 191)

'Pompeon', alte *C. pepo*-Sorte (Text S. 175)

Blüte und Frucht von *Cucurbita maxima*

Blüte von *Cucurbita maxima*

Oben links: 'Jaune Gros de Paris' Unten links: 'Mavis Sweetener' Mitte: 'Hungarian Mammoth' Rechts oben und unten: 'Etamples', in Wisley gewachsene Kürbisse

AYOTE KÜRBIS

Cucurbita mixta Pangalo (Cucurbitaceae)
Green Striped Cushaw (GB), Ayote (Mexiko)

Diese Art wird hauptsächlich in den südlichen Staaten der USA kultiviert, wo sie 'Green Striped Cushaw' heißt. Sie ähnelt sehr einer Sorte, die in präkolumbianischen Zeiten von den Puebloindianern in Arizona kultiviert wurde und hat lange, gebogene, am Ende breitere, dunkelgrün gestreifte Früchte. Der Nachweis für den Anbau dieser Art geht auf 1200 zurück.

Die Pflanze ähnelt *C. moschata*, hat aber einen geschwollenen korkigen Fruchtstiel, der am Fruchtansatz nicht verdickt ist, und besitzt außerdem keine blattartigen Hochblätter. Da die Art also einige Eigenschaften von *C. maxima* besitzt, trägt sie den Namen *C. mixta*.

Zwei Sorten werden angebaut:

'Tennessee Sweet Potato' mit großen birnenförmigen Früchten und blaßgelber Haut, deren grüne Streifen im Alter verblassen. Hält sich gut mit weichem geschmackvollem Fleisch.
'Green Striped Cushaw' mit flaschenförmigen Früchten und etwas gebogenem Hals und dunkelgrünen bandartigen Streifen auf der cremefarbenen Haut.

Gartenkultur

Alle angebauten Kürbisarten brauchen sehr viele Nährstoffe und deshalb gut vorgedüngte Pflanzstellen. Soweit sie klettern, brauchen sie sehr massive, vor der Pflanzung zu errichtende Gerüste und ausreichend Platz, damit andere Pflanzen nicht leiden. Bei regelmäßigem Wässern – zumindest ab Blühbeginn bis zur Fruchtreife – wachsen sie beträchtlich. Aussaat unter Schutz Anfang Mai oder Ende Mai nach den Eisheiligen an Ort und Stelle. Einzelsaat in 10-cm-Töpfen oder mit 7,5 cm Abstand in Aussaatkisten. Substrat mit hohem Humusanteil ist erforderlich. Zwei Wochen nach der Keimung bzw. wenn 4–6 Blätter voll ausgebildet sind, kann man verpflanzen. Vor dem Auspflanzen einige Tage abhärten. Kräftig wachsende Typen in 1,2 m Abstand setzen, schwächer wachsende auf 1 m. Junge Blätter, die männlichen Blüten und junge Früchte können 2 Monate nach der Pflanzung geerntet werden, da sie dann besonders zart sind.

'Crown Prince' *(C. maxima)* An den Ranken wachsen schöne grau-blauhäutige Früchte mit einem deutlichen Ring am Blütenansatz und sehr feinem, orangefarbenem Fleisch. Ca. 5 kg schwer, gut lager- und verzehrfähig.
'Etamples', syn. 'Rouge vif d'Etampes' *(C. maxima)* Alte französische Sorte von vor 1830. Flache, rötlichorange, ungefähr 9 kg schwere Frucht mit höckeriger Haut.
'Hundred Weight', syn. Gelber Zentner *(C. maxima)* Große, ziemlich flache Frucht mit gelber Haut. Hält sich gut.
'Jackpot' *(C. maxima)* Hybridsorte; in etwa 100 Tagen orange reifende, gesprenkelte, 5–7 kg schwere Frucht mit orangegelbem Fleisch. Kurze Ranken, reich tragend.
'Jack-be-Little' *(C. pepo)* Sehr kleiner, nur 7,5 cm großer Kürbis mit süßem Fleisch oder als Zierkürbis. Hält sich gut und reift in etwa 85 Tagen.
'Hungarian Mammoth' *(C. pepo)* Von weiß bis dunkelgrün, grau oder orange unterschiedlich gefärbt. Samen eßbar. Gewicht bis 170 kg.
'Jaune Gros de Paris' *(C. maxima)* Großer Kürbis mit berosteter Haut. Sehr festes Fleisch, gut lagerfähig, etwa 45 cm groß.
'Mavis Sweetener' Gesprenkelter, in Wisley gezogener Kürbis, von dem wir keine weiteren Sorteninformationen finden konnten.

'Hundred Weight'

'Jackpot'

'Crown Prince'

Kürbisse zum Verkauf im kalifornischen Herbst

'Jack-be-Little'

Zucchinifrüchte aus Wisley, aufgenommen 15. September

'Minipak'

Zucchini 'White Lebanese'

Goldfarbener Zucchini 'Burpee Golden'

Runder Zucchini 'Tender and True' von Suttons

'All Green Bush' Alte, buschig wachsende Sorte mit grünen Früchten.

'Burpee Golden' (syn. 'Golden Zucchini') Buschig wachsend, in Nordamerika in 54 Tagen reifend. Blätter tief doppelt gelappt. 'Gold Rush' ist eine ähnliche F1-Sorte.

'Clarita' F1-Sorte.

'Long Green Trailing Marrow' (syn. 'Long Green Striped') Dunkelgrün mit blaßgrün und intensiv gelb gesprenkelt; lang rankende, in Nordamerika in 68 Tagen fruchtende Sorte. Reife Früchte können für Winterverzehr gelagert werden (nicht abgebildet).

'Minipak' Buschzucchini mit kleinen, grüngestreiften, etwa 30 cm langen, zahlreich gebildeten Früchten.

'Supremo' F1-Sorte.

'Table Dainty' 1909 von Suttons eingeführte, lang rankende Sorte. Ziemlich kleine, weißfleischige, mit 15–20 cm am besten schmeckende Früchte.

'Tender and True' Von Suttons 1907 gezüchtet. Etwas rankend, früh reifend. Früchte rund, 12–15 cm lang und etwas dicker. Dunkelgrün gerippt mit cremefarbenen Sprenkeln.

'Tiger Cross' F1-Sorte. Etwa 28 cm lange und 10 cm dicke Früchte. Dunkelgrün-cremefarben gesprenkelt. Resistent gegen Gurkenmosaikvirus. Buschig wachsende Sorte, als Kochkürbis oder jung als Zucchini verwendbar.

'White Lebanese' Alte Sorte mit sehr blaßgrünen Früchten, die in Nordamerika in 45–55 Tagen reift. In Europa, dem Mittleren Osten und Mexiko weit verbreitet angebaute Sorte. Die neue F1-Sorte 'Cousa' ist ähnlich.

Kürbisfrüchte von C.R. Upton, Slindon, Sussex, aufgenommen am 15. September

'Green Hubbard' und Zucchini

'Golden Hubbard' bei Harry Hays

'Banana Pink' *(C. maxima)* Banana Squashes stammen aus Mexiko und kamen um 1890 nach Nordamerika. H.L. Musser in Kalifornien trennte die gelben und rosafarbenen von den blauen, grünen oder grauen. Früchte meist 50 cm lang und bis 25 kg schwer.

'Banana Squash' (syn.'Mexican Banana', 'Plymouth Rock') *(C. maxima)* Spindelförmig, Banana-Squash-Gruppe, orangegelbes Fleisch.

'Little Gem' *(C. pepo)* Diese kleinen runden Kürbisse sind in Südafrika sehr verbreitet und werden im Ganzen gekocht mit Butter gegessen. Die Pflanzen reifen langsam in 90–120 Tagen in warmen Klimaten. Es gibt auch eine 'Little Gem' genannte kleine Form von 'Golden Hubbard' in Nordamerika.

'Golden Hubbard' *(C. maxima)* Gezüchtet von J.J. Harrison in Painsville, Ohio, USA, um 1895. Die Früchte reifen in etwa 110 Tagen.

'Green Hubbard' (syn. 'Hubbard') *(C. maxima)* Nach Nordamerika um 1898 eingeführt und von James J.H. Gregory aus Marblehead, Massachusetts, zu Ehren von Frau Elizabeth Hubbard, die ihn auf diesen Kürbis aufmerksam machte, benannt. Der Name 'Green Hubbard' wird auch für eine blaßgrüne Sorte verwendet.

'Jackpot' *(C. maxima)* Eine Hybridsorte, gesprenkelt mit 5–7 kg schweren, in etwa 100 Tagen orangefarben reifenden Früchten. Fleisch oft orangegelb. Kurze kräftige Ranken bringen reiche Ernte.

'Pattipan' (syn.'White Bush Scallop')(Oft 'Fliegende Untertassen' genannt) *(C. pepo)* Alte Sorte der amerikanischen Indianer, die die frühen europäischen Einwanderer bereits kennenlernten. Wegen ihrer Kuchenform früher 'Symnels' genannt. Nach Europa im 16. Jahrhundert eingeführt. In etwa 54 Tagen in Nordamerika sehr schnell reifend. Am besten jung ernten.

'Uchiki Kuri' (syn. 'Orange Hokkaido', 'Red Kuri', 'Baby Red Hubbard') *(C. maxima)* Eine kleine, in Japan gezüchtete Hubbardsorte. Eine grüne, in Amerika etwa 1914 gezüchtete Sorte, hieß 'Kitchenette'. Früchte 2–4,5 kg schwer mit weichem Fleisch von gutem Geschmack. Frucht reift in Nordamerika in etwa 92 Tagen.

'Yellow Bush Scallop' *(C. pepo)* Alte Sorte von 1856. Grobes blaßgelbes Fleisch.

'Pattipan'

'Banana Pink'

Kürbisse von C.R. Upton, Slindon, Sussex, aufgenommen 15. September

Kürbisse von C.R. Upton, Slindon, Sussex, aufgenommen 15. September

'Butterball' *(C. maxima)* Gezüchtet und eingeführt von der landwirtschaftlichen Versuchsstation in Durham, New Hampshire, USA, im Jahre 1960. In etwa 90 Tagen früh reifend und anpassungsfähig. Mitteloranges, dickes, trocknes, süßes Fleisch.

'Buttercup' *(C. maxima)* Wurde für Norddakota und die nördlichen Prärien entwickelt. 1925 aus der Sorte 'Quality', wahrscheinlich durch Kreuzung mit 'Essex-Hybrid', entstanden. Eingeführt 1931. Kleine, 15–20 cm große Frucht mit wohlschmeckendem, trocknem und süßem, orangem Fleisch. Reift in Nordamerika in 105 Tagen und ist sehr verbreitet.

'Crown Prince' *(C. maxima)* Ziemlich kleinfrüchtige Sorte mit blaßgrauer Haut. Kultiviert von C.R. Upton, Slindon, Sussex. Sehr feinkörniges, oranges Fleisch. Lange haltend und gut für Verzehr. Etwa 5 kg schwer (siehe auch Seite 187).

'Ebony Acorn', (syn. 'Table Queen') *(C. pepo)* Alte Sorte, die wahrscheinlich von dem Arikara-Indianerstamm in Norddakota kommt. Orangegelbes, ziemlich süßes Fleisch.

'Golden Acorn' *(C. pepo)* Entstand aus 'Ebony Acorn' und wurde 1913 von Iowa Seed. Co. aus Des Moines, Iowa, USA, eingeführt. Auch mit blaßgrüner Fruchtfarbe bekannt. Lang rankende Pflanze. Frucht 15 cm. Lagert gut.

'Kumikuri' Von C.R. Upton aus Slindon, Sussex, erhaltener japanischer Kürbis. Frucht mit runden Rippen, reift orange.

'Peter Pan' *(C. pepo)* Halbbuschig wachsende Hybridsorte mit etwa 10 cm großen, in Nordamerika in etwa 52 Tagen reifenden Früchten.

'Scallopini' *(C. pepo)* Kreuzung zwischen Scallop-Typ und Zucchini, die in etwa 50 Tagen reift.

'Sweet Mamma' Hybridsorte mit dunkelgraugrüner Frucht, die in etwa 85 Tagen reift. Kurztriebige Pflanze. Frucht gut lagerfähig.

'Table King' *(C. pepo)* Buschig wachsende Acornsorte mit dickem goldfarbenem Fleisch, die in Nordamerika in etwa 75 Tagen reift.

'Triamble' *(C. maxima)* Ungewöhnlicher 3-kantiger Kürbis mit dicker Haut und süßem festem, orangefarbenem Fleisch. Hält sich gut. Angebaut bei C.R. Upton, Slindon, Sussex.

'Turk's Turban', (syn. 'French Turban', 'Turk's Cap', 'Turbankürbis') *(C. pepo)* Seit 1818 zuerst in Europa, in Frankreich, angebaut. Meist nur für Dekorationszwecke, kann aber gekocht und wie Zucchini verwendet werden.

'Scallopini'

Turbankürbis 'Turk's Turban'

Kürbisse von C.R. Upton, Slindon, Sussex, aufgenommen 15. September

Kürbissorte ‘Etamples’ in Villandry

‘Crown Prince’ *(C. maxima)* Ziemlich kleinfrüchtige Sorte mit blaßgrauer Haut.

‘Etamples’, (syn ‘Rouge vif d’Etamples’) *(C. maxima)* Alte französische Sorte von vor 1830. Flache, ca. 9 kg schwere Früchte mit rotoranger höckeriger Haut. Lang rankend (siehe auch Seite 178).

‘Gold Nugget’ Buschig wachsende Sorte. Früchte 12 cm dick und etwa 10 cm lang. Orangerot mit leicht gesprenkelten orangefarbenen Rippen. Etwa 0,5 bis 1,5 kg schwer. Von der Norddakota Landwirtschaftlichen Versuchsstation in Fargo 1966 gezüchtet. Reift in 85–95 Tagen. Gut lagerfähig mit tieforangem, geschmacklich gutem Fleisch ohne Fasern.

‘Kentucky Field’, (syn. ‘Large Cheese’) *(C. moschata)* Flachwachsende Frucht mit blasser Haut. Reift in etwa 110 Tagen und lagert gut.

‘Queensland Blue’ *(C. maxima)* Australische, 1932 in die USA eingeführte Sorte. Langsam reifend. Ranken bis 8 m lang. Frucht ca. 22 cm groß und 3–5 kg schwer. Bläulichgrün mit orangem, geschmacklich gutem Fleisch.

‘White Cheesequake’ Alte Sorte von 1824 mit orangefarbenem Fleisch.

‘Etamples’

Kürbisse aus Wisley, aufgenommen 19. Oktober

'Orangetti'-Kürbisse auf einem Verkaufsstand am Wegrand

Zwei Kürbisse mit Krakelee-Muster

'Golden Delicious' *(C. maxima)* Aus Kreuzungen zwischen 'Boston Marrow' und 'Delicious' ausgelesen durch Gill Bros. Seed Co. aus Portland, Oregon, USA, in 1922. Früchte von 3,5–4 kg mit dickem, festem, orangem Fleisch und mittlerer Süße. Lagert gut; gut zum Backen.

'Little Boo' *(C. pepo)* Weißhäutiger Winterkochkürbis.

'Melon Squash' Gleicht einer Sorte, die zu *C. pepo* gehört. 'Tahitian Melon Squash' ist eine *C.-moschata*-Sorte und braucht lange warme Sommer für die Reife.

'Orangetti' *(C. pepo)* F1-Sorte vom Spaghettikürbis mit dunkeloranger Haut und orangem Fleisch. Pflanze etwas buschig wachsend. Frucht bei Reife zum Verzehr geeignet, reift in etwa 85 Tagen.

'Rebecca' *(C. pepo)* Schnell reifend mit ca. 12 cm großer Frucht.

'Triple Treat' Sorte mit Samen ohne Samenschale, die roh oder geröstet verzehrt werden können. Frucht etwa 25 cm lang. Es heißt, daß die Sorte zu *C. moschata* gehört.

'Warted Hubbard', (syn. 'Chicago Warted Hubbard') *(C. maxima)* aus 'Hubbard Squash' von Budlong Gardens in Chicago entwickelt und 1894 eingeführt. Fleisch dunkler orange als bei 'Hubbard'. Frucht orangegelb mit guter Lagerfähigkeit. Gewicht etwa 5–6 kg.

Kürbisse aus Wisley, aufgenommen 19. Oktober

Junge Früchte von 'Sweet Dumpling', einem lagerfähigen Kochkürbis für den Winter

'Sweet Dumpling'

Junge Früchte und Blüten von 'Sweet Dumpling'

'Delicata', (syn. 'Sweet Potato') *(C. pepo)* 1894 durch Peter Henderson & Co., New York, eingeführt. Früchte schmallänglich, etwa 20 cm lang und 7,5 cm dick. Tief orangegelb; süßes Fleisch mit gutem Geschmack. Frucht gut lagerfähig. Pflanze stark kletternd. Fruchtreife in etwa 100 Tagen (siehe Seite 177).

'Early Butternut' *(C. moschata)* In etwa 75 Tagen schnell reifende, buschig wachsende Sorte mit intensiv orangefarbenem Fleisch und guter Lagerfähigkeit.

'Ponca' *(C. moschata)* Eine Butternuttyp-Sorte mit kleinem Kernhaus und etwa 30 cm langen Früchten. Kurze Ranken. Reift in 85–110 Tagen in Nordamerika und eignet sich für kühlere Gegenden.

'Sweet Dumpling' *(C. maxima)* Kleine, flache, etwa 10 cm große Frucht mit sehr süßem, zartem, orangefarbenem Fleisch. Pflanze klettert, Fruchtreife in etwa 100 Tagen.

'Waltham Butternut' *(C. moschata)* Gezüchtet von Dr. C.E. Young an der Waltham Versuchsstation in Massachusetts, USA. Frucht 20–25 cm lang mit dickerem Ende und guter Lagerfähigkeit. Reift in etwa 95 Tagen.

'Zenith' *(C. moschata)* Hybride, Butternut-Sorte. Am Stengelansatz dick, mit kleinem Kerngehäuse an der Spitze. Fruchtgewicht etwa 1 kg, reift in etwa 88 Tagen.

Pflanzenmaterial aus Wisley, aufgenommen 10. Oktober

Cucurbita ficifolia in Mexiko (Text S. 176)

CHAYOTE

Sechium edule (Jacq.) Swartz *(Cucurbitaceae)*
Choko, Christophine, Shu-shu; Chinchayote, Camochayote, für die Wurzel: Ichintla (Mexiko)

Diese kräftigen Kletterpflanzen stammen aus Südmexiko und Zentralamerika, wo sie bereits lange Zeit von den Azteken angebaut wurden. Der Name Chayote ist von dem Aztekenwort Chayotl abgeleitet. Nach der Eroberung durch die Spanier wurde dieses Gemüse in den gesamten Tropen verbreitet und angebaut.

Sechium edule ist eine der insgesamt 6 staudigen Arten dieser Gattung, die alle knollige Wurzeln besitzen. Von der Kulturpflanze kennt man keine Wildart, auch wenn hier und da alte Sorten verwildert gefunden werden. Die nächstverwandte Art ist *S. compositum*, die von Mexiko bis Guatemala vorkommt. Die Triebe von Chayote klettern kräftig und wachsen in einer Saison bis über 15 m. Die Blätter sind rauh, gebuchtet oder leicht gelappt und 12–15 cm groß. Männliche und weibliche Blüten stehen getrennt. Die kleinen grünlichen männlichen Blüten stehen in achselständigen Trauben, in denen gleichzeitig einzelne grünweiße weibliche Blüten anzutreffen sind. Die Form der Früchte ist unterschiedlich, meist birnenförmig mit glatter oder weich stacheliger Oberfläche. Blaßgrün oder fast weiß und 6–16 cm lang. Sie enthalten nur ein einzelnes großes, flaches, 4–5 cm langes Samenkorn. Die Frucht wird gekocht oder gebakken, roh zu Salat gegeben und in chinesischen Gerichten kleingeschnitten angebraten. Die Knolle kann gekocht und dann kandiert oder in Scheiben geschnitten gebraten werden. Die saftigen jungen Triebe können wie Spargel verzehrt werden.

Die Pflanze ist in warmen Klimabereichen problemlos anzubauen. Bei der Pflanzung wird die ganze Frucht auf die Seite gelegt in den Boden gesetzt, so daß das schmale Ende etwas aus dem Boden herausragt. In warmem fruchtbarem Boden wächst die Pflanze sehr schnell. Erst bei Tageslängen über 12 Stunden beginnt die Blütenbildung. Der Boden sollte sandig, nährstoffreich, aber gut wasserabführend sein und trotzdem während der Wachstumszeit über genügend Feuchtigkeit verfügen. Die Pflanzung auf der nächsten Seite wuchs in sehr lockerem Boden an heißer Stelle des Nordufers des Chapalasees in Mittelmexiko. In tropischen Gegenden wachsen die Pflanzen am besten im Gebirge.

FLASCHENKÜRBIS

Lagenaria siceraria (Mol.) Standl. syn. *L. vulgaris* Ser., *L. leucantha* Rusby *(Cucurbitaceae)*.
Bottle Gourd, White-flowered Gourd (GB)

Obwohl die Flaschenkürbisse ursprünglich aus Afrika, und zwar aus Gebieten südlich der Saharawüste stammen, gibt es Anzeichen dafür, daß Flaschenkürbisse in Südamerika schon um 7000 v. Christus angebaut wurden. Rückstände der harten Schalen sind in Mexiko aus der Zeit von vor 500 v. Christus gefunden worden. Da Südamerika an der engsten Stelle nur 1900 Seemeilen von Afrika entfernt ist, könnten die Flaschenkürbisse von Kontinent zu Kontinent auf dem Meer geschwommen sein. Experimente haben gezeigt, daß Flaschenkürbisse über 220 Tage im Meerwasser liegen und schwimmen können, ohne daß die Saat an Keimfähigkeit verliert. Flaschenkürbisse dieser Art wurden von den alten Ägyptern zwischen 3000 und 4000 v. Christus verwendet. Es haben sich zahlreiche Fruchtformen, manche bis 2 m Länge, entwickelt. Nur die unreifen Früchte sind eßbar. Sie haben einen kräftigen bitteren Geschmack

Chayoteanbau in der Nähe des Chapalasees in Mexiko

und werden am besten in Currys gegessen. Die Flaschenkürbisse werden grundsätzlich wegen ihrer trockenen Fruchtschalen angebaut, die auch heute noch vielfältig genutzt werden, so als Wasserflaschen, Schöpflöffel, Tassen, Musikinstrumente oder Schwimmer für Fischnetze und Flöße oder auch nur zur Zierde.

Diese einjährigen Pflanzen haben geriefte Stengel und klettern bis über 10 m hoch. Die Ranken haben einen langen und einen kurzen Arm, die Blätter sind herzförmig mit scharfer Spitze. Die großen, weißen, duftenden und nur abends offenen Blüten stehen einzeln in den Blattachseln. Sie sind entweder männlich oder weiblich, wobei die männlichen Blüten beim Öffnen auf bis 25 cm langen Stielen stehen. Die weiblichen Blüten sind gleich groß, und ihr Fruchtknoten ist mit drüsigen Haaren bedeckt.

Chayotefrüchte

SCHLANGENHAARGURKE

Trichosanthes cucumerina L. syn. *T. anguina L.*,
T. colubrina Jacq. fil. *(Cucurbitaceae)*
Snake Gourd, Serpent Gourd (GB), Chicinda

Diese seltsame gurkenähnliche Frucht kann bis 2 m lang werden und ist nicht abgebildet. Sie ist grün und in der Längsrichtung im jugendlichen Stadium weiß gefleckt und wird reif leuchtend rot. Während des Wachstums windet und dreht sie sich, so daß durch einen am unteren Ende befestigten Stein ein gerades Wachstum bewirkt werden muß.

Diese einjährige Pflanze stammt aus dem tropischen Asien. Die Frucht wird jung und gekocht gegessen. Gepellt, zerkleinert und gekocht hat sie einen kräftigen Geschmack und ist nährstoffreicher als viele Kürbisgewächse. Die Blütenblätter der großen weißen Blüten sind sehr fein haarartig geschlitzt und haben ihr den Namen Haarblume eingetragen. Sie duften des nachts süß und kräftig.

Die Pflanze wächst in wärmeren Teilen der USA und Südeuropas im Freien, in dem kühlen Klima Englands und Mitteleuropas aber besser im Gewächshaus.

Blüte vom Flaschenkürbis

'Long Green Ridge' (Text S. 196)

'Kyoto' (Text S. 196)

GURKEN

Gurken und Melonen gehören zur Gattung *Cucumis L.* , die aus über 25 rankenden und kletternden einjährigen Arten aus Afrika und Asien besteht. Neben Gurken und Melonen werden noch zwei weitere Arten dieser Gattung verbreitet angebaut. Die Anguria-Gurke (Westindien Gherkin, bur cucumber, GB) *Cucumis anguria L.*, die wahrscheinlich von der afrikanischen Art *Cucumis longipes Hook. fil.* stammt. Sie wird hauptsächlich in der Karibik als Gemüse angebaut, wo die fast runden Früchte eingelegt werden. Daneben gibt es Anbau in Texas und Florida. Die Geleemelone (African horned cucumber, Jellymelon, GB), die bei uns hin und wieder als Kiwano auf dem Markt ist, stammt von *Cucumis metuliferus E.H. Meyer ex Schrad.* und ist eine einjährige, rauhhaarige Kletterpflanze. Die länglichen Früchte haben hornartige Auswüchse, sind gelb und reifen rötlich und haben im Innern ihre Samen in eine grünliche Geleemasse eingebettet.

GURKE

Cucumis sativus L. *(Cucurbitaceae)*
Cucumber, Gherkin (GB); Concombre (F)

Die Gurke wurde wahrscheinlich in Indien schon vor 3000 Jahren angebaut. Sie war wahrscheinlich den alten Ägyptern unbekannt, wurde jedoch von den Griechen gezogen und breitete sich dann zur Zeit des klassischen Rom westwärts aus. Wahrscheinlich stammt sie aus den nordindischen Gebirgen, wo eine sehr ähnliche Art *Cucumis hardwickii Royle* vorkommt, die sich mit den angebauten Gurken problemlos kreuzen läßt. Sie hat kleine, bittere, mit steifen Dornen besetzte Früchte. Fast alle anderen *Cucumis*-Arten, einschließlich der Melone, *Cucumis melo L.*, stammen aus Afrika.

In Indien werden zwei Formen angebaut. Eine wird bis 45 cm lang und ist grün mit weißen Längsstreifen. Die zweite Form ist kürzer und fast weiß und wird bei der Reife rostrot. Eine andere Form heißt 'Crystal Apple'. Es ist eine ovale, leicht stachelhaarige Sorte mit bei der Reife weißen Früchten. 1933 von Arthur Yates & Co. aus Sydney eingeführt.

Die meisten in Europa und Nordamerika angebauten Sorten haben eine grüne Haut, und manche der robusteren Sorten haben noch Warzen und weiche Haare auf der Frucht. Männliche und weibliche Blüten sind unterschiedlich, jedoch auf der gleichen Pflanze, und bei manchen neueren Sorten entwickelt sich die Frucht parthenocarp, d. h. ohne Bestäubung.

Gurken werden meist als Salatgemüse gegessen oder eingelegt. Sie schmecken aber auch ausgezeichnet, wenn sie leicht gedünstet sind. Im östlichen Mittelmeergebiet werden sie oft mit Joghurt gemischt und z.B. als knoblauchgewürztes Zaziki gegessen. Gurken bestehen hauptsächlich aus Wasser und haben wenig Nährwert.

Gartenkultur

Die höchsten Erträge werden im gemäßigten Klima von Pflanzen bei Unterglaskultur gezogen. Aussaat erfolgt November/Dezember, und die jungen Pflanzen kommen im Januar oder Anfang Februar auf Hügelbeete oder in Substratbeutel. Für das Wachstum sind mindestens 15°C erforderlich, so daß im unbeheizten Gewächshaus erst ab April oder Mai kultiviert werden kann. Die kletternden Triebe müssen an senkrechten Drähten gezogen werden. Die Spitze wird entfernt, um Verzweigung zu fördern. Die Blüten stehen in den Blattachseln; die weiblichen einzeln, die männlichen zu mehreren. Gurken bedürfen eines guten nährstoffreichen Bodens mit viel organischer Masse bzw. verrottetem Dünger. Die Pflanzen erfordern immer ausreichend Feuchtigkeit und dürfen nie trocken werden.

Freilandgurken (Ridge cucumbers, GB) sind widerstandsfähigere Sorten für Freilandkultur, die wie Kartoffeln in Furchen gezogen werden und deren Triebe auf dem Boden kriechen. Viele dieser Sorten haben nur kurze, dicht beblätterte Triebe. Klein geerntete Früchte oder besondere Sorten bezeichnet man auch als Einlegegurken (im Englischen Gherkins, ein Wort, das von der griechischen Bezeichnung für Wassermelone stammt). Bei Freilandgurken und Gewächshausgurken ist es wichtig, sie eßreif zu ernten, damit Blüte und neuer Fruchtansatz möglichst frühzeitig nicht gemindert werden.

‘Crystal Apple’ (Text S. 196)

‘Telegraph Improved’ und ‘Kyoto’ im Gewächshaus (Text S.196)

‘Bush Crop’ (Text S. 196)

‘Long Green Ridge’ (Text S. 196)

Auf dem Boden wachsende Freilandgurke

'Diana'

'Chinese Long Green'

'Beit Alpha Ellam', aufgenommen bei Leslie Land in Maine, USA

Gewächshausgurke 'Athene' in Freilandkultur

'Athene' F1-Sorte. Rein weibliche Gewächshausgurke mit langen dunkelgrünen Früchten.

'Beit Alpha Ellam' Freilandgurke. Etwa 12,5 cm lang, 5 cm dick. Geeignet für Freilandkultur im Nordosten der USA und Mitteleuropa.

'Burpless Tasty Green' F1-Sorte für Gewächshaus- und Freilandanbau. Nicht bitter werdend. Beste Verzehrreife bei etwa 25 cm.

'Bush Crop' Kurztriebige Freilandsorte mit leicht stacheligen Früchten. Durch kurze Internodien viele Blattachseln mit fruchtenden Blüten und reiche Ernte. Gut geeignet bei wenig Raum für Topfkultur oder Substratsäcke (Abbildung S. 195).

'Chinese Long Green' Robuste Freilandsorte mit bis 50 cm langen Früchten. Robuste Kletterpflanze.

'Conda' F1-Sorte von Unwins, GB. Kleinfrüchtige Sorte zum Einlegen (nicht abgebildet).

'Crystal Apple' (syn. 'Lemon Cucumber'). Weißliche, fast runde Früchte, die auch noch gelb gereift zum Verzehr geeignet sind (Abbildung S. 195).

'Diana' Rein weibliche Gewächshausgurke. F1-Sorte mit etwa 34 cm langen Gurken.

'Kyoto' Für Freiland- und Gewächshausanbau geeignet. Stark kletternde Sorte mit dünnen, etwa 60 cm langen Früchten (Abbildung S. 194 und 195).

'Long Green Ridge' (syn. 'Long Prickly') Dunkelgrüne, leicht stachelige Früchte; reichtragend (Abbildung S. 194 und 195).

'Surprise' Glatthäutige Gurke für Freilandanbau im südlichen Großbritannien. Aufnahme aus Wisley.

'Telegraph Improved' Geeignet für Gewächshausanbau und an geschützter Stelle im Freiland. Lange schlanke, dunkelgrüne Früchte, die bei rechtzeitiger Entfernung der männlichen Blüten zur Vermeidung der Befruchtung nicht bitter werden (Abbildung S. 195).

'Surprise'

Gurken aus Sellindge, Kent, aufgenommen 1. August

Explodiergurke *Cyclanthera brachystachya*

BALSAMBIRNE, BALSAMGURKE, BITTERGURKE

Momordica charantia L. *(Cucurbitaceae)*
Bitter Cucumber, Bitter Gourd, Karella, Balsam Pear (GB)

Diese kräftige kletternde Gurkenverwandte wird wegen ihrer seltsamen Früchte seit langem in Asien angebaut. Sie werden ganz jung weit verbreitet in Asien verzehrt, sind aber äußerst bitter und schmecken westlichen Zungen nicht. In Indien und Ceylon werden sie gerne Currys zugegeben. Sie haben eine ergänzende medizinische Wirkung, da sie eine in der Wirkung dem Insulin entsprechende Substanz enthalten. Die jungen Triebe werden, nach Dr. Herklots, auf den Philippinen gegessen.

Die Frucht ist reif sehr farbenprächtig, nämlich leuchtend orangegelb, wenn sie aufplatzt und die leuchtend roten Samen zeigt. Die Gattung *Momordica* umfaßt 45 in Asien und Afrika heimische Arten. *M. charantia* stammt aus dem tropischen Asien, wo sie seit vielen Jahrhunderten angebaut wird. Sie ist in Europa mindestens seit dem späten 17. Jahrhundert bekannt, als sie von Rheede tot Draakstein, dem holländischen Gouverneur der Malabarküste, in seinem *Hortus Indicus Malabaricus*, einer Abhandlung über die Gartenpflanzen des heutigen Keralabereiches, abgebildet wurde.

Es ist eine zierliche einjährige, 3–4 m hoch kletternde Pflanze mit einfachen Ranken aus den Blattachseln. Die herzförmigen langgestielten Blätter sind 5–9teilig tief rundlich gelappt. Die gelben, langgestielten, männlichen und weiblichen Blüten stehen einzeln, besitzen 5 fast freistehende Blütenblätter und duften am Morgen nach Vanille. Die Früchte hängen und sind je nach Sorte 10–25 cm lang. Der langfruchtige Typ wird von den Chinesen vorgezogen, der kurzfruchtige bei den Indern. Die Samen sind braun oder weiß und in scharlachrotem, bei der Reife süßem Fruchtfleisch eingebettet.

Zwei verwandte Arten werden ebenso angebaut. *Momordica cochinchinensis (Lour.) Spreng.*, die stachelige Bittergurke (spiny bitter cucumber, GB), mit 3-5lappigen Blättern und strohgelben männlichen Blüten, deren innere Blütenblätter am Grunde einen schwarzpurpurnen Fleck besitzen. Die Früchte sind oval, etwa 12 cm lang und mit kleinen kegeligen Dornen besetzt. Sie sind bei der Reife orange oder rot, werden aber grün verzehrt.

Der Balsamapfel oder Goldapfel *Momordica balsamina L.* (bitter apple, GB) ist nah mit *M. charantia* verwandt und stammt aus Ostasien. Die Blüten sind kleiner, die Frucht mehr elliptisch und die Oberfläche glatt oder leicht höckerig, spaltet sich bei der Reife in 3 Teile und zeigt dann rote Samen.

Gartenkultur

Die Balsambirne und ihre Verwandten sind einfach anzubauen. Aussaat unter Schutz im Frühling und Auspflanzen nach den Eisheiligen in gut gedüngtem Boden. In Gegenden mit kühlen Sommern benötigen sie ähnlich wie Gurken den Anbau im Gewächshaus. In heißen Klimaten können sie direkt an Ort und Stelle gesät werden.

KREISMÄNNCHEN

Cyclanthera pedata L. Schrad. *(Cucurbitaceae)*
Korila, Caygua (Haiti), Achoccha (Peru)

Diese kletternde Gurkenverwandte ist in Mittel- und Südamerika zu Hause und wird, nach Dr. Herklots, in Taiwan und Nepal angebaut. Die Pflanze kriecht oder klettert bis 3 m und hat verzweigte Ranken. Die Blätter ähneln denen des Japanischen Ahorns und sind tief 5teilig eingeschnitten, wobei die Grundlappen wiederum 3teilig sind. Die männlichen Blüten stehen in Trauben, die weiblichen einzeln. Beide sind klein und grünlichgelb. Die Früchte sind eiförmig, blaßgrün und etwas abgeflacht und fast auf der ganzen Länge hohl. Sie können glatt oder mit weichen Stacheln besetzt sein und öffnen sich explosionsartig, wobei die schwar-

Wachskürbis

Balsamgurke in Malawi

zen, etwa 10 mm langen, rechteckigen Samen ausgeschleudert werden. Das dicke Fleisch der Frucht wird roh oder gekocht gegessen und schmeckt wie Gurke.

Cyclanthera brachystachya (Ser.) Cogn., die Explodiergurke, ähnelt ihr und hat 5lappige Blätter und gebogene, weichstachelige Früchte, die bei der Reife explodieren. Beide Arten benötigen einen langen kühlen feuchten Sommer, um dann im Herbst und in den Winter hinein zu fruchten, solange der Frost sie nicht absterben läßt.

WACHSKÜRBIS

Benincasa hispida (Thunb.) Cogn. *(Cucurbitaceae)*
Wax Gourd, Ash Pumpkin, Chinese Preserving Melon, Chinese Fuzzy Gourd (GB), Tung Kwa, Mo Kwa, Cham Kwa (China)

Die großfruchtige Kürbisverwandte stammt von Java und möglicherweise auch aus Japan, wird aber bereits seit mehreren tausend Jahren in China angebaut. Heute ist sie weithin durch Ostasien verbreitet und auch in den chinesischen Läden in Soho in London zu finden. Die zylindrische Frucht wird 90–150 cm lang und kann bis 14 kg schwer sein. Die Blätter sind leicht gelappt, die männlichen, 10–15 cm großen gelben Blüten sind langgestielt und haben fast einzeln stehende Blütenblätter. Die weiblichen Blüten sind kürzer gestielt und kleiner. Die einjährige Pflanze ist an Stützen ein recht kräftiger Kletterer, kann aber auch auf dem Boden rankend wie Kürbis gezogen werden.

Dr. Herklots erwähnt 4 Sorten. Bei zweien, die fa kwa genannt werden, sind die Früchte jung, mit feinen, weißen, seidigen Haaren besetzt und werden im Alter weiß wächsern. Sie werden frisch verzehrt. Eine an-

Balsamgurke

Früchte von *M. cochinchinensis*

Junge Gemüseschwammgurken

Schwammgurken, Früchte und Schwämme

dere Sorte wird mo kwa oder tsit kwa genannt. Die Früchte sind leicht tailliert, jung behaart, aber nicht wächsern und werden jung wie Zucchini gegessen. Die bedeutendste Sorte, cham kwa genannt, da ihre Früchte wie ein Kissen aussehen und bei der Reife auch grün sind, hält sich bis zu 1 Jahr. Sie werden oft in Stücken mit anderem Gemüse zusammen süßsauer eingelegt oder mit Fleisch und Gemüse gedünstet oder gekocht.

Gartenkultur

Die Samen des Wachskürbisses werden meist in der warmen feuchten Jahreszeit ausgesät und benötigen sehr nährstoffreichen, gut gedüngten Boden und reichlich Wasser. Als Kletterpflanze gezogen, bedürfen sie eines sehr stabilen Gerüstes. Sie werden deshalb oft am Wasserrand gepflanzt und die Stützen in den Luftraum, über das Wasser, hinausgebaut, um wertvolle Anbaufläche zu sparen. Die Früchte reifen in den Tropen in etwa 60 Tagen, in den warmen Staaten der USA in etwa 85 Tagen.

SCHWAMMGURKE, LUFFASCHWAMM

Luffa aegyptiaca Mill., syn. L. *cylindrica* M.J. Roem. *(Cucurbitaceae)*
Smooth Loofah (GB)

Dieser vegetabile Badeschwamm, der Luffaschwamm, wird zum Abschrubben des Rückens besonders in türkischen Bädern in der Türkei benutzt. Wahrscheinlich stammt er aus Indien, wurde aber von Philip Miller, dem seinerzeitigen Leiter des Chelsea Physic Garden, aus ägyptischem Saatgut gezogen. Die jungen Früchte sind eßbar, werden aber wenig geschätzt und besitzen im Gegensatz zur Gemüseschwammgurke ungerippte Früchte. Die Blüten sind gelb und etwa 10 cm groß.

Im Anbau werden die Schwammgurken reif geerntet, die Samen ausgeschüttelt. Danach läßt man die Früchte im Wasser mazerieren, um Fruchtschale und Fruchtfleisch auswaschen zu können. Das faserige Skelett wird dann getrocknet und oft mit Wasserstoffsuperoxyd gebleicht. Verwendung als Badeschwamm oder auch als Filtermaterial, um Öl von Wasser zu trennen, oder als Füllstoff in Sätteln und Polstern. Die schwarzen Samen enthalten viel farbloses und geschmackloses, zum Verzehr geeignetes Öl.

GEMÜSESCHWAMMGURKE

Luffa acutangula L. Roxb. *(Cucurbitaceae)*
Angled Loofah (GB), Sze kwa (China)

Diese schnell wachsende, einjährige Pflanze stammt aus Indien und wird heute in den meisten Teilen Asiens wegen ihrer 60–270 cm langen Frucht angebaut. Sie hat 10 erhabene Rippen, die vom schmalen Stengelansatz zum deutlich dickeren Ende verlaufen. Die Blätter sind leicht 5lappig, die Blüten gelb, etwa 5 cm groß.

Die jungen Früchte sind eßbar, jedoch bei der Reife sehr bitter und abführend. Sie werden meist in Scheiben geschnitten gekocht und wegen ihrer ungewöhnlichen Rippenform und dem knackigen Fleisch geschätzt. Die Samen werden am Anfang der feuchten Jahreszeit gesät und die Ranken an Gittern gezogen. In Nordeuropa benötigen Schwammgurke und Gemüseschwammgurke Gewächshausanbau.

Schwammgurken und rosa Auberginen auf dem Dalsee in Kaschmir

Gemüseschwammgurken in Malawi

Uferrandgärten in Kaschmir

Junge Pflanzen von *Lactuca serriola*

Stammart des Salates, der Kompast- oder Stachellattich *Lactuca serriola*, in Frankreich

Der Giftlattich *Lactuca virosa*

Verschiedene Salatsorten im Anbau

SALATE

Lactuca sativa L. *(Compositae)*
Lettuce (GB)

Die zu *Lactuca sativa* gehörenden unterschiedlichen Salattypen sind das wichtigste Salatgemüse, das uns auch seit der Entwicklung von Unterglasanbautypen für den Winter zu allen Jahreszeiten zur Verfügung steht. Die schweren knackigen Eisbergsalate sind in Amerika verbreiteter und wurden dort entwickelt, um Salat von Kalifornien auf die Märkte an die Ostküste transportieren zu können. Die weichen, lockeren Kopfsalate (GB: cabbage lettuces) sind in Nordeuropa verbreitet. Römischer oder Koch- und Bindesalat (dies ist »Kasseler Strünkchen«) (GB: Cos lettuces), der am besten im Frühling schmeckt, wird weit verbreitet im östlichen Mittelmeergebiet angebaut. In China baut man den Stengel- oder Spargelsalat (GB: Celtuce) an, ein Typ, bei dem die dicken, knackigen, fleischigen Stengel geschnitten und kurz gedünstet verzehrt werden.

Kompast- oder Stachellattich, *Lactuca serriola*

Lactuca canadensis in Connecticut, USA

Stammeltern des Salates

Alle Salate entwickelten sich aus der Wildart *Lactuca serriola L.*, die wild auf Kahlschlägen in Wäldern, auf felsigen Hängen und Brachland von Asien und Nordafrika bis Nordeuropa vorkommt. Es ist eine winterannuelle Pflanze, d.h. die Keimung erfolgt im Herbst, und es bildet sich eine beachtlich große Blattrosette, die man an manchen Wegrändern sieht, die dann im Spätsommer mit bis 2 m hohen Trieben blüht. Die Blätter sind oft stachelig und stehen meist hochkant. Sie können oval, ganzrandig oder tief gelappt sein. Die kleinen Blüten sind blaßgelb und die Samen graugrün. *Lactuca virosa L.*, der Giftlattich, ist ähnlich, hält seine Blätter aber flach und hat schwärzliche Samen. Er wurde zur Züchtung einiger Sorten wie z.B. bei 'Vanguard' benutzt. Eine andere Wildart, *Lactuca saligna L.*, der weidenblättrige Lattich, ist eine insgesamt zierlichere Pflanze mit schmaleren Blättern.

Einige engverwandte Wildarten kommen in den Gebirgen der Türkei, des Iran und des südlichen Kaukasus vor und andere in den Wäldern und Prärien Nordamerikas, wie auch *Lactuca canadensis L.*, der auch den Namen Wilder Opium trägt.

Lactuca indica L. ist eine Staude aus China und wird dort und in Indonesien wegen seiner lanzettlichen Stengelblätter gezogen, die gewöhnlich gekocht, manchmal aber auch als Salat verzehrt werden.

Salat als Kulturpflanze

Salat bauten bereits die Römer an, wobei man aber die alten Ägypter für diejenigen hält, die bereits um 4500 v. Christus als erste Salat anbauten. Wandmalereien in einigen ägyptischen Gräbern sollen eine schmalblättrige Form des Bindesalates zeigen, wobei man aber glaubt, daß die Pflanze anfangs wegen des zum Verzehr geeigneten Öls in den Samen angebaut wurde denn als Salat. Die Wildart ist – selbst als junge Pflanze – schrecklich bitter, und die Auslese weniger bitterer Formen war sicherlich einer der ersten Schritte zum Anbau dieses Salatgemüses. Die Bitterkeit steht in Verbindung mit dem Milchsaft, den wir heute auch noch bei angebauten Sorten finden, wenn sie zu blühen beginnen.

Salat als Nahrungspflanze kam wahrscheinlich mit den Römern nach Großbritannien, die die Pflanze schätzten, da Kaiser Augustus durch sie geheilt worden sein soll. Ihre damaligen Sorten mußte man bleichen, um die Bitterkeit zu vermindern. In nachrömischer Zeit wurde Salat in Großbritannien erstmals im Kräuterbuch von Gerard 1597 erwähnt. In Deutschland ist der Salat auch Bestandteil der Liste im Capitulare de villis, das die auf den Staatsgütern Karls des Großen anzubauenden Pflanzen nennt und um 800 galt. Er nennt 8 Sorten. Die ersten Siedler nahmen Salatsamen mit nach Nordamerika. Salat mit festen Köpfen kennt man erst seit dem 16. Jahrhundert.

Die moderne Züchtung konzentriert sich auf Krankheitsresistenz und vermindertes Schossen, auf interessantere Blattformen und -farben, darunter z.B. rotblättrig gekräuselt. Wie Leser von Beatrix Potter wissen, wirkt Salat einschläfernd. Diese Eigenschaft kennt man seit alten Zeiten, und schon Hippokrates, der in Kos 456 v. Christus geboren wurde, erwähnt sie. Der bittere Milchsaft wurde oft als Ersatz für Opium oder das daraus hergestellte Laudanum verwendet.

Dr. A. Duncan aus Edinburgh in Großbritannien untersuchte die Wirkung von Salatsaft, den er 'lactucarium' nannte, und veröffentlichte 1809 eine Schrift mit dem Titel: »Bericht über eine Methode zur Zubereitung einer einschläfernden Medizin durch das Eindicken des weißen Saftes vom gewöhnlichen Gartensalat«.

Salat, Roter Mangold und Rosen in Villandry

Gartenkultur

Salat benötigt einen nährstoffreichen Boden mit gutem Wasserabzug, der aber während der Wachstumszeit ausreichend Feuchtigkeit nachliefern muß. Durch Trockenheit wird frühe Blüte bewirkt, ohne daß die Köpfe ausgebildet werden. Stalldung sollte im Herbst vor dem Salatanbau in den Boden eingearbeitet werden. Andernfalls muß stickstoffreich während der Kultur gedüngt werden.

Die Keimung erfolgt bei niedrigen Temperaturen, da die Samen über 20°C in Ruhezustand übergehen. Für Ernte im zeitigen Frühling und Herbst soll nach Sämlingsanzucht unter Schutz auf sortengerechte Abstände ausgepflanzt werden. Für Ernte im Spätfrühling und im Sommer wird direkt ausgesät und dann auf Abstand ausgedünnt, da die Pflanzen auf diese Weise ein tiefergehendes Wurzelsystem und damit mehr Trokkenheitsresistenz entwickeln.

Schädlinge und Krankheiten

Außer durch Schnecken leidet der Salat auch besonders unter Blattläusen und Erdraupen. Die Wurzellaus kann auch ein gefährlicher Schädling sein. Diese blaßbraunen Läuse sitzen am Hals der Pfahlwurzel, schwächen das Wachstum der Pflanze, die dann gelb wird und bei trocknem warmem Wetter zusammenbricht. Die Wurzelläuse werden durch Ameisen verbreitet und befallen oft auch Unkräuter wie Gänsedistelarten, verschiedene Korbblütler und staudige Gemüsearten wie die Artischocke. Sie überwintern durch Wirtswechsel an Pappeln, wo sie Gallen an den Blattstielen verursachen und dann über geflügelte Exemplare wiederum im Juli Salat und andere Pflanzen befallen. Größte Befallsgefahr ist im Juli, August und September.

Blattläuse befallen die grünen Pflanzenteile und können auch als zusätzliche Gefahr Viruskrankheiten übertragen. Die moderne Züchtung hat Sorten hervorgebracht, die gegen Wurzelläuse resistent sind, so daß dort, wo diese eine Gefahr sind, die Sorten 'Avoncrisp' und 'Avondefiance' oder die gegen grüne Blattläuse tolerante 'Debbie' angebaut werden sollte. Diese Resistenz gegen Wurzel- und Blattläuse kommt aus der Wildart *Lactuca virosa*, dem Giftlattich. Erdraupen, das sind die Raupen z.B. der Saateule und verwandter Arten, können auch großen Schaden anrichten. Sie fressen an der Wurzel in der Nähe der Erdoberfläche, so daß man den Schaden erst durch das Absterben der Pflanze feststellt, wenn die Raupe bereits weitergekrochen ist. Nachts läßt sie sich durch Absuchen mit Licht bei größerem Befall eindämmen. Erdraupen sind bräunlich oder grünlich, dick und etwa 2 cm lang. Kräftiges, durchdringendes Wässern Anfang Juni tötet junge Raupen, bevor sie Schaden anrichten.

Drahtwürmer und auch die Larven der Riesenschnake können manchmal lästig sein. Sie fressen an den Wurzeln, bringen aber die Pflanzen selten zum Absterben.

Schlimm ist ein Befall durch Grauschimmel, auch Salatfäule genannt (Erreger Botrytis cinerca), die die Pflanzen im Freiland bei besonders feuchtem Wetter schädigen kann. Bei Unterglasanbau im Winter ist dies durch Luftbewegung und Trockenhalten der Salatblätter zu vermeiden. Befall durch Falschen Mehltau kann im Herbst zum Problem werden, doch da es mehrere Rassen gibt und die meisten Kopfsalatsorten gegen unterschiedliche Rassen resistent sind, empfiehlt es sich, durch Sortenwechsel den Befall zu mindern. Bekämpfung mit Fungiziden ist nicht sinnvoll.

'Bunyard's Matchless' Sehr alte Salatsorte

'Misticanza', manchmal auch 'Mesclun' oder 'Saldist' genannt, ist eine Mischung unterschiedlicher Salatsorten, die dicht gesät und jung geerntet wird. Bei nicht zu tiefem Schneiden treiben die Pflanzen wieder aus und können mehrfach beerntet werden. Die Mischungen enthalten meistens Kopfsalat, Endivie, Chicorée, Löwenzahn, Kerbel, Rauke, Senf und manchmal sogar Krähenfußwegerich *(Plantago coronopus L.)*

Alte Salatsorte ‘Tom Thumb’ (Text S. 206)

Ein Wintersonnentag im Mustergemüsegarten in Wisley

Bindesalat ‘Little Gem’ (Text S. 211)

‘Misticanza’, Aussaat in Ryton

Befall durch Wurzelläuse

Alte Salatsorte ‘Bunyard’s Matchless’ in Ryton

Salat von NIAB, Cambridge, aufgenommen 10. Juli

'Continuity'

'Capella' Dunkelgrüner Kopfsalat, Typ Buttersalat.

'Cindy' Züchter Nickerson-Zwaan BV. Blaßgrüner, nicht bitterer, gut über dem Boden stehender, bis 30 cm großer Buttersalat. In Nordamerika in etwa 57 Tagen schnittreif.

'Clarion' Krankheitsresistenter Buttersalat für Sommeranbau zwischen Juni und Oktober. Dicke Blätter mit dunkelgrüner Farbe. Resistent gegen Falschen Mehltau.

'Continuity' (syn. 'Brune Continuité', 'Bronze Beauty', 'Crisp as Ice', 'Hartford', 'Bronzehead') Knackiger Buttersalat mit kleinem, festem, süßem Herz. Gut für Sommeranbau, da hitzetolerant. Gewellte, oft rötliche Blätter. Samen schwarz. In 65–70 Tagen in Nordamerika schnittreif.

'Crescendo' Buttersalat von Yates.

'Cynthia' Für Gewächshausanbau und Aussaat Mitte Oktober, bei Auspflanzung Mitte November und Ernte von Februar bis Anfang April. Zur Vermeidung von Fäulnisbefall am Stengel kann auf Hügel gepflanzt werden, damit dieser Bereich schneller abtrocknet.

'Dandie' Gewächshaussorte für Anbau mit Heizung. Aufrecht stehende Köpfe. Für Aussaat von August bis November und Ernte von November bis April.

'Debbie' Züchter Nickerson-Zwaan BV. 22,5 cm hohe und 30 cm große, kompakte, feste Köpfe. Neuere Sorte zum Anbau in unbeheizten Folientunneln oder Kästen.

'Magnet' Blaßgrüner Buttersalat; zum Treiben geeignet.

'Merveille de Quatre Saisons' (syn. 'Besson Rouge', 'Red Besson') Alte, von Vilmorin-Andrieux 1880 schon angebotene Sorte. Mit seinen dunkelrötlichbraunen Blättern einer der dunkel gefärbtesten Kopfsalate. Verbreitet in Frankreich und Südamerika.

'Pia' Blaßgelblich grüner Buttersalat.

'Tom Thumb' (syn. 'Tennis Ball') Alte, um 1860 eingeführte Sorte, die innerhalb 65 Tagen schnittreif wird und ein weißes knackiges Herz besitzt. Geeignet für Frühlingsaussaat und gut schoßfest im Sommer (siehe auch Seite 205).

'Valdor' Wintersalat für Anbau im kalten Gewächshaus mit guter Resistenz gegen Grauschimmel. Auch geeignet für Septemberaussaat in milden Gegenden zur Frühlingsernte.

'Dandie'

'Cindy'

'Merveille de Quatre Saisons'

'Debbie'

'Magnet'

'Valdor'

'Clarion'

'Cynthia'

Salatköpfe von NIAB, Cambridge, aufgenommen 10. Juli

Rotblättriger Bindesalat 'Red Cos' (Text S. 211)

'Red Salad Bowl'

'Merveille de Quatre Saisons' (Text S. 206)

'Antina' Französische Eissalatsorte mit krausen Blättern, etwa 23 cm hoch und 29 cm breit und etwas locker. Blätter grün mit bläulichen und rötlichen Rändern. Gute Sorte mit relativer Schoßfestigkeit.

'Red Head' Gewellte, am Rande gerüschte Blätter, Herz gelb, hitzetolerant und in Nordamerika in etwa 50 Tagen schnittreif.

'Red Salad Bowl' (syn. 'Struwwelpeter Gelber Krauser') Rot überlaufener, lockerköpfiger Blattsalat, 1988 aus 'Oak Leaf' entstanden.

'Royal Red' Blätter mit gekraustem Rand.

'Sioux' Rot überlaufener Eissalat.

Rotblättrige Salate auf der Dry Gulch organic farm, Kalifornien, USA

Salate von NIAB, Cambridge, aufgenommen 28. September

'Bubbles' Züchter Dr. P.R. Dawson von Tozers in Cobham, Surrey. Kompakte, 18 cm hohe und 25 cm breite Pflanze. Blasige, mittelgroße Blätter und ziemlich feste Köpfe wie bei 'Little Gem', Blätter jedoch blasig und insgesamt milderer Geschmack. Geeignet für Frühanbau.

'Cosmic' Bindesalatsorte von Tozers.

'Little Gem' (syn. 'Sucrine', 'Sugar Cos') Kleine, kompakte, 17 cm hohe und 20 cm breite Pflanze mit festem süßem Herz und gewelltem Blatt. Alte, von Vilmorin-Andrieux 1880 unter dem Sortennamen 'Romaine Leboeuf' abgebildete, dem Bindesalat ähnliche Sorte. Schnittreif in Nordamerika in etwa 70 Tagen. Bei Unterglasaussaat Anfang März in England Reife Ende Mai.

'Lobjoits Green' Cos 32 cm hohe und 30 cm breite, aufrechte, leicht abspreizende, mittelgrüne Bindesalatsorte. Knackiges süßes Herz. Hitzetolerant, Samen weiß.

'Marvel' Bindesalatsorte mit gewellten Blättern in Wisley.

'Pavane' Bindesalatähnliche Sorte von Sluis & Groot vom Typ 'Little Gem'.

'Red Cos' (syn. 'Rouge d'Hiver', 'Red Winter', 'Red Roman') Alte Sorte des römischen Bindesalates mit roten Blättern und Toleranz gegen Hitze und Kälte. Sollte mit viel Wasser schnell wachsen.

'Romance' Züchtung von Sluis & Groot. Großer, etwa 30 cm hoher und 33 cm breiter, ziemlich kompakter Bindesalat mit mittelgrünen, blasig gewellten Blättern. Großes, festes, gut geformtes Herz mit etwas spiralisch gedrehten Blättern. Pflanzen in Nordamerika in 75 Tagen schnittreif.

'Winter Density' Gezüchtet von Tozers in Cobham. Pflanzen etwa 24 cm hoch und 26 cm breit. Bindesalatähnlicher Typ, ähnlich der Sorte 'Little Gem', aber größer, dunkler und langsamer reifend. Herz mit runder Spitze und guter Selbstbleichung. Samen weiß. Kälteresistenz und wenig Schoßneigung.

'Winter Density' und 'Red Cos'

'Cosmic'

'Marvel'

'Winter Density'

Salat von NIAB, Cambridge, aufgenommen 28. September

'Crestana' Dickblättriger Bataviatyp, gezüchtet von BSL/SEG. (Als Batavia werden in GB und F die in F entstandenen lockerköpfigen Eissalatsorten bezeichnet.)
'Crispino' Kleiner bis mittlerer Krachsalat (= Eissalat) von Royal Sluis Ltd.; Blattrand gerüscht. Beste Erntezeit Mitte Juli bis August.
'Ithaca Great Lakes' Moderne Eisbergsalatsorte mit glänzenden, leicht gerüschten Blättern. Resistent gegen Blattrandbrand. Geringe Schoßneigung.
'Malika' Schnell wachsende, kleine bis mittelgroße, feste Krachsalatsorte. Soll tolerant gegen Salatmosaikvirus sein. Für Ernte im Juni und Herbst.
'Marmer' Züchtung von Bruinsma, Saatzuchtbetriebe BVA. Kompakte, 17 cm hohe und 30 cm breite, feste Köpfe. Gewellte, mittelgrüne Blätter. Geeignet für Anbau im Gewächshaus und im kalten Kasten. Schnittreif etwa nach 75 Tagen.
'Pablo' Züchtung von Royal Sluis Ltd. Rötlicher Krachsalat mit stark gefärbten äußeren Blättern.
'Pennlake' ('Great Lakes' x 'Imperial 847') Krachsalat von Nickerson-Zwaan. Schnell wachsende, mittelgroße Sorte mit weißen Samen. Schnittreif in etwa 88 Tagen.
'Premier Great Lakes' Dieser Krachsalat auf dem Foto vom August 1987 stammt aus Aussaat vom 11. Juni. Er wird etwa 30 cm hoch und 47 cm breit. Fester Kopf mit blasigen Blättern. Die 'Great Lakes-Typen' wurden von der Michigan Agricultural Experimental Station 1941 eingeführt. 'Premier Great Lakes' ist eine 7–10 Tage früher als die üblichen Typen schnittreife Sorte. Sehr resistent gegen Hitze und Blattrandbrand.
'Saladin' Dunkelgrüne, große Krachsalatsorte von guter Form und mit großen Herzen zur Ernte von Ende Juni bis Anfang Oktober. Langsam wachsende Sorte, aber resistent gegen Blattrandbrand.
'Wallop' Züchtung von Leslie Watts in Neuseeland. Ungewöhnliche Sorte aus einer Kreuzung zwischen Krachsalat und römischem Bindesalat. Aufrechte, bündelig stehende Mittelblätter mit fester Substanz und gutem Geschmack.
'Webb's Wonderful' (syn. 'New York') Der Original Webb's-Wonderful-Krachsalat soll von Clarence Webb 1890 nach Nordamerika eingeführt worden sein. Er war aus einer alten Sorte 'Batavia Chou de Naples' entwickelt worden, die Vilmorin 1856 anbot. Aus der weiteren Züchtung in Nordamerika entstanden

'Marmer'

'Crispino'

'Pablo' bei NIAB, Cambridge

'Premier Great Lakes'

'Ithaca Great Lakes'

'Webb's Wonderful'

Verschiedene Salate in Sellindge

Salat von NIAB, Cambridge, aufgenommen 28. September

'El Toro'

'Goya'

'Green Ice'

die Imperial-Great-Lakes- und New-York-Sortengruppen. Heute wird Webb's in den USA als allgemeine Bezeichnung für Eissalat benutzt.

'Aida' Grüner Bataviatyp mit festem Herz.

'Blonde à Bord Rouge' (syn. 'Iceberg', 'Cool & Crisp', 'Brittle Ice', 'Batavia Blonde', 'Batavia à Bord Rouge') Sehr alte Krachsalatsorte, die bei Vilmorin 1771 erwähnt wird. Mit rötlichem Blattrand und besonders robust für trocknes oder kaltes Wetter mit etwas bitterem Geschmack. Samen weiß. Dies ist die Original-Eisbergsalatsorte, die von Burpees 1894 nach Amerika eingeführt wurde.

'Carioka' Roter Bataviatyp von Clause Ltd. (GB) eingeführt.

'El Toro' Neue Krachsalatsorte mit gutem süßem Herz. Wächst schnell und hält gut, ohne zu schossen. Scheint sowohl feuchte und heiße wie auch trockne Situationen gut zu vertragen. Reift in Nordamerika in etwa 75 Tagen.

Verschiedene Salate im Garten bei Joy Larkcom

'Till'

'Frisée de Beauregard' (syn. 'Batavia de Beauregard', 'Reine des Glaces', 'Sommerwunder') Alte, von Vilmorin 1883 abgebildete Sorte. Schwarze Samen und dunkelgrüne, gezähnte und gewellte Blätter. Knackig, spät schossend, geeignet für Sommeranbau.

'Goya' Neue holländische Sorte von Royal Sluis Ltd. Rotblättrige, sehr locker wachsende Sorte ohne Herz, Bindesalattyp.

'Green Ice' Bindesalatähnlicher, lockerköpfiger Eissalat mit dunkelgrünen, gewellten und am Rande gerüschten Blättern. Resistent gegen Echten Mehltau. Hält gut geschnitten und kann lange Zeit (nach etwa 45 Tagen in Nordamerika) geerntet werden.

'Merveille de Quatre Saisons' (syn. 'Besson Rouge', 'Red Besson') Alte, von Vilmorin-Andrieux 1880 angebotene Sorte. Samen schwarz. Mit dunkelrötlichbraunen Blättern eine der dunkelsten Kopfsalatsorten. Verbreitet in Frankreich und Südamerika.

'Till' Die Sorte ähnelt einem dichtköpfigen 'Oak Leaf'-Salat.

'Waldemann's Green' (syn. 'Walderman's Dark Green', 'Grand Rapids') Amerikanische Sorte von Asgrow Seed Co. International. 'Salad Bowl'-Typ mit ziemlich festen grünen, leicht gerunzelten Blättern.

'Frisée de Beauregard'

'Blonde à Bord Rouge'

Salat von NIAB, Cambridge, aufgenommen am 28. September

'Salad Bowl' (Mitte) und 'Red Sails' (rechts) in Wisley

'Royal Oak Leaf'

'Lollo Rosso'

'Lollo Rosso' Blattränder fein und dicht gerüscht und kräftig rot gefärbt. Kann den ganzen Sommer hindurch geschnitten werden.

'Lollo Verde' (syn. 'Lollo Bionda') Blaßgrüne Form von 'Lollo Rosso'. Am besten nur Einzelblätter schneiden und nicht den ganzen Kopf auf einmal.

'Oak Leaf' (syn. 'A coupé à feuille de Chêne', 'Blonde à graine noire') Erstmals von Vilmorin 1771 unter dem Namen 'Laitue épinard' angeboten. 3 Haupttypen: blaßgrün, braun und dunkelgrün. 'Salad Bowl' ist ein daraus entwickelter Typ, der nicht so schnell schoßt, und 'Royal Oak Leaf' ist eine neuere Selektion mit dunkleren, grünen Blättern.

'Red Sails' Lockerblättriger Eisbergtyp (Batavia) mit gekrausten, intensiv rotbronze gefärbten Blättern. Spätschossend. Verbreitete Sorte in Amerika mit Schnittreife ab 45 Tagen.

'Red Salad Bowl' Rotblättrige, locker wachsende, aus Oak Leaf 1988 entwickelte Sorte. Spätschossend mit blasser, selbstbleichender Mitte.

'Salad Bowl' Ähnlich 'Oak Leaf', schoßt aber mindestens einen Monat später. Samen schwarz.

Verkaufsfertige Spargelsalatstengel in einem Dorf in Yunnan, China

Spargelsalat auf dem Markt in Chengdu, China

Zwei Spargelsalatsorten in einem Garten in Chengdu, China

SPARGELSALAT, STENGELSALAT

Lactuca sativa var. *angustana hort.* ex L.H. Bailey syn. *L. sativa* var. *asparagina* Bailey *(Compositae)*
Celtuce, Asparagus Lettuce, Chinese Stem Lettuce (GB), Woo Chu, Woh Sun (China)

Der Spargel- oder Stengelsalat wurde in China entwickelt und von dort nach Europa eingeführt, wo ihn Vilmorin-Andrieux 1885 anbot. Wahrscheinlich brachten ihn französische Missionare, die in China auch botanisierten, nach Frankreich. Spargelsalat kam aus Westchina 1938 in die Vereinigten Staaten und wurde von Burpee Seed Company 1942 angeboten. Von Dr. Herklots werden in Nordchina angebaute Spargelsalatsorten mit weißlich gerunzelten, gespaltenen, purpurnen und roten, runden und spitzen Blättern erwähnt. Das meiste in Europa und Nordamerika angebaute Saatgut scheint zu einer Sorte mit weichen rundlichen Blättern zu gehören. Spargelsalat wird meist in warmen Klimaten als Winterfrucht angebaut, wächst aber auch unter den gleichen Bedingungen wie normaler Salat bei Pflanzung im Frühjahr oder Spätsommer zur Herbsternte. Die Pflanzen bleiben im Boden, bis der dick geschwollene Stengel etwa 30 cm lang ist. Die Stengel werden dann geschält und feingeschnitten, bevor sie kurz angebraten werden. Das Salatherz kann auch wie kleiner Bindesalat gegessen werden.

Schmalblättriger Spargelsalat in Ryton, GB

Endivien mit tönernen Glocken zum Bleichen

Breitblättriger grüner Endiviensalat

CHICORÉE, FLEISCHKRAUT, SALATZICHORIE

Cichorium intybus L. var. *foliosum Hegi (Compositae)*
Chicory (GB)

ENDIVIE, ESCARIOL

Cichorium endivia L. (Compositae)
Endive, Scarole (GB)

Beide Gemüsearten sind eng verwandt. Endivie ist meistens einjährig und hat immer unbehaarte Blätter, während Chicorée meist staudig ist und immer behaarte Blätter besitzt. Sie werden seit langem, besonders im Mittelmeergebiet, in vielen unterschiedlichen Formen angebaut.
Die Gattung *Cichorium* gehört zur Familie *Compositae* und dort zum Tribus *Lactuceae*, mit Salat, Schwarzwurzel, Haferwurzel und Löwenzahn.

Die staudige Wegwarte *(Cichorium intybus L.)* ist eine weit verbreitete

Pflanze Europas und Westasiens und häufig in Nordamerika verwildert, so z.B. schmücken die herrlich blauen Blüten die Wegränder in der Nähe von New York. Die Herkunft der einjährigen Endivie ist ungewiß. Einige vermuten sie aus Nordchina, andere aus dem östlichen Mittelmeer als Kreuzung zwischen Wegwarte und der wild vorkommenden einjährigen Art *C. pumilum Jacq.*, einer Pflanze aus der Türkei und dem westlichen Syrien. Eine dritte Theorie hält die Endivie für eine kultivierte Unterart von *C. pumilum*, die dann *C. endivia subsp. divaricatum (Schousboe) P.D. Sell* heißen soll, wobei dann deren *subspecies endivia* die angebaute Endivie wäre. Sowohl Zichoriensalat wie auch Endivien waren als Salate bei Griechen und Römern in Kultur und wurden von Aristophanes (in seinem Stück 'Die Frösche') wie auch bei Horaz und Plinius erwähnt. Es gibt auch Anzeichen dafür, daß Endivien schon viel früher im alten Ägypten angebaut wurden und auf diese Weise zu den bitteren Kräutern beim Passafest wurden. Beim Endiviensalat unterscheidet man breitblättrige Typen und solche mit fein geschlitztem und gekräuseltem Blatt, die Friséetypen. Beim Chicorée werden, z.B. beim Gemüse- oder Salatlattich oder auch beim Radicchio, die losen oder kopfbildenden Blätter gegessen oder die Wurzeln geerntet und für die Treiberei von Chicorée verwendet. Eine Variante der Wegwarte wurde im vorigen Jahrhundert besonders im Nürnberger Raum und auch jetzt wieder angebaut und geröstet zur geschmacklichen Verbesserung des Getreidekaffees verwendet. Malzkaffee mit Zichorienwurzel sollte damals den nicht erhältlichen Bohnenkaffee geschmacklich ersetzen. John Lindley schrieb im 19. Jahrhundert, daß die geröstete Zichorienwurzel selbst auch durch Karotten, Mangoldwurzeln, Eichenrinde, Braunes Mahagonisägemehl, Gebratene Pferdeleber oder gar Venezianisches Rot, einem Eisenoxyd, verfälscht wurde.

Gartenkultur

Chicorée für Wintertreiberei kann in Nordeuropa und der nordöstlichen USA angebaut werden. Aussaat erfolgt Ende Mai, Anfang Juni an Ort und Stelle in tiefgründigem, kalkhaltigem oder sandigem Boden. Wichtig ist kontinuierliche gute Wasserversorgung und Düngung, damit die Pflanzen ein kräftiges Wurzelsystem ausbilden und nicht schon im ersten Jahr blühen. Die Pflanzen werden auf 15 cm Abstand ausgedünnt und im Herbst satzweise ausgegraben und im Haus oder Keller im Dunkeln getrieben. Verzehrfertig gewachsen sind sie etwa in 3 Wochen. Die Wurzeln sollten auf 20 cm Länge geschnitten werden und die grünen Blätter bis auf etwa 2 cm über dem Wurzelhals abgeschnitten werden. Gute Treibwurzeln sind etwa 5 cm dick. Sie werden in großen Plastikgefäßen, in feuchtem Torf oder Sand eingeschlagen und warm und dunkel gehalten. Licht macht die Blätter bitter. Man kann die Blätter auch im Freien auf etwa 2 cm zurückschneiden und das Ganze etwa 20 cm hoch mit Sand oder Torf überschütten. Geerntet wird, bevor die Spitzen die Abdeckung durchbrechen.

Die Sorte 'Barbe de Capucin', die früher viel in Frankreich angebaut wurde, kommt der Wildart am nächsten. Es sind kleine Pflanzen mit gelappten Blättern, die gebündelt an warmen dunklen Stellen im Keller getrieben wurden. Blätter dünn und zart und bei Verzehr etwa 25 cm.

Eine andere italienische Sorte, 'Radichetta', hat breite Stengel, die wie Spargel gekocht wurden. Saat ist heute an mehreren Stellen in Amerika, aber selten in Europa erhältlich.

Lattichsalat und Endivien werden ähnlich wie Kopfsalat angebaut. Sie werden meist im zeitigen Frühling für Frühsommerernte oder nach dem Hochsommer für Herbsternte ausgesät und brauchen etwa 2–3 Monate zur Erntereife. In Gegenden mit kaltem Klima können die Köpfe vor dem Frost geschnitten und an kühler Stelle etwas gelagert werden. Bei Schutz am Standort im Freien besteht Fäulnisgefahr bei zu hoher Luftfeuchtigkeit. Zichoriensalat braucht nicht gebleicht zu werden. Er bildet wie z.B. 'Vatters Zuckerhut' zuckerhutähnliche Köpfe oder bei den rotblättrigen Radicchiosorten lockere oder feste rotkohlähnliche Köpfe. Letztere Sorten können entweder direkt geerntet oder die Wurzeln für Treiberei wie Chicorée verwendet werden.

Endiviensalat muß oft gebleicht werden. Dies kann durch Aufbinden der Blätter geschehen, damit das Herz ohne Licht sich nicht grün verfärbt, oder die Pflanzen können überdeckt und dunkel gehalten werden. Bleichen kann auch durch Überstülpen von Gefäßen wie bei Meerkohl erfolgen. Möglich ist auch, die Pflanzen auszugraben und an dunkler kühler Stelle einzuschlagen, damit sie dort bleichen. Die Blätter müssen aber trocken sein, da sonst schnell Fäulnis eintritt (Salatfäule).

'Green Curled'-Endiviensalat (Text S. 223)

Blüten von Endivienpflanzen

Große blaue Blüten der Wegwarte mit Blütenkerzen einer Minze

Frühlingsblätter von 'Red Treviso' in Sellindge (Text S. 225)

'Red Treviso', getrieben im Dunkeln (Text S. 225)

Getriebene Chicorée-Wurzeln (Text S. 225)

'Green Curled' (syn. 'Moss Curled', 'Chicorée Frisée') Ein Endivientyp mit fein gekräuselten und tief eingeschnittenen Blättern. Die Blätter werden vor der Ernte meist hochgebunden oder mit einem dunklen Gefäß überdeckt, damit sie bleichen und weniger bitter sind. 'Pancalière' (syn. 'Riccia di Pancalieri') ist eine Sorte mit besonders fein geschnittenen Blättern der Firma Clause, Bretigny-sur-Orge, Frankreich, auch erhältlich bei Suffolk Herbs. 'Fine Maraichaire' ist eine kleine, fein gekräuselte, etwa 20 cm große Sorte, die aber empfindlich sein soll.

'Sottomarina a palla precoce' Eine sehr dekorative, rot und weiß gefleckte, rundherzige Radicchiosorte von der Stadt Sottomarina bei Chioggia.

'Sugarloaf' (syn. 'Pan di Zucchero', 'Pain de Sucre') Zichoriensalat, bei dem das Herz auch selbstbleichend ist und große, kohlähnliche, kaum bittere Köpfe ergibt. Aussaat am besten im Juni oder Juli und Ernte im Herbst oder auch den Winter hindurch, wenn Schutz durch Kästen oder Tunnel möglich ist. 'Crystal Head' ist eine gute Selektion dieses Typs.

'Variegata di Castelfranco' Runde, im Winter gefleckte Köpfe. Stammt von Chioggia am südlichen Ende des Golfes von Venedig.

'Variegata di Chioggia' Runde, im Winter panaschierte Köpfe. Stammt von Chioggia am südlichen Ende des Golfes von Venedig. Diese dekorativen Radicchiosorten sind besonders schön aufgebaut auf den Märkten in Venedig im zeitigen Frühjahr zu sehen.

Zichoriensalat 'Sugarloaf'

'Variegata di Chioggia'

Endiviensalat 'Green Curled'

'Variegata di Castelfranco'

'Sottomarina a palla precoce'

Radicchio- und Endiviensalat aus Sellindge, aufgenommen 21. März

'Grumolo Verde'

'Alouette' in Wisley

'Red Verona'; durch zu warme Kultur fehlt die Kopfbildung

'Vatters Zuckerhut' Bis 40 cm hohe, ovale, feste Köpfe mit vorzüglichem Geschmack, die im Aussehen Chinakohlköpfen ähneln und als Salat, meist aber gedünstet als Gemüse, verwendet werden (nicht abgebildet).
'Alouette' Radicchiosorte von Thompson & Morgan, die ein gutes rotes Herz mit weißen Rippen bildet und bei gutem Geschmack knakkig und zart ist. Aussaat Mitte Mai für Ernte im Herbst und Winter.
'Coquette' Friséesorte des Endiviensalates, die sich in wintermilden Gegenden bei später Aussaat auch gut bis in den Frühling draußen hält.
'Grumolo Verde' Bildet kleine dunkelgrüne Blattrosetten im Winter und mehr aufrechte Blätter im Sommer. Sommerblätter können einzeln zu Salat verwendet werden. Die Rosetten überwintern, für Frühlingsernte geeignet.
'Red Treviso' (syn. 'Rossa di Treviso') Rotblättrige Treibchicoréeform, die getrieben blaßrosa ist und relativ lockere Köpfe bildet. Hat dunkelpurpurne Winterblätter.
'Red Verona' (syn. 'Rossa die Verona') Rotblättrige Radicchiosorte mit großen, festen, runden Köpfen, deren Blätter schmale weiße Rippen haben. Eine robuste, festköpfige Radicchiosorte zur Wintersalatnutzung oder zum leichten Dünsten als Gemüse. Manchmal auch 'a palla', d.h. ballförmig, genannt.
'Scarola Verde A Cuore Pieno' (syn. 'Full heart Italian Broadleaved') Große Pflanzen mit leicht gedrehten Blättern. Die Herzen werden normalerweise durch Zusammenbinden der äußeren Blätter oder durch Überdecken mit einem dunklen Gefäß gebleicht. Ernte im Frühsommer oder von überwinterter Septemberaussaat im Frühling. Steht der Sorte 'Batavian Green', syn. 'Batavian Broad-leaved', sehr nahe.
'Snowflake' (syn. 'Winter Fare') Problemlose Zichoriensalatsorte mit sehr dünnen Blättern. Pflanzzeit am besten im Juni und Juli mit Kultur in nährstoffreichem feuchtem Boden für Herbst- und Winterernte. **'Witloof'** (syn. 'Belgian, 'Brussel Witloof') Der Wildform am nächsten. Sie hat ziemlich aufrechte, dunkelgrüne, gelappte Blätter und wird getrieben als Wintergemüse genutzt. Bei uns heute verbreitetes Angebot. 'Crispa', 'Normato' und 'Witloof Zoom F1' sind neuere Sorten, die in erdloser Treiberei im Dunkeln gute kompakte Köpfe bilden (siehe S. 222).

'Scarola Verde A Cuore Pieno'

'Coquette'

'Green Globe'

Artischocken in Wisley

'Purple Roscoff'

Artischocke im Gemüsegarten in Villondry, Frankreich

ARTISCHOCKEN

Cynara scolymus L. *(Compositae)*
Globe Artichoke (GB), Artichaut (F), Alcachofa (E), Carciofa (I)

Die Artischocke ist ein ungewöhnliches Gemüse, da bei ihr die knospigen Blüten gegessen werden. Wenn sie jung genug sind, ist praktisch die ganze Blüte, d.h. der Blütenstand, zart genug zum Verzehr. Wenn sie älter sind, sind nur der untere fleischige Teil der hochblattähnlichen Hüllblätter und der verdickte Blütenboden weich genug. Sehr junge Blütenstengel und Blätter sind auch eßbar.

Die Artischocke gehört zur gleichen Unterfamilie der *Compositae* wie die Distel. Ursprünglichere Artischockensorten haben auch leicht stachelige Hüllblätter und Blätter. Die Artischocke ist eine Staude, deren geöffnete Blüten großen Disteln gleichen und sich – beim Öffnen geschnitten – gut trocknen lassen.

Artischocken sind als Wildart unbekannt, aber eng mit der Gemüseartischocke, dem Cardy, verwandt (siehe S. 228) und wohl auch verwandt zu *Cynara syriaca Boiss.* aus dem östlichen Mittelmeergebiet und wahrscheinlich aus einer der beiden Arten entstanden. Bereits die Griechen und Römer kultivierten sie, nachdem sie sie aus Nordafrika eingeführt hatten. In England war die Artischocke immer ein edles Gemüse, das wohl erst ab dem 16. Jahrhundert angebaut wurde und bei Heinrich VIII. beliebt war, da die Artischocke als Aphrodisiakum galt. Die Obergärtner mußten viel Aufwand betreiben, um den ganzen Sommer lang Artischokken bereitzuhalten.

Neuere Sorten haben große fleischige Blüten ohne Stacheln auf den Hüllblättern. Man sollte deshalb möglichst Pflanzgut von neuen Sorten kaufen. 'Green Globe Improved' ist eine Samensorte mit geringer Bestachelung. 'Violetta' ist eine purpurknospige italienische Sorte mit länglicher Knospenform und jung zum Einlegen geeignet. 'Purple Roscoff' ist eine ähnliche Sorte aus der Bretagne mit purpurfarbigen Hüllblättern.

Junge Artischockenpflanzen in einem schottischen Küchengarten

Gartenkultur

Artischocken wachsen auch gut in Nordeuropa in warmen leichten Böden, sterben aber in schweren Böden in kühlen Klimabereichen meist ab. In sehr heißen Klimaten wachsen sie auch in schwereren Böden, sollten aber etwas Schatten vor der Mittagssonne haben. Die großen Artischokkenanbaugebiete in Frankreich (in der Bretagne bei Treguier seit 1508) und in Italien (Küstenbereich nahe Brindisi) haben leichte Böden und sehr milde Winter. Die Pflanzen wachsen am besten in einem warmen geschützten Beet in nährstoffreichem Boden mit gutem Wasserabzug. Junge Pflanzen oder abgetrennte Seitentriebe werden im Frühling in Doppelreihe auf 1 m Abstand gesetzt. Sie wachsen schnell und sollten während des Wachstums stickstoffbetont gedüngt werden. Manchmal haben sie schon im ersten Herbst kleine Blüten, die man aber sehr früh schneiden sollte, damit sich die Pflanze durch das Blühen nicht erschöpft, sondern gut bestockt. Eingewachsene Pflanzen schützt man durch eine dicke Lage trocknem Stroh vor großer Winterkälte. Im zeitigen Frühling werden sie mit Kompost gemulcht und gedüngt. Pflanzen können etwa 3–4 Jahre abgeerntet werden, dann sollte man sie durch wüchsigere, jüngere Pflanzen ersetzen (was auch durch Teilstücke erfolgen kann).

Krankheiten und Schädlinge

Probleme kann die Wurzellaus machen, die junge Pflanzen ernsthaft schwächt. Sie kommt in Gärten vor und befällt auch Salat und Gänsedisteln, so daß man auf Befall achten und rechtzeitig befallene Pflanzen entfernen muß oder die Wurzelläuse durch ein geeignetes Mittel bekämpft. Bei außergewöhnlich kaltem und feuchtem Wetter und wenig Luftbewegung können die Knospen faulen. Sonst sind Artischocken im allgemeinen krankheits- und schädlingsfrei.

Junge Cardonen- oder Gemüseartischockenpflanzen in richtiger Größe fürs Bleichen

CARDONE, CARDY, GEMÜSEARTISCHOCKE

Cynara cardunculus L. *(Compositae)*
Cardoon (GB), Cardon (F)

Sie sieht aus wie eine riesige hochgewachsene Artischocke mit kleinen stacheligen Blütenköpfen. Sie wird wegen ihrer dicken Blattrippen angebaut, die mit den riesigen Blättern eine große Rosette bilden, die man zusammenbindet und dadurch bleicht. Die getrockneten Blüten können als Ersatz für Laab verwendet werden. Man benutzt sie in Teilen Frankreichs zur Herstellung von La Caillebotte à la Chardonette, einem lockeren Weißkäse.

Cardy kommt wild in Südeuropa von Kreta und Sizilien westwärts bis Spanien und Portugal und auch in Nordafrika vor. Die Pflanze wächst an steinigen Stellen und in Trockenrasen auf Lehmböden. In Kultur werden die Pflanzen mindestens 2 m hoch und die Blätter über 1 m lang. Eine kleine Zeichnung in dem Buch *The Vegetable Garden* von Frau Vilmorin, das in England 1885 erschien, zeigt einen rundlichen Franzosen, der eine Leiter braucht, um die Blätter seines Cardy zusammenzubinden. Von Spezialfirmen gibt es in Amerika, in Frankreich und Italien einige Sorten, so z.B. 'Italian Dwarf' als sehr niedrige Sorte und 'Plein Blanc Enorme' als großes Gegenstück.

Gartenkultur

Cardy wird normalerweise aus Samen gezogen, der im Zierpflanzensortiment verkauft wird. Sich öffnende Blüten können geschnitten werden und eignen sich getrocknet gut für Trockengestecke oder als Dekoration in Bodenvasen. Sie gehört sicherlich zu einer der brauchbarsten Hintergrundpflanzen in großen Staudenbeeten. Aussaat sollte im zeitigen Frühjahr unter Schutz erfolgen und nach den Eisheiligen mit 60 cm Abstand ausgepflanzt werden. Bei der Aussaat nimmt man zwei oder drei Samen in jeden Topf und läßt die stärkste Pflanze dann nach dem Auspflanzen weiterwachsen. In sommertrocknen Gebieten sollten die Pflanzen in einer Furche stehen, um das Wässern zu erleichtern. Die Pflanzen müssen in voller Sonne stehen und haben die gleichen Ansprüche wie Artischocken, obwohl sie zäher und problemloser zu kultivieren sind. Sie brauchen viel Wasser und sollten jede Woche gründlich gewässert und gedüngt werden. Wenn die jungen Blätter groß genug sind, sollte man sie zusammenbinden, aber darauf achten, daß sie dabei ganz trocken sind. Sie werden dann mit Zeitungspapier und schwarzer Folie umwickelt und brauchen zum Bleichen 2–3 Wochen.

Kohldistel *(Cirsium oleraceum L. Scop.)* ist eine echte Distel und wurde früher zum Verzehr der jungen Triebe angebaut. Sie kommt in den meisten Teilen Europas und nördlich bis in die Normandie und Belgien wild vor und wächst in feuchten lichten Wäldern und auf nassen Wiesen, aber auch im Vorgebirge der Alpen. Sie ist in Großbritannien nicht heimisch, aber in Irland verwildert, wahrscheinlich als Kulturflüchtling. Sie ist an den fast dornenlosen Blättern und den blaßgelb blühenden Köpfchen, die von gelblich-grünen Hochblättern umgeben sind, leicht zu erkennen.

LÖWENZAHN

Taraxacum officinale L. *(Compositae)*
Dandelion (GB), Pissenlit (F)

In Nordeuropa ist der Löwenzahn ein vertrautes Rasenunkraut und ein prachtvoller Aspekt feuchter Wiesen und grasiger Wegränder, in Frankreich jedoch ist er auch ein verbreitetes Frühjahrsgemüse, aus dem verschiedene Sorten selektiert wurden, die man im Garten anbaut und wie Endivien bleicht, damit sie zarter werden und weniger bitter schmecken. In Deutschland finden wir nur in der Pfalz Löwenzahn in größerer Menge im Anbau. Die Kultursorten haben breitere Blätter als die Wildart, und ge-

Cardy in Blüte

Bleichen von Cardy mit dicker brauner Wellpappe

Blütenköpfchen und Blatt der Kohldistel

Blätter der Großen Klette

Große Klette blühend

Pflanzen aus Wisley, aufgenommen am 27. September

bleichte Blätter können gekocht und wie Spinat verzehrt werden. Junge Blätter sind etwas bitter, können aber zur Geschmacksverbesserung geschmacksarmem Wintersalat beigefügt oder auch allein zu Salat zubereitet werden. Es gibt auch Sorten mit fast moosartig fein geschlitzten Blättern, wie schon in Vilmorins »Gemüsegarten« im 19. Jahrhundert abgebildet.

Wilder Löwenzahn ist fast in der ganzen Welt zu finden. Bei den meisten Arten entsteht der Samen durch Apomixis, d.h. ohne Befruchtung. Dadurch und durch ihre große Variabilität entstehen viele Kleinarten. Allein in Europa wurden bisher etwa 1200 davon insbesondere im nordwesteuropäischen Teil benannt. Alle fallen echt aus Saat, und so kann jede besondere Pflanze in Kultur durch Samen rein weiter vermehrt werden. Obwohl Löwenzahn züchterisch noch kaum bearbeitet wurde, könnte er doch sicherlich ähnlich dem verwandten Zichoriengemüse und dem Salat wesentlich verbessert werden.

Scolymus hispanicus L. *(Compositae),* die Goldwurzel oder Spanische Golddistel (Tagarnina in Spanien), ist eine dornstengelige zweijährige Pflanze oder Staude, die einer gelbblütigen Distel oder Wegwarte gleicht. Sie wird heute wenig angebaut, wurde aber wegen ihrer eßbaren Blattstengel und Blattmittelrippen kultiviert. Die jungen, tief eingeschnittenen, wenig bedornten Blätter stehen in einer Rosette. Sie kommt auf trocknen, steinigen Plätzen in Südeuropa von Portugal bis zur Türkei und Südrußland vor und blüht im Spätsommer.

GROSSE KLETTE

Arctium lappa L. *(Compositae)*
Burdock (GB), Gobo (Japan)

Die Große Klette ist eine verbreitete Wildpflanze grasiger Plätze und offener Wälder in ganz Europa. Obwohl in der Vergangenheit medizinisch genutzt, wurde sie selten gegessen. Dr. Herklots berichtet jedoch, daß sie in Japan ein verbreitetes Gemüse ist und auch in Taiwan und Hawaii von ausgewanderten Japanern angebaut wird. Die Pflanze ist zweijährig und bildet im ersten Jahr eine Rosette großer runder, langstengeliger Blätter mit einer bis 120 cm tiefgehenden und etwa 2,5 cm dicken, meist aber nur halb so langen Pfahlwurzel. Im zweiten Jahr blüht die Pflanze reich an einem vielverzweigten, bis über 2 m hohen Trieb. Die jungen Triebe und Blätter können auch gegessen werden.

In Japan werden die Wurzeln oft in etwa 15 cm langen Stücken eingelegt und mit einer süßen braunen Sauce verkauft. Die Wurzeln können auch, solange sie noch zart sind, gekocht oder roh gegessen werden. Vor dem Verzehr sollten sie 1–2 Stunden gewässert werden (Bitterstoffe).

Überraschenderweise ist die Große Klette keine heimische Pflanze Japans, obwohl man sie – verwildert – in Hokkaido findet. Sie stammt aus Europa und kommt ostwärts bis zum Kaukasus vor und wurde von China, wo sie lange medizinisch genutzt wurde, nach Japan eingeführt. In Japan wurden Kultursorten ausgelesen, die wegen kleinerer Blätter weniger Raum benötigen und ertragreichere Wurzeln besitzen. Einige nahverwandte Arten wachsen in Europa wild und sind in Nordamerika eingebürgert. Es scheint *Arctium lappa* mit großen glatten Blütenköpfen zu sein, die in Hokkaido eingebürgert ist. Andere Arten sind oft größer mit kleineren, mehr wollig behaarten Blütenköpfen.

Gartenkultur

Die Große Klette sollte im zeitigen Frühling oder im Herbst ausgesät werden. Sie sollte so lange wie möglich wachsen, um möglichst große Wurzeln zu bilden. Der Boden sollte tiefgründig, feinkrümelig und nicht frisch gedüngt sein, damit sich die Wurzel nicht gabelt. Frühlingsaussaat kann unter Schutz erfolgen, wonach die Sämlinge sehr früh ausgepflanzt werden. Herbstaussaat sollte erst im September erfolgen, so daß die Pflanzen zu Winterbeginn sehr klein sind (Joy Larkcom sagt, daß die Wurzeln höchsten 3 mm Durchmesser haben sollten). Alle größeren Pflanzen blühen bereits im Folgejahr, statt im Herbst des kommenden eine gute Wurzelernte zu ergeben. Die verbreitete japanische Sorte heißt 'Takinogawa Long'.

Schwarzwurzel (Mitte), Haferwurzel (rechts und links)

Ein Löwenzahn im Gemüsegarten

HAFERWURZEL

Tragopogon porrifolius L. *(Compositae)*
Salsify, Oyster plant, vegetable oyster (GB)

SCHWARZWURZEL

Scorzonera hispanica L. *(Compositae)*
Scorzonera (GB)

Schwarzwurzel und Haferwurzel sind botanisch eng verwandt und werden auch gleich verwendet. Beide gehören zu den Korbblütlern *(Compositae)* und sind nahe mit Chicorée, Salat und Löwenzahn verwandt. Bei beiden wird die lange weiche Pfahlwurzel gegessen, jedoch können die jungen Triebe und Blütenknospen ebenso wie Spargel gekocht als ausgezeichnetes Gemüse verzehrt werden.

Die Haferwurzel hat eine weiße Wurzel mit schmalen grasartigen Blättern und purpurnen Blüten. Sie ist zweijährig und ähnelt dem gelbblühenden Wiesenbocksbart *Tragopogon pratensis L.*, der in Deutschland und Nordamerika auf Wiesen und an grasigen Wegrändern zu finden ist und ebenso wie die Haferwurzel eßbar sein soll. Die echte Haferwurzel stammt aus dem Mittelmeerraum und wächst dort in trocknen Wiesen und wurde auch schon seit langer Zeit angebaut. Sie ist heute auch in anderen Teilen Europas und in weiten Bereichen Nordamerikas verwildert.

Die Schwarzwurzel hat eine außen schwarzhäutige Wurzel und breitere, lanzettliche Blätter und gelbe Blüten. Sie ist eine Staude, so daß kleine Wurzeln nach dem ersten Jahr für ein weiteres Jahr im Boden bleiben und wachsen können. Die Schwarzwurzel stammt aus Südeuropa, von Portugal bis Südrußland und Sibirien, und wächst in trockenen Feldern und offenen Wäldern. Die Haferwurzel wurde wahrscheinlich zuerst in Italien im frühen 16. Jahrhundert und in England im späten 17. Jahrhundert angebaut. In Deutschland wird sie bereits von Albertus Magnus im 13. Jahrhundert erwähnt und wegen ihrer eßbaren Wurzel gerühmt. Auch Mathiolus und Cameranius erwähnen sie in ihren Kräuterbüchern. Später verschwand sie bei uns aus dem Anbau. Die Schwarzwurzel scheint erst später angebaut worden zu sein, denn sie wird erst im 16. Jahrhundert, z.B. bei Mathiolus in seinem Kommentar zum Dioscorides, erwähnt. Heute aber hat sie in Deutschland die Haferwurzel im Anbau verdrängt. Wie der von Linné gegebene Name Scorzonera hispanica zeigt, wurde sie bereits sehr früh in Spanien angebaut, aber wenig züchterisch bearbeitet, da es heute nur wenige Schwarzwurzelsorten gibt. 'Mammoth Sandwich Island' ist die verbreitetste Haferwurzelsorte, während 'Black Giant Russian' in England und bei uns in Deutschland »Verbesserte, nicht schießende Riesen« sowie »Hoffmans Schwarzer Pfahl« und eine einjährige zu ziehende Selektion von der Schwarzwurzel angeboten werden.

Gartenkultur

Schwarzwurzel und Haferwurzel lassen sich problemlos anbauen, entwickeln aber ihre Pfahlwurzeln langsam. Aussaat erfolgt im zeitigen Frühjahr mit Ausdünnen der Pflanzen auf 10 cm Abstand. Der Boden sollte feinkrümelig und nicht frisch gedüngt sein, da sich sonst gegabelte Wurzeln entwickeln. Auf steinigem oder schwerem Boden sollte man einen schmalen, etwa 30 cm tiefen Graben mit feinkrümeligem sandigem Boden füllen, damit sich die Pfahlwurzeln gut entwickeln können. Die Wurzeln sind ab Oktober erntereif und sollten vorsichtig von der Erde gesäubert, dann gekocht und unter kaltem Wasser abgeschreckt, wie hartgekochte Eier geschält werden. Die jungen Blütentriebe erscheinen im Frühling und können stehenbleiben, bis sich die Knospen zeigen. Wenn die Wurzelernte durch viele Verzweigungen schlecht wird, kann man die Triebe und Knospen ernten.

SALAT- ODER GEMÜSECHRYSANTHEME

Chrysanthemum coronarium L. *(Compositae)*
Garland Chrysanthemum, Chop Suey greens (GB); Thong Wo (China); shun giku (Japan)

Diese Chrysanthemenart stammt aus dem Mittelmeergebiet und wächst dort auf offenen Stellen in großer Menge mit anderen einjährigen Pflanzen. Sie wird verbreitet in China und Japan angebaut, und ihre etwa 10 cm langen jungen Triebe werden als Gemüse, meist kurz gedünstet, verzehrt. Es gibt Sorten mit breitgelappten, tief eingeschnittenen oder auch mit schmäleren Blättern (siehe S. 45). Kultur wie für jede andere einjährige Sommerblume mit Folgesaaten, da innerhalb von 30 Tagen geerntet werden kann. Vorteilhaft ist auch, daß in milden Gegenden das Wachstum den ganzen Winter hindurch anhält.

Blüten der Gemüsechrysantheme

Ein Topinambourfeld in der Umgebung von Wien

TOPINAMBOUR, ERDBIRNE

Helianthus tuberosus L. *(Compositae)*
Jerusalem Artichoke, Topinambour (GB)

Topinambour wird wegen seiner fleischigen, knolligen Wurzelstöcke gezogen, die höckerigen Kartoffeln ähneln. Der englische Name 'Jerusalem Artichoke' ist wahrscheinlich eine Verballhornung des italienischen Namens 'Girasole', für Sonnenblume, da diese Pflanze zur gleichen Gattung wie unsere Gartensonnenblume *Helianthus annuus L.* gehört. Topinambour stammt aus Nordamerika, wo er von Ontario und Saskatchewan südlich bis Georgia, Tennessee und Arkansas an feuchten Stellen mit gutem Boden vorkommen. Er ist vollkommen winterhart und kann, anders als die Kartoffel, das ganze Jahr über im Boden bleiben. Die Knollen enthalten Inulin anstelle von Stärke und Saccharosezucker, die in anderen Knollengemüsen enthalten sind, und eignen sich deshalb gut für Diabetiker. Die Pflanzen haben hohe steife Triebe, und manche Sorten blühen im Spätherbst an verzweigtem Blütenstand mit kleinen Sonnenblumen.

Topinambour wurde von den Indianern schon vor dem 16. Jahrhundert kultiviert, obwohl sie auch noch verbreitet Knollen der Wildpflanzen sammelten. Die ersten Einführungen nach Europa hatten größere Knollen als die Wildart und dürften deshalb schon Kultursorten oder Selektionen gewesen sein. Die Vermehrung durch Knollen ist sehr einfach, so daß jede selektierte Sorte problemlos weiter kultiviert werden kann. Neuere Sorten zielen auf weniger höckerige, leichter zu schälende Knollen. 'Fuseau' ist eine der besten alten Sorten. 'Dwarf Sunray' ist mit 1,5–2,1 m niedrig und reich blühend. Normalerweise hat Topinambour 2,5–3 m hohe Stengel und blüht nie. 'Golden Nugget' hat möhrenähnliche Knollen, 'Stampede' ist schnell reifend, früh blühend mit großen Knollen, eine amerikanische Sorte. Eine rothäutige Sorte heißt 'Smooth Garnet'. Nach dem 2. Weltkrieg wurde in der Lüneburger Heide intensiv an Topinambour gezüchtet. Der Anbau ist heute aber bis auf Felder in Baden, für das Schnapsbrennen aus den Knollen, oder Anbau als Wildfutter und geringe Mengen in Haus- und Kleingärten wieder verschwunden (Sorten: z.B. »Gute Gelbe«, »Bianca«).

Gartenkultur

Topinambour ist problemlos zu kultivieren und kann bei Vernachlässigung lästig werden. Die Knollen werden im Frühling in nährstoffreichen, feinkrümeligen, sandigen Boden gesetzt. Große können so geschnitten werden, daß jedes Teilstück 1–2 Augen hat. Sie wachsen ebenso gut in schwerem wie in grobscholligem Boden, sind dann aber höckeriger und unregelmäßiger. Die Knollen sind erntereif, wenn der Frost die Pflanzen absterben läßt oder etwa 1 Monat nach der Blüte.

YACON

Polymnia sonchifolia Poepp. et. Endl. syn. P. edulis Wedd. (Compositae)

Yacon ist eine hohe beblätterte Pflanze mit gelben Korbblüten. Die Blätter sind spießförmig mit geflügeltem Stiel. Die Pflanze trägt große dahlienähnliche Knollen, die roh gegessen werden können und wie süßliche Wasserkastanien schmecken. Wie Topinambour enthalten sie keine Saccharose, sondern Inulin. Nach Herklots soll sich ihr Geschmack verbessern, wenn die Knollen in der Sonne gelegen haben. Yacon stammt aus Peru und gehörte zur Nahrung der Inkas und wird heute versuchsweise in Neuseeland angebaut. Eine andere *Polymnia*-Art, *P. canadensis L.*, wächst in Wäldern auf Kalkstein in Nordamerika, hat aber keine knolligen Wurzeln.

Topinambourknollen

Alte nichtblühende Topinamboursorte

Einjährige Gartensonnenblumen in Sellindge

Frühblühende Sorte von Topinambour

Dorf in der Nähe des Berges Ararat im Jahre 1965

'Martha Washington'

'Connover's Colossal'

SPARGEL

Asparagus officinalis L. *(Liliaceae)*
Asparagus (GB)

Spargel ist eines der köstlichsten Gemüse und mit am leichtesten zu ziehen, vorausgesetzt, man hat eine vollsonnige Stelle und Boden mit gutem Wasserabzug. Asparagus ist eine große Gattung mit über 300 Arten, hauptsächlich in Asien und Afrika. Die meisten sind kräftige Kletterer mit eßbaren jungen, fleischigen Trieben. *Asparagus acutifolius L.* wird in Spanien und in der Türkei gesammelt und gegessen. Die nahverwandte Gattung *Smilax* hat auch eßbare junge Triebe, von denen dicke Bunde dieser hopfentriebähnlichen, gewundenen Triebspitzen von *S. aspera L.* in Griechenland und der Türkei, von Wildpflanzen in der Macchia gesammelt, angeboten werden.

(Phyllocladien: bei dieser Unterart 5–10 mm lang und bei subsp. officinalis 10–25 mm lang)

Asparagus officinalis L. findet man wild in ganz Europa, Nordwestafrika und Asien bis nach Persien. Seine ursprüngliche Verbreitung ist ungewiß, da er zumindest seit griechischen Zeiten angebaut wird. Er wächst an sandigen Stellen, in trocknen Wiesen, auf Kalkklippen und an Hängen mit vulkanischem Boden. Wir fanden viele Spargeltriebe im Mai, als wir an den unteren Hängen des Berges Ararat kampierten, und bereiteten uns daraus mit Rührei ein exzellentes Frühstück. Die Triebe waren fast 1 cm dick.

In Großbritannien ist der wilde Spargel an sandigen Stellen an der Küste am verbreitetsten. Es sind wahrscheinlich Gartenflüchtlinge, da die roten Beeren von Vögeln gefressen und damit der Spargel verbreitet wird. Es gibt eine einheimische Unterart, subsp. *prostratus (Dumort) Corb.*, die man auf den Klippenspitzen der Lizard-Halbinsel und in Südwales sowie auf Sanddünen in Südost-Irland und an den westlichen Küsten Europas von Deutschland bis Spanien findet. Die Unterart hat mehr oder weniger niederliegende Stengel, steife, nadelförmige Kurssprossen (»Blätter«), größere männliche Blüten mit rötlichem Grund und kleinere Früchte, meist mit nur 2 Samenkörnern. Die Form ist tetraploid, während die wilden Pflanzen der *subsp. officinalis* wie die meisten Kultursorten diploid sind.

Spargel wurde zuerst bei den Griechen als Gemüse erwähnt, dürfte aber nicht aus Kultur, sondern wild gesammelt worden sein. Plinius der Ältere erwähnt in seinem Werk aus dem Jahre 77 Verfahren der Römer, Bleichspargel zu kultivieren, und nennt als Hauptanbaugebiet die Gegend um Ravenna. Später wurde Spargel häufig in der Gegend von Venedig angebaut, deren Reichtum im 16. Jahrhundert Spargel zu einer ertragreichen Frucht machte und Getreide und Flachs verdrängte.

Die neueren Sorten sind sehr einheitlich. Männliche und weibliche Blüten sind auf getrennten Pflanzen, wobei männliche Pflanzen die besseren Spargelstangen ergeben, da keine Kraft in die Samenbildung geht. Sorten aus dem 19. Jahrhundert, die es heute noch gibt, sind 'Connover's Colossal', 'Argenteuil' und 'Sutton's Giant'. Zu den neuen Sorten gehören F1-Hybriden, die einheitliche reiche Ernte durch Aussaat erbringen, polyploid sind und frühreife Auslesen für den Anbau in Südkalifornien darstellen. Andere Sorten sind besonders tolerant gegen Krankheiten und schlechte Wachstumsbedingungen. Die Sorte 'Giant Mammoth' soll besonders unempfindlich gegen schweren Boden sein. 'Lukullus', 'Saxon' und 'Franklin' sind rein männliche Sorten. (Eine ganze Reihe deutscher Hochleistungssorten wird angeboten.)

Gartenkultur

Spargel wächst problemlos, wenn die richtigen Bodenbedingungen bestehen. Ein gut vorbereitetes Pflanzbeet hält die Pflanzung für etwa 20 Jahre ertragreich. Die Pflanze ist eine Staude mit einem großen Wachstumspunkt. Ihre fleischigen Wurzeln wachsen in alle Richtungen, dringen aber nicht tief in den Boden ein, sondern besitzen nur kurze Faserwurzeln. Der Boden unter den Pflanzen soll gut wasserabführend sein, damit die fleischigen Wurzeln nicht faulen. Ausreichende, aber nur gering stickstoffbetonte Düngung ist zur Erzeugung dicker saftiger Sprosse erforderlich.

Spargelbeete in Sandling Park

'Lukullus'

Spargelsamen werden im zeitigen Frühjahr ausgesät und die Jungpflanzen für ein Jahr kultiviert. Der Boden soll sehr sandig, nährstoffreich, feinkrümelig und gut wasserdurchlässig sein. Es ist billiger, Pflanzen durch Selbstaussaat zu erzeugen. Gekaufte Pflanzen guter Sorten bringen aber bessere, frühere und sicherere Ernte. Saatgut sollte vor der Aussaat 2 Tage eingeweicht werden. Die beste Pflanzzeit ist März. In gut wasserdurchlässigem, sandigem Boden können die Pflanzen in einen flachen Graben oder in einen schmalen Spalt gesetzt werden. Dieser wird dann mit sandigem Boden unter aschiger Erde einer Feuerstelle aufgefüllt. Es geht aber auch genausogut mit sandigem Boden.

Auf schwerem kaltem oder nassem Boden sollte Spargel besser auf angeschütteten Beeten gezogen werden. Man arbeitet die Fläche durch und mischt lockeren Boden, Schotter und ähnliches bodenlockerndes Material darunter und gibt darüber eine Schicht sandigen Boden. Seesand ist dafür gut geeignet. Diese Schicht wird dann mit Laub, Frischkompost oder ausgereiftem Kompost gemischt. Das Ganze sollte jedoch um PH 7 oder darüber liegen. Auf etwa 15 cm dieser Schicht werden die Pflanzen gesetzt und mit etwa 5 cm aufgefüllt, und dem Wachstum entsprechend wird dann die gleiche Mischung nachgefüllt, bis sich das Hochbeet etwa 15–20 cm angefüllt hat. Als Kopfdüngung gibt es im ersten Jahr Stickstoff, Kali und Phosphor. Eine Bodendecke mit scharfem Splitt hält das Wasser zurück und schützt gegen Schnecken. Die Hochbeete sollten am Rande mit Ziegeln oder Steinen eingefaßt werden, um die Erde vor dem Abrutschen zu schützen.

Die Spargelpflanzen werden in 30–45 cm Abstand in der Reihe und zwischen den Reihen gepflanzt, wobei 2 Reihen auf einem Beet von 1–1,5 m Breite gepflanzt werden. Diese schmalen Beete lassen sich leichter bearbeiten und der Spargel im Frühjahr leichter ernten. Die erste Ernte erfolgt, wenn die Pflanzung 3 Jahre alt ist und beim erstenmal nicht länger als 6 Wochen. Eingewachsene Pflanzen können meist 8 Wochen von Mai bis Mitte Juni (Johanni) geerntet werden. Dann läßt man alle Stengel wachsen. Bei sehr windigen Situationen ist Windschutz erforderlich. Die Spargelpflanzen sollten etwa 15–20 cm Boden über sich haben und können im Herbst gemulcht werden. Die Düngung erfolgt im zeitigen Frühjahr als Kopfdüngung. Die Meinung, daß jährliche Salzapplikationen die Ernte fördere, ist nicht erwiesen. Möglicherweise dient es der Unkrautverminderung und bekommt den Schnecken schlecht.

Wem Spargelanbau viel Arbeit zu sein scheint, der sollte sich daran erinnern, daß er nur in 20 Jahren einmal ein Beet anlegt und beim Grünspargelanbau – wie diese Bilder zeigen – nur ein Bruchteil der Arbeit hat, die sonst beim Aufhügeln und sommerlichen Freischaufeln zum Anbau von Bleichspargel nötig ist.

Krankheiten und Schädlinge

Abgesehen von den Schnecken, die den Spargelstangen durch Fraß auch im Boden schaden, sind Spargelhähnchen und verschiedene Spargelkäfer die schlimmsten Schädlinge. Man kann sie von den Pflanzen schütteln und auf Papier einsammeln, um Befall bei Beginn einzugrenzen. Ihre Larven sind klein und grau und sehen aus wie Vogelkot. Man kann sie Absammeln oder mit Insektiziden, wie z.B. Derris, bekämpfen.

Spätfrost kann den ersten Schub bei Grünspargel vernichten und das Wachstum um mehrere Wochen verzögern. Ein leichtes Schutzvlies kann gegen Frost bis –5°C schützen. Der Wurzeltöter, eine Pilzkrankheit, kann die Pflanzen zum Absterben bringen. Beim ersten Anzeichen sollten die Pflanzen mit dem sie umgebenden Boden herausgenommen werden, da die Dauerform des Pilzes, die Sklerotien, jahrelang im Boden am Leben bleiben.

'Saxon'

Im Dezember auf dem Markt in London gekaufte Knollen

Taropflanze

LILIENZWIEBELN

Lilium lancifolium Thunb., syn. *L. tigrinum* Ker-Gawl sowie *L. brownii* var. *australe* (Stapf) Stearn und *L. davidii* Duchartre *(Liliaceae)*
Lily bulbs (GB), Paak hop (China)

Lilienzwiebeln werden verbreitet in China und Japan gegessen, und obwohl man oft auf Anbau trifft, werden sie auch noch von Wildbeständen gesammelt. Die am häufigsten verzehrte Lilienzwiebel stammt von *L. lancifolium*, der Tigerlilie und der weißblühenden Trompetenlilie *Lilium brownii* und in Westchina zusätzlich noch *L. davidii*.

Die Tigerlilie ist die am längsten angebaute Art und wahrscheinlich hybriden Ursprungs aus den zwei in Nordjapan und Nordostchina vorkommenden Arten *L. leichtlinii* und *L. maculatum*. Der verbreitet angebaute Typ ist triploid und steril, bildet aber viele Stengelzwiebeln, mit denen er vermehrt werden kann. Er ist außerdem sehr tolerant gegen Virusinfektionen, die normalerweise die meisten Lilienarten abtöten oder sehr schwächen. Obwohl in China weit über 1000 Jahre als Nahrungsmittel angebaut, wurden die ersten nach Europa eingeführten Pflanzen als Zierpflanzen gezogen. Sie kamen durch William Kerr 1804 von der Far Tee Gärtnerei in Kanton nach England. Heute sieht man sie verbreitet in schottischen Gärten, wo das kühle Sommerklima ihnen sehr zusagt.

Lilium brownii ist in ganz Südchina verbreitet und kommt entweder wild oder als Flüchtling aus Kultur vor. Man findet sie in Hongkong entlang des Weges um den Peak. In England konnte sie nie gut kultiviert werden, und das wahrscheinlich, weil sie eine empfindliche subtropische Art ist und eigentlich Gewächshausschutz benötigt. Sie bildet ebenfalls zahlreiche Luftzwiebeln in den Blattachseln aus.

Beide Arten wachsen am besten in lockerem, gut wasserdurchlässigem Kompost. Bei schweren Böden sollte man Topfkultur vorziehen; und man kann Tigerlilie auch in großen Kübeln im Schatten von Gebäuden ziehen. Die Zwiebeln sollten im Winter trocken, d.h. ohne Staunässe stehen, was durch frostfreie Lagerung in Sand oder Torf, besser aber durch Abdeckung erfolgt. Anpflanzung ist in jeder nährstoffreichen, gut wasserdurchlässigen Erde möglich. Die Zwiebel sollte im Pflanzloch auf einem Sandhügelchen sitzen und von mindestens 10 cm lockerem Boden überdeckt sein.

Reife Lilienzwiebeln für Verzehr werden im Herbst und Winter geerntet und gekocht oder zum Eindicken von Suppen verwendet. Sie schmekken leicht süß und im Geschmack an Pastinak erinnernd.

RIESENTARO UND VERWANDTE KNOLLENGEMÜSE

Alocasia macrorrhiza (L.) Schott *(Araceae)* (Diese und die folgenden Arten sind nicht abgebildet.)

Die o. g. Art stammt aus Ceylon und bedarf ähnlicher Wachstumsbedingungen wie Taro, ist als Pflanze aber größer mit steiferen, mehr aufrechten Blättern. Riesensumpftaro *Cyrtosperma chamissonis* (Schott) Merr. aus Indonesien toleriert auch Brackwasser und ist ein bedeutendes Nahrungsmittel in manchen Gegenden, besonders auf Korallenatollen, z.B. den Gilbert Inseln. Die riesengroße Knolle kann mehrere Jahre wachsen.

Tannia oder Yautia sind Knollen von mehreren *Xanthosoma*-Arten, die aus Südamerika und der Karibik stammen, heute aber auch in Westafrika kultiviert und dort New Cocoyam genannt werden. Neuerdings hat sich ihr Anbau auch auf Südostasien ausgedehnt und intensiv auch nach Neu-Kaledonien. Die am Grunde pfeilförmigen, scharf-spitzen Blätter von Tannia unterscheiden sich dadurch von den mehr runden schildförmigen Blättern von Taro. Sowohl Blätter wie Nebenknollen werden gegessen, während die Hauptknolle meist im Boden bleibt. Auf den Westindischen Inseln heißt eine dieser Arten 'Nut Eddoe'.

Ein anderes riesiges eßbares Aronstabgewächs ist *Amorphophallus campanulatus var. hortensis* (siehe auch S. 8), der Elefantenfußyams. Die große runde Knolle kann über 10 kg schwer werden. Sie treibt ein einzelnes, riesengroßes, vielteiliges Blatt und manchmal eine kurze gedrungene stinkende Blüte. Man gab mir in den Bergen Südindiens ein Stück dieser Knolle zu kosten. Es war braungrau und schmeckte wie grobfleischige nußartige Kartoffel.

Lilien und Knoblauch bei Dali in Yunnan, China

Pfeilkrautanbau in Dali

TARO

Colocasia esculenta (L.) *Schott (Araceae)*
Dasheen

Dies ist ein bedeutendes Wurzelgemüse im gesamten feuchttropischen Bereich. Kleinere Mengen werden auch in andere Länder exportiert, um dort lebende Auswanderer mit heimatlichem vertrautem Gemüse zu versorgen. *Colocasia esculenta* ist eine sehr alte Kulturpflanze und wild unbekannt. Man schätzt, daß sie schon vor 4000 bis 7000 Jahren angebaut wurde, wahrscheinlich in den feuchtwarmen Teilen Indiens, wo heute Reis wächst. Die Menschen haben wahrscheinlich sehr früh wilde Formen selektiert, denen das giftige Kalziumoxalat fehlte und die leicht durch Ableger zu vermehren waren. Weite Reisterrassen mögen ursprünglich für Tarokultur gebaut worden sein, da diese die gleichen Bedingungen wie Reis, nämlich teilweise im Wasser stehend und hohe Sommerwärme, erfordern und trockenheitstolerant, aber frostempfindlich im Winter sind. Taroknollen ähneln Kartoffeln. Sie sind aber mehr schleimiger Konsistenz. Auch selektierte Kultursorten enthalten noch einige Kalziumoxalatkristalle, so daß ausreichendes Kochen erforderlich ist, um sie zu zerstören. Die Blätter können auch gegessen werden und werden meist in Suppen verwendet. In Hawaii werden die jungen Triebe oft gebleicht und dann gekocht. Die Pflanzen wachsen problemlos in sehr warmer und sehr feuchter Umgebung, und ihre kräftigen Blätter sehen an Teichrändern gut aus. Die Vermehrung erfolgt durch Seitenknollen und besonders durch Abschneiden des Kopfstückes großer Knollen.

CHINESISCHES PFEILKRAUT

Sagittaria sinensis Sims, syn. *S. trifolia* L. var. *edulis* (Sieb.) Ohwi *(Alismataceae)*
Arrowhead (GB); Tzi Koo (China)

Die eßbare Pfeilwurz ist eine chinesische Art, die in China und Japan wegen ihrer stärkereichen Knollen wie die Wasserkastanie *(Eleocharis)* angebaut wird. Sie wächst im Teichschlamm am Ende langer Ausläufer. Die Blätter sind pfeilförmig und die Blüten weiß mit 3 Blütenblättern. Die europäische Art, *S. sagittifolia L.*, wird nicht gegessen, während die nordamerikanische Art, *S. latifolia L.* (heißt auch Wapato oder Entenkartoffel), von den Indianern gegessen wurde. Die Knollen werden im Frühling in nährstoffreichen feuchten Boden gepflanzt und bei etwa 15 cm Wasserstand kultiviert. Geerntet wird in der Herbsttrockenheit. Sie werden verbreitet am Chinesischen Neujahrsabend gegessen, und zwar kleingeschnitten und gedünstet mit Fleisch und hoi-sin-Sauce.

WASSERKASTANIE

Eleocharis dulcis (Burmann fil.) Trin. ex. Henschel. syn. *Scirpus tuberosus* Rox. *(Cyperaceae)*
Water Chestnut (GB); Ma Tai (China)

Die Wasserkastanie wird verbreitet in Südchina und in Südostasien angebaut und benötigt die gleichen Wachstumsbedingungen wie Reis: guten Boden und Flachwasser in Verbindung mit Temperaturen um 30–35°C, um eine reiche Ernte zu erzielen. Die Pflanze besitzt einen Schopf weicher, gerader, zylindrischer Blätter ähnlich denen der bei uns wild vorkommenden gemeinen Sumpfsimse *(Eleocharis palustris) L. (R. Edsch.)*. Die röhrigen, etwa 60 cm hohen Blätter kommen aus einem Rhizom, von dem zahlreiche Ausläufer ausgehen, die in dunkelbraunen, ca. 4 cm großen Knollen enden, die entweder roh oder gekocht gegessen werden. Sie sind nußartig süß und knackig. Die Knollen werden im Frühling in einem Reisfeld gepflanzt, das dann etwa 10 cm hoch mit Wasser überflutet wird. Im Herbst wird das Wasser abgelassen, die Knollen ausgegraben und kühl und trocken den Winter hindurch gelagert.

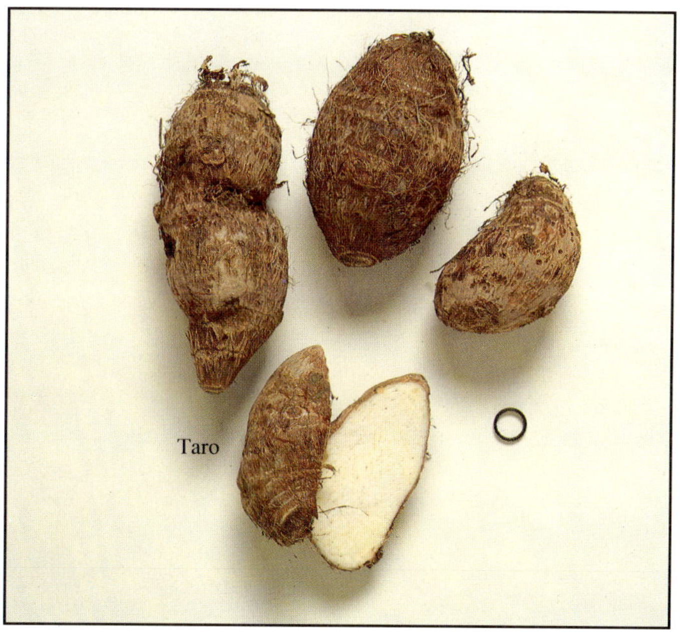

Taroknollen vom Londoner Markt, Dezember

Ingwer und andere Gemüse auf der chinesischen Landwirtschaftsversuchsstation in Malawi

INDISCHER GALANGAL

Languas galanga (L.) Stuntz. *(Zingiberaceae)*
Greater Galangal, Siamese Ginger, False Galangal (GB)

Der indische Galangal wird wie Ingwer als Gewürz genutzt und ähnelt ihm. Rhizom dünner und junge Triebe und Blattgrund leuchtend rosa. Die Frucht kann als Kardamomersatz benutzt werden und die Wurzelstöcke als gelbe Farbe. Galangal hat eine lange Anbaugeschichte in Südostasien, besonders in Malaysia und Südchina, und wird seit der Zeit Marco Polos nach Europa importiert. Es wird sowohl angebaut wie auch wild auf Kahlschlägen wachsend gefunden. Die Wurzeln werden in Currys und Sataysauce verwendet. Echter Kardamom sind die Samen von *Elateria cardamomum (L.) Maton* (ursprünglich von den Kardamombergen, Südwestindien). Sie wachsen noch heute wild und werden auch in den heißen feuchten blutegelverseuchten Wäldern angebaut, wo die Pflanzen große Schöpfe ingwerähnlicher Blätter bilden.

Bambussprossen auf dem Markt in China

BAMBUSSPROSSEN

Dendrocalamus- und *Phyllostachys-*Arten *(Graminae)*
Bamboo Shoots (GB)

Alle Bambusarten haben eßbare Schosse, und in China werden viele Arten zum Anbau verwendet. Die Pflanzen werden im Winter mit Erde und Dünger angehäufelt und die Sprossen im Frühling, wenn sie den Erdhaufen durchstoßen, abgeschnitten. Dies geschieht meist, wenn sie etwa 15 cm lang sind, kann bei manchen Arten aber auch mehr sein. Wenn sie zu lang werden, werden sie zäh, und wenn sie dem Licht ausgesetzt sind, werden sie bitter. Nach dem Entfernen der Blattscheiden müssen die jungen Triebe für eine halbe Stunde oder mehr gekocht werden, wobei die Bitterkeit entfernt, die Knackigkeit aber erhalten bleiben soll.

Die hohen tropischen Arten sind die, die normalerweise angebaut werden, aber auch die kleiner bleibenden Arten temperierter Klimate sind eßbar und werden oft am Naturstandort in den Gebirgen Westchinas gesammelt.

GELBWURZEL, KURKUMA

Curcuma domestica Valeton, syn. *C. longa* L. *(Zingiberaceae)*
Turmeric, Yellow Ginger (GB)

Die Gelbwurzel ist eine andere ingwerähnliche Pflanze, die getrocknet und fein gemahlen den Curry färbt und als gelbe Farbe für Wolle, Baumwolle und Seide benutzt wird. Die Wurzelstöcke ähneln denen des Ingwers, sind aber kleiner und innen leuchtend orangegelb. Gleiche Wachstumsbedingungen wie Ingwer. Temoe lawack, *Curcuma xanthorhiza Roxb.*, die in Malaysia angebaut wird, ist eine größere Pflanze mit dickeren gelben Wurzelstöcken.

INGWER

Zingiber officinale Roscoe *(Zingiberaceae)*
Ginger (GB)

Ingwer wird überall in den Tropen angebaut, soll aber aus Südostasien oder Indien stammen, wo er seit alten Zeiten kultiviert wird. Er kam im klassischen Altertum nach Europa, blieb aber immer ein seltenes, importiertes Gewürz. Als eines der ersten östlichen Gewürze erreichte er die Westindischen Inseln und wurde bereits 1547 von Jamaika nach Spanien exportiert.

Ingwer erfordert Schatten und warmen, feuchten, aber gut wasserdurchlässigen Boden. Er wird in Furchen wie Kartoffeln gepflanzt, wobei die besten Ingwerwurzeln bei der Pflanzung auf dem Boden eines tiefen Grabens bei gut wasserdurchlässigem Boden erzielt werden. Wenn die Triebe erscheinen, werden sie mit lockerem, nährstoffreichem, mit Dünger oder Kompost vermischtem Boden angehäufelt. Diese Methode erzielt eine hohe Ernte sehr weicher, mild schmeckender Ingwer aus dem Stengelgrund statt aus den Wurzeln. Sie eignen sich besonders zum Einlegen in Zucker oder zum Zerkleinern und Vermischen mit Knoblauch als Grundlage vieler chinesischer Gerichte. Frische Ingwerknollen treiben beim Kauf oft schon aus und können in große Töpfe gepflanzt und im Gewächshaus kultiviert werden. In gemäßigten Zonen werden die knolligen Rhizome am besten im Frühling gepflanzt, damit sie in der wärmsten Jahreszeit wachsen können.

Wurzeln vom Londoner Markt, im Dezember gekauft

ECHTER YAMS

Dioscorea alata L. *(Dioscoreaceae)*
Greater Yam (GB)

Von den etwa 600 Arten der Gattung *Dioscorea*, die man in den Tropen verbreitet findet, sind die meisten durch ihren Alkaloidgehalt, Dioscorin, giftig. Etwa 10 Arten werden regelmäßig wegen ihrer großen Knollen angebaut und von ihnen weniger giftige Kultursorten ausgelesen. *Dioscorea alata* ist die meist angebaute Art und in allen tropischen Gegenden verbreitet. Allein auf den Westindischen Inseln werden mehr als 16 deutlich unterscheidbare Sorten angebaut. Die hier gezeigte, auf dem Londoner Markt gekaufte Sorte gehört wahrscheinlich dazu. Das Fleisch ist reinweiß, sehr angenehm und gebacken mehlig. Der echte Yams ist als Wildpflanze unbekannt und stammt wahrscheinlich aus Ostasien. Anbau erfolgt verbreitet in Indien, Malaysia, Thailand und China, und bereits vor 1000 Jahren erreichte er Afrika und die Westindischen Inseln um 1500. Andere Arten, wie cush-cush, *Dioscorea trifida L.*, mit 3lappigen Blättern, stammen aus Mittelamerika. Es gibt auch eine europäische Art, *D. balcanica* Kosanin, die in Südjugoslawien und Albanien vorkommt. Die Schmerwurz, *Tamus communis* L., ist die einzige Art der Yamsfamilie, die in Nordeuropa vorkommt. Sie hat ganz typische hochkletternde Stengel mit glänzenden Blättern, und ihre auffallenden Trauben roter Beeren bleiben in den Sträuchern deutlich sichtbar, wenn die Stengel im Herbst abgestorben sind. Die jungen Triebe können wie Spargel gegessen werden. Die sehr schleimige Knolle und die Früchte haben medizinische Eigenschaften.

Die Knollen des Echten Yams wachsen in Bündeln und sind meist weiß oder dunkelrot. Sie dringen bis 2 m tief in den Boden ein und können bis 62 kg schwer werden. Vermehrung erfolgt meist durch Abtrennen der Knollenspitze und Auspflanzen, wenn sie auszutreiben beginnt. Yams braucht guten nährstoffreichen Boden. Die Pflanze entwickelt hochkletternde Triebe mit langen spitzen Blättern und trägt oft Luftknollen in den Blattachseln.

Eine Art, der Chinesische Yams, *Dioscorea opposita L. syn. D. batatas Dcne.*, ist eine Kulturform der Art *Dioscorea japonica Thunb.*, die aus den Gebirgen Chinas stammt und in Japan bis Honshu nordwärts verbreitet ist. Sie wurde 1846, zur Zeit der großen Krautfäuleepidemie der Kartoffeln, nach Frankreich eingeführt, wird aber heute selten angebaut. Die Knollen sind meist länglich und keulenförmig, die Stengel klettern bis 3 m und tragen eßbare Luftknollen in den Blattachseln. Die Blätter sind meist gegenständig und breit herzförmig.

Tief gepflanzter Ingwer

Der Küchengarten von Goodnestone in Kent

Luftzwiebeln in Wisley

Allium pskemense bei Harry Hay

Ein Korb mit Schalotten 'Hâtive de Niort'

ZWIEBELN

Allium cepa L. *(Alliaceae)*
Onion, Shallot (GB)

Zwiebeln und Schalotten gehören beide zu *Allium cepa* und sind eng verwandt mit Lauch, Schnittlauch, Knoblauch und Chinesischem Lauch. Alle gehören zur Gattung *Allium* und haben durch Lauchöle den charakteristischen Geruch. Die Zwiebel ist ein sehr altes Gemüse und als Wildpflanze unbekannt. Sie wurde schon 3200 v. Christus bei den Ägyptern angebaut, hat aber sicher eine längere Kulturgeschichte und soll von einigen auch heute noch wild in den Gebirgen Zentralasiens zu findenden Arten abstammen. Diese haben kleine Zwiebeln und lange hohle Stengel, die oft in der Mitte angeschwollen sind. Der Küchenzwiebel am ähnlichsten sind folgende Arten: *Allium oschaninii O. Fedtsch.* aus dem Pamir-Gebirge; *Allium praemixtum Vved.* aus dem Tien Shan- und dem Pamir-Gebirge; *Allium vavilovii Pop. & Vved.* vom Kopet Dag in Turkmenien, die den Namen nach Vavilov, dem großen russischen Kulturpflanzenforscher, trägt sowie *Allium pskemense B. Fedtsch.* aus dem Pamir-Gebirge und *A. galanthum Karl & Kir.* aus dem Ala Tau-Gebirge in der Sungarei und dem östlichsten Tien Shan mit Ausbreitung bis nach China in die Provinz Sinkiang. Alle diese eng verwandten diploiden Arten können nicht in der Zwiebelzüchtung verwendet werden, da sie sich zwar mit ihnen kreuzen, Kreuzungsergebnisse aber noch steril sind.

Zwiebeln wurden schon im Mittelalter in Europa weit verbreitet angebaut, und die neueren Sorten haben sich aus diesen älteren entwickelt. Hauptzuchtziel ist Resistenz gegen Krankheiten und Schädlinge, die dort, wo dauernd in großem Maße Zwiebeln angebaut werden, das Problem sind. Die Hauptunterschiede zwischen den Sorten sind die Zwiebelformen, die Farben der Zwiebelhaut sowie Schärfe oder Süße im Geschmack. F1-Sorten bringen kräftig wachsende Pflanzen einheitlicher Größe und Form und werden heute meistens im Erwerbsanbau verwendet, sind aber auch für den Hobbygärtner verfügbar. Man kreuzt dabei zwei Inzuchtlinien, bei denen man eine auf männliche Sterilität gezüchtet hat.

Zwiebeln haben braune, gelbe, weiße, rote oder purpurne Farbe und können kugelförmig, flachkugelig oder spindelig geformt sein. Die einjährigen, zur Spätherbsternte und Winterlagerung angebauten, können entweder ausgesät oder als Steckzwiebeln von etwa 1 cm Größe vermehrt werden. Sommerzwiebeln werden im Spätsommer, meist August, ausgesät und bleiben in wintermilden Gegenden im Freiland, um im Hochsommer geerntet zu werden. Sie heißen oft »Japanische Zwiebeln« ('Japanese onions'), da die neueren Sorten aus Japan kommen. Sie sind meist gelbhäutig und haben die im 19. Jahrhundert für die Herbstaussaat genutzten Mittelmeersorten, wie 'Tripoli' und 'Blood Red', verdrängt. Eine andere Gruppe, wie z.B. die Sorten 'Barletta' oder 'White Pearl' (Silberzwiebeln), werden dicht gesät und klein als Einlegezwiebeln geerntet.

Schalotten gleichen kleinen Zwiebeln, die in Büscheln wachsen, und eignen sich, frisch aus dem Garten, zur »Portionsverwendung«. Da man früher dachte, daß sie von Ascalon in Palästina kommen, wandelte sich der Name von Ascalonicum zu Schalotten *(Allium cepa var. ascalonicum Baker)*. Die meisten Schalottensorten sind alt und unterscheiden sich wie die Zwiebeln in der Zahl und Farbe wie auch Größe der Zwiebeln im Büschel. 'Grey Shallot' oder 'Echalote grise' ist die in Frankreich am meisten geschätzte Sorte. 'Beltsville Bunching' und 'Delta Giant' sind Sorten, in die *Allium fistulosum*, die Winterzwiebel, mit eingekreuzt wurde.

Luftzwiebeln *(A. cepa var. proliferum [Moench] Alef., A. cepa var. viviparum [Metzg.] Alef)* bilden statt eines Blütenstandes 16 kleine Zwiebeln, die manchmal wiederum einen solchen zwiebeligen Blütenstand bilden. Hin und wieder entwickelt sich aber auch eine Blüte.

Die Kartoffelzwiebel, *A. cepa var. aggregatum Don.*, ist eine alte Sorte, die in der Hauptzwiebel mehrere Einzelzwiebeln entwickelt und am Grunde der Mutterzwiebel viele kleine Nebenzwiebelchen entwickelt, die man als Steckzwiebeln für den weiteren Anbau verwenden kann.

Zwiebelsorte 'Torpedo' (syn. 'Red Italian')

Einlegezwiebeln 'Paris Silverskin' in Wisley

Gartenkultur

Zwiebeln wachsen am besten in sonniger Lage auf sandigem, lehmigem, gut wasserabführendem Boden. Er darf nicht mit organischem Dünger gedüngt sein, da dies Fäulnispilze fördert und man schon aus diesem Grunde mit dem Zwiebelanbau auf neue Flächen wechselt, um einem Sporen potential vorzubeugen. Kalium- und phosphorbetonte und stickstoffarme Volldünger sind als Grunddüngung und Kopfdüngung beim Zwiebelanbau geeignet.

Steckzwiebeln sollten zum Anbau in klimatisch ungünstigeren Gebieten verwendet werden. Durch Darren neigen sie weniger zum Schossen, d.h. statt zu wachsen in Blüte zu gehen und Samen anzusetzen. Steckzwiebeln werden im März oder Anfang April, wenn keine strengen Fröste mehr zu erwarten sind, mit 5 cm Abstand in der Reihe und 25 cm zwischen den Reihen gepflanzt. Weitere Abstände ergeben weniger, aber größere Zwiebeln. Steckzwiebeln werden so gesetzt, daß die Spitze aus dem Boden schaut. Bei nassem oder schwerem Boden sollten sie auf lokker sandigen Boden gesetzt werden. Die Pflanzflächen müssen unkrautfrei und unbeschattet durch andere Gemüse bleiben.

Aussaat erfolgt im warmen Saatbeet im April oder bei geschützterer Lage vorher. Es wird in Reihen, dünn und 2 cm tief gesät und für kleinere Zwiebelgrößen auf 4 cm, für große auf 10 cm ausgedünnt. Aussaat kann auch im Februar unter Schutz erfolgen und benötigt eine Keimtemperatur von 10–15°C. Das Auspflanzen erfolgt nach Abhärtung mit oder ohne Ballen Anfang April. Die Bundzwiebeln sollten im August ausgesät werden, und zwar in kühleren Bereichen am Monatsanfang und weiter südlich Ende August – soweit in dem Klimabereich die Freilandüberwinterung möglich ist. Genaue Zeitwahl ist deshalb wichtig, damit die Pflanzen stark genug in den Winter gehen, aber klein genug bleiben, um im Frühjahr nicht schon zu blühen. Mit 3 cm Abstand in der Reihe wird im Frühjahr auf etwa 5 cm ausgedünnt. Ernte kann im Juni und Juli erfolgen, d.h. bevor durch Steckzwiebeln oder Aussaat vermehrte Zwiebeln geerntet werden können. Guter Wasserabzug der Beete ist wichtig, und eine Kopfdüngung mit Kalkstickstoff im Januar fördert das Wachstum im zeitigen Frühjahr und ist ein wirksamer Schutz gegen Krankheitsbefall.

Zwiebeln zum Einlegen werden im März und April ausgesät, wobei etwa 30 Zwiebeln auf einer Fläche von 30 x 30 cm stehen sollten. Dafür benötigt man etwa 50 Samenkörner. Sie werden nicht in Reihen, sondern flächig ausgesät. Geerntet wird meist im August.

Schalotten werden als Steckzwiebeln von 2 cm Dicke gepflanzt. In milden Gegenden kann dies schon an warmer Stelle im Januar erfolgen, sonst im zeitigen Frühjahr. Abstand in der Reihe 15 cm, zwischen den Reihen 20 cm. Der alte Zwiebelhals soll gerade aus dem Boden schauen. Unkrautfrei halten ist wichtig. Geerntet wird Ende Juli, Anfang August und dann zur Lagerung gut getrocknet. Sie halten sich besser als normale Zwiebeln und sind in der Verwendung wegen der geringen Größe portionsweise gut zu verwenden.

Krankheiten und Schädlinge

Zwiebelfliege

Die Zwiebelfliege sieht aus wie eine kleine schwarze schmalleibige Hausfliege und legt ihre Eier an die jungen Zwiebeln. Die gelblichen Maden fressen an der Zwiebel, und die Blätter werden gelb und sterben ab. In einer Wachstumsperiode können sich mehrere Generationen entwickeln und auch größere Zwiebeln befallen. Besonders negativ wirkt sich Befall bei heißen Wetterperioden auf trocknem Boden aus. Abhilfe kann auf unterschiedliche Weise erfolgen. So heißt es, daß Petersilie, zwischen den Zwiebelreihen gesät, die Zwiebelfliege abhält. Auch soll das Pflanzen von Zwiebeln auf Flächen, auf denen vorher Doldenblütler wie Sellerie stand, helfen. Mit Ruß sollen sich die Zwiebelfliegenmaden auch bekämpfen lassen, obwohl bei ernstem Befall ein granuliertes Insektizid möglicherweise dem Boden beigegeben werden muß. Sobald Zwiebeln gelb aussehen, d.h. erste Anzeichen durch Zwiebelfliegenbefall da sind, sollten diese Pflanzen aufgenommen und verbrannt werden, damit sich die Maden nicht im Boden verpuppen und für weiteren Befall sorgen können. Kleine schwarze Schnecken können auch schaden, dies besonders auf nährstoffreichen feuchten Böden, da sie dann die Wurzelspitzen abfressen.

Pilzerkrankungen

Verschiedene Bodenpilze befallen Zwiebeln und verursachen Fäulnis. Mehltaubefall droht in feuchten nassen Bereichen und kann durch Bestäubung mit Ruß oder Schwefelkalk oder einem Fungizid bekämpft werden. Zwiebelfäule verursachen *Botrytis, Fusarium* und *Sclerotium*-Arten. Zur Verhinderung kann gebeiztes Saatgut verwendet werden, wobei die richtige Standortwahl entscheidender ist, d.h. guter Wasserabzug und warme lockere Böden dämmen die Befallsgefahr entscheidend ein. Vor der Einlagerung sollten die Zwiebeln auf Erkrankung überprüft und nur absolut gesunde Zwiebeln eingelagert werden.

Von links: Schalotten 'Hâtive de Niort', 'First Early' (Steckzwiebelsaat), 'Express Yellow', 'Buffalo' (Text S. 245); 'Senshyu Semi-Globe Yellow'(Text S.247)

Japanische Salatzwiebeln 'Hikari' (Text S. 245)

Weiße Zwiebeln in Frankreich

Trocknende Zwiebeln

'Hikari Bunching' im Frühjahr (Text S. 245)

Von links: 'Reliance', 'Ailsa Craig', 'The Kelsae', 'Mammoth Red' (Text S. 245)

Lagerzwiebeln von NIAB, Cambridge, aufgenommen am 20. November

Von links: Marshall's 'Autumn Gold', Marshall's 'Giant Fen Globe', 'Rocardo' und ganz rechts 'Turbo'

'Ailsa Craig' Große Ausstellungssorte mit Anzucht unter Schutz im Januar und Anbau unter guten Voraussetzungen (Abb. S. 243).

'Bounty'

'Buffalo' F1-Sorte für Augustsaat und Ernte im folgenden Hochsommer. Sehr ertragreiche Sorte mit ziemlich flachen Zwiebeln (Abb. S. 243).

'Carmen' Blutrote Schalen, rosa Fleisch, gut lagerfähig. Spanische Sorte.

'Crossbow'

'Express Yellow' Japanische Sorte für Augustaussaat und Ernte im folgenden Hochsommer. Etwas flache Zwiebeln und mäßiger Ertrag (Abb. S. 243).

'First Early' (Abb. S. 243)

'Hâtive de Niort' Gute alte Schalottensorte, bei der je Steckzwiebeln 3–4 neue entstehen (Abb. S. 243).

'Hikari Bunching' Eine *A. fistulosum*-Sorte zum Lauchzwiebelanbau (Abb. S. 243).

'Hygro' F1-Sorte des Rijnsburger Typs und meist Anbau durch Aussaat im Frühling. Kugelige, geschmacklich milde Zwiebel.

'Mammoth Red' Große Ausstellungszwiebel von W. Robinson & Söhne (Abb. S. 243).

'Marcel' und **'Marion'** Neue Sorten von Lagerzwiebeln.

'Marshall's Autumn Gold' Anbau meist durch Steckzwiebel. Blaß goldfarben. Ziemlich flache, gut geformte und gut lagerfähige Zwiebel.

'Marshall's Giant Fen Globe' (syn. 'Fen Globe') Anbau als Hauptfrucht durch Steckzwiebeln. Zwiebeln gut lagerfähig, kugelig.

'Mercato' F1-Sorte.

'Paris Silverskin' Einlegezwiebel oder Silberzwiebel. Anbau in dichter Saat und Ernte als kleine Zwiebel (Abb. S. 242).

'Red Baron' (T & M) Dunkelrote Zwiebelschalen, rotes Fleisch. Eine 'Southport Red Globe'-Kreuzung.

'Reliance' (syn. 'Oakey')

'Rijnsburger' Anbau als Hauptfrucht. Runde Zwiebel mit gelber Haut. Gut lagernd.

'Rocardo' Leicht flache, rothäutige Sorte mit Anbau durch Steckzwiebeln. Gut lagerfähig.

'Sturon' Frühe Hauptfrucht mit Anbau durch Steckzwiebeln. Ziemlich flache Zwiebel.

'Turbo' Hauptfrucht durch Steckzwiebeln. Ziemlich flache Zwiebel, die sich besser halten soll als die der sehr ähnlichen 'Sturon'.

'Sturon', aus Steckzwiebeln gezogen

Junge Pflanzen von 'Mammoth Red'

Zwiebeln aus Wisley, aufgenommen 1. November

'Torpedo'

'The Kelsae' in Wisley

'Robusta'

'Albion' F1-Sorte mit perfekt kugelförmiger, weißhäutiger Zwiebel guter Größe; Anzucht aus Saat.

'Kurenai Red' Flachkugelig mit roter Haut.

'Robusta' Rijnsburger Typ mit hohem Ertrag, guter Qualität und guter Lagerfähigkeit.

'Rosso di Firenze' Rotschalige, wie ein Kreisel geformte Zwiebel.

'Senshyu Semi-Globe Yellow' Japanische Sorte für Herbstsaat und Ernte im folgenden Hochsommer. Intensiv gelbhäutig (Abb. S. 243).

'Staro' Kleinzwiebelige runde, weiße Zwiebel.

'The Kelsae' Große kugelförmige Ausstellungszwiebel mit mildem Geschmack, aber ohne gute Lagerqualität.

'Torpedo' (syn. 'Red Italian') Spindelförmige süße und geschmacklich milde Zwiebel, aber nur kurz lagerfähig.

BUND- UND LAUCHZWIEBELN

Allium cepa L. *(Alliaceae)*
Spring, Bunching onions (GB)

Bund- und Lauchzwiebeln sind kleine Pflanzen im Porreestadium oder mit kaum ausgebildeter Zwiebel von *A. cepa*. Sie werden roh in Salaten gegessen oder bei chinesischen Gerichten verwendet. 'White Lisbon' ist die verbreitetst angebaute Sorte. Die Chinesen und Japaner

Junge Pflanzen von 'Kurenai Red'

Lauch- und Bundzwiebeln von NIAB, Cambridge, aufgenommen 10. Mai

Blühende Winterzwiebeln

'Ishikura'

Lauchzwiebeln und Spargelsalat auf einem Markt bei Dali

Lauchzwiebeln in China

Winterzwiebeln und andere Gemüse auf der Chinesischen Landwirtschaftlichen Versuchsstation in Malawi

verwenden für diese Kultur meist Sorten von *A. fistulosum*, die als Art bei uns Winterzwiebel heißt und nachstehend beschrieben wird.

Die Aussaat erfolgt im Juli und in wärmerem Klima weiter südlich im September und ergibt Ernten von März bis Mai, kann aber auch für Sommerernte durch Folgesaaten von März bis Juni ergänzt werden. In winterkalten Gegenden ist Schutz erforderlich. Bei flächiger Aussaat sollten etwa 30 Pflanzen auf 30 x 30 cm stehen, bei Reihenaussaat sollte der Abstand in der Reihe etwa 6 mm betragen. Die Pflanzen müssen schnell wachsen und bei trocknem Wetter gewässert werden.

WINTERZWIEBEL, LAUCHZWIEBEL

Allium fistulosum L. *(Alliaceae)*
Welsh Onion, Japanese Bunching Onion, Chinese Small Onion, Scallions (GB)

Diese Zwiebel ähnelt großem, grob gebautem Schnittlauch mit hohlen immergrünen Blättern und ist praktisch zwiebellos. Sie bildet große staudige Wurzelstöcke. In China und Japan wird sie verbreitet zur Geschmacksverbesserung kurz angebratener Gemüsegerichte verwendet und im Winter auch roh als Schnittlauchersatz verwendet.

A. fistulosum wird in China seit vorgeschichtlichen Zeiten angebaut und soll dort aus *A. altaicum Pallas* entstanden sein, einer ähnlichen Wildart, die man im östlichsten Kasachstan und Nordwestchina findet. Woher die englische Bezeichnung Welsh Onion stammt, ist nicht bekannt, da sie über Rußland nach England kam. Möglicherweise ist das deutsche Wort »Welsche«, was im Mittelalter Fremde bedeutete, der Grund.

A. fistulosum wurde auch mit *A. cepa* gekreuzt. *(A. x proliferum [Moench] Schrad. ex Willd, Catawissazwiebel syn. A. cepa var. proliferum [Moench] Alef)*. Die daraus entstandenen Pflanzen sind aber steril. Eine dieser Kreuzungen ist die Sorte 'Louisiana Evergreen', bei der die Schalottensorte 'Louisiana Pearl' der andere Elter ist. Zahlreiche Sorten werden in China und Japan seit langem angebaut, und einige davon sind jetzt auch in Europa und Amerika verfügbar. Meist werden sie einjährig angebaut, obwohl es Stauden sind, die sich durch Seitentriebe vermehren lassen. 'Ishikura' ist lang und weiß und hat blaugrüne Blätter. 'He Ski Ko' ist eine immergrüne Staude und sehr winterhart. Es gibt auch viele rothäutige Sorten, zu denen auch die 'Santa Claus' genannte gehört.

Winterzwiebeln zur Verwendung als Lauchzwiebeln werden wie Bundzwiebeln angebaut. Der Boden soll gut wasserdurchlässig sein, aber in der Wachstumsperiode ausreichend feucht. Die meisten neueren Sorten sind selbstbleichend, wobei aber die Länge des lauchartigen Stengelteils durch Anhäufeln bis auf 20 cm gefördert werden kann. Aussaat erfolgt im August und Ernte im April und Mai oder durch Folgesaat im März.

'Guardsman' Kreuzung zwischen *A. cepa* und *A. fistulosum*, die sich lange auf dem Beet hält, ohne scharfschmeckend zu werden und Zwiebeln zu bilden. **'Hikari Bunching'** Eine *A. fistulosum*-Sorte mit leichter Zwiebelform und guter Resistenz gegen Botrytis. **'Ishiko Straight Leaf'** Eine *A. fistulosum*-Sorte, die keine Zwiebeln bildet, mit guter Resistenz gegen Botrytis. **'Ishikura'** Eine *A. fistulosum*-Sorte mit leichter Zwiebelbildung und bläulichen Blättern. **'Savel'** Eine *A. fistulosum*-Sorte ohne Zwiebelbildung und Botrytisresistenz. **'White Flash'** Eine Kreuzung aus *A. cepa* x *A. fistulosum* mit leichter Zwiebelbildung und guten Überwinterungseigenschaften im Freien. **'White Knight'** Eine *A. cepa*-Sorte mit stärkerer Zwiebelbildung als die meisten anderen und dunkelgrünen Blättern. **'White Lisbon** Eine *A. cepa*-Sorte mit etwas Zwiebelbildung und guter Winterhärte. **'Winter Over'** (syn. 'White Lisbon Winter Hardy') Eine *A. cepa*-Sorte mit der größten Winterhärte. Ziemlich starke Zwiebelbildung mit dunkelgrünen Blättern und empfindlich gegen Botrytis. **'Winter White Bunching'** Eine *A. cepa*-Sorte mit etwas stärkerer Zwiebelbildung als der Durchschnitt und mittlerer Winterhärte. **'Yoshima'** Eine *A. fistulosum*-Sorte mit etwas stärkerer Zwiebelbildung als die meisten anderen.

Blühender Schnittlauch im Garten

Chinalauch auf dem Markt in Chengdu, China

Wilder blühender Schnittlauch in Finnland

Gebleichter Chinalauch auf dem Markt

SCHNITTLAUCH

Allium schoenoprasum L. *(Alliaceae)*
Chives (GB)

Die dünnen hohlen Schnittlauchblätter werden gerne zum Würzen von Salat verwendet, und dies am besten frisch, aber auch getrocknet. Es ist eine Staude, die büschelig wächst und deren Einzelpflanze keine Zwiebel bildet. Die Blätter sterben im Winter ab.

Schnittlauch findet sich als Wildpflanze in den Gebirgen Europas von England und Irland ostwärts bis Sibirien und Japan und mit der var. *laurentianum Fernald* von Alaska und Washington bis Neufundland. Sie wachsen meist in feuchten Wiesen auf Kalk und an Flüssen und Seeufern.

Schnittlauch ist einfach an kühlen, feuchten Stellen – ohne Staunässe – zu kultivieren. Die Klumpen oder Ballen können geteilt und im Frühling neu aufgepflanzt werden, wenn die Vermehrung nicht durch Aussaat erfolgt. Wenn sie im Sommer zu trocken stehen, sterben sie ab. Deshalb sollte bei ihren Trockenperioden gewässert werden.

In Kultur sind unterschiedliche Typen, die sich durch die Blütenfarbe von lila bis fleischrosa und dem Durchmesser und die Länge der Lauchblätter unterscheiden. Höhere, grobröhrigere Formen mit Lauchblättern (Schlotten) bis 50 cm Höhe werden auch manchmal als *Allium montanum Schrank* oder *Allium sibiricum L.* bezeichnet. Es sind wahrscheinlich tetraploide Formen, die aus hohen Gebirgslagen und dem arktischen Bereich stammen.

CHINALAUCH, KNOLAU

Allium tuberosum Rottler ex Sprengel *(Alliaceae)*
Chinese Chives (GB); Nira, Kau, Tsoi (China)

Diese Art wird verbreitet in China angebaut. Sie hat etwa 6 mm breite

Ein Feld mit Chinalauch in der Nähe von Dali in Yunnan, China

flache Blätter. Sie stammt wahrscheinlich aus China und dem östlichen Himalaja und kommt möglicherweise auch in Japan wild vor. Es sind Stauden, die dicht wachsende Ballen bilden. Die etwa 45 cm hohen Blütenstengel enden in Scheindolden, deren Blüten weiße, spitz auslaufende Blütenblätter besitzen. Eine sehr ähnliche Art, *Allium ramosum L.* aus Sibirien, hat Blütenblätter mit einer rötlichen Linie auf der Außenseite, die sichtbar bleibt, da sich die Blüten nicht flach öffnen. *Allium tuberosum* und *A. ramosum* wurden manchmal mit *Allium odorum L.* verwechselt.

Der Chinalauch wird in China mehr als Gemüse denn als Würze verwendet. Seine Blätter werden gebleicht, bis sie blaß strohfarben sind. Dies geschieht durch dichtschließenden Aufbau von Dachziegeln über den Reihen oder Abdecken mit Matten. Die beim Bleichen des Meerkohls verwendeten Treibglocken würden hier auch für kleinere Mengen ausreichen. Die jungen Blütentriebe werden auch nicht gebleicht verzehrt.

Die Kultur ist einfach. Man kann durch Frühlingsaussaat oder durch Teilung vermehren. Erforderlich ist ein nährstoffreicher feuchter Boden. Grüne Blätter als Schnittlauch oder gebleicht als Gemüse.

Chinalauch hat deutlich flache Blätter

RAKKYO

Allium chinense G. Don *(Alliaceae)*

Rakkyo wird in China und Japan wegen seiner kleinen schalottenähnlichen Zwiebeln angebaut. Die Art stammt aus den Gebirgen Zentral- und Ostchinas. Es ist eine Staude, die dichte Horste schmaler Zwiebeln bildet. Die Blätter sind hohl und 3- oder 5kantig, hellgrün und wachsen meist zu dritt aus einer Zwiebel. Im Frühsommer sterben die Blätter ab. Der Blütenstand und die neuen Blätter treiben dann im Frühherbst wieder aus. Der Blütenstengel ist nicht hohl und hat eine flache Scheindolde mit 15–20 purpurnen Blüten. Die Pflanzen werden meist durch kleine Zwiebeln aus August- oder Septemberpflanzung zur Ernte im folgenden Mai gezogen. Man kann sie auch ein zweites Jahr stehen lassen. Leichter Sandboden und ausreichende Düngung ist zu empfehlen. *A. chinense* ist in der Züchtung wichtig, da die Art mehltauresistent ist.

Blühender Chinalauch

Geernteter Knoblauch auf der Green Gulch-Farm, Muir Beach, Kalifornien, USA

Knoblauchzwiebeln

Knoblauchfeld bei Ili in Sinjiang, Zentralasien

KNOBLAUCH

Allium sativum L. *(Alliaceae)*
Garlic (GB), Ajo (E), Ail (F)

Die Zwiebel dieser Art wird wegen ihres eigenen und kräftigen Geschmacks verwendet. Ihr werden auch viele gute, medizinisch nutzbare Eigenschaften nachgesagt, die von ihren natürlichen antibiotisch und antibakteriell wirkenden Bestandteilen herrühren. Knoblauch ist ein Grundbestandteil fast aller chinesischen Gerichte, und dies in zunehmendem Maße auch in der Küche des südlichen und mittleren Europas.

Knoblauch ist als Wildpflanze unbekannt und wahrscheinlich aus *Allium longicuspis Regel* entstanden, die aus Zentralasien stammt und in den Gebirgen des Tien Shan, des Pamir-Alai und des Kopet Dag verbreitet ist. Knoblauch wird seit der ersten ägyptischen Dynastie, ungefähr 3200 v. Christus, angebaut und wohl um diese Zeit auch schon in China und in Indien.

Knoblauch wird heute nur vegetativ vermehrt und setzt keine keimfähigen Samen mehr an. Die zahlreichen Sorten müssen deshalb sehr alt oder durch Mutation entstanden und nur in Kultur bewahrt worden sein. Eine davon ist der Schlangenlauch oder die Rockenbolle, var. *ophioscordon (Link) Doll*, bei der der junge Blütenstengel geringelt ist wie ein Schweineschwänzchen. Andere haben Zwiebeln unterschiedlicher Größe und Form mit weißen, rosafarbenen oder purpurnen Häuten und unterschiedliche Mengen von Brutzwiebeln im Blütenstand. Knoblauch wird in winterkühlen Klimaten im Frühling und in mediterranen Klimagebieten im Herbst gepflanzt. Die Knoblauchzwiebel besteht aus einzelnen Teilzwiebeln, den Knoblauchzehen. Diese werden fest in den Boden gesetzt, so daß sie leichter vorschauen. Für gute Kultur muß der Boden sandig und warm sein. Aus diesen Zehen entstehen manchmal im ersten Jahr runde feste speisezwiebelähnliche Knoblauchzehen, die nach Überwinterung und Auspflanzung im nächsten Frühjahr sich dann zu vielzehigen Knoblauchzwiebeln entwickeln. Knoblauch sollte Ende Juli oder Anfang August geerntet und vor der Einlagerung in der Sonne getrocknet werden. Dr. Herklots berichtet aus Südostasien, daß der Knoblauch oft unreif geerntet und dabei Blätter und Stengel ebenso wie die Zwiebel genutzt werden. Soweit ich feststellen konnte, habe ich gebleichte Blütenstengel von Knoblauch auf dem Markt von Chengdu und ungebleichte Blütenstengel im westlichen Bereich bis Suan Tai gefunden.

Blühender Porree

PORREE, LAUCH

Allium porrum L. (Alliaceae)
Leek (GB)

Porree wird gewöhnlich wegen seiner verdickten Sproßachse angebaut, die aus den unteren Blatteilen gebildet ist. Sie ist weiß und fest. Porree wird vom Herbst bis zum Frühling direkt vom Feld geerntet. Er blüht im zweiten Jahr und reift dann Samen.

Porree stammt von *Allium ampeloprasum L.*, dem Acker- oder Sommerknoblauch, ab, einer verbreiteten und sehr variablen Wildart, die in Südeuropa von Portugal und Nordafrika ostwärts bis in die Türkei, den Iran und das Pamir-Gebirge verbreitet ist. Sie wächst dort auf unbearbeiteten Böden, in Kiefernwäldern, auf Klippen und an sandigen Stränden. Die verbreitete Form hat Blütenstengel bis 2 m Höhe und viele kleine gelbliche Nebenzwiebeln um die Elternzwiebel. Die Blüten können weiß, rosa oder dunkelrot sein. Zwei Formen haben im Blütenstand kleine Zwiebeln anstelle von Blüten und sind in Westeuropa verbreitet. *Var. babingtonii (Borrer) Syme* hat wenige Blüten und viele 8–15 cm große Brutzwiebeln im Blütenstand. Sie kommt in Westirland von Clare bis Donegal, auf den Scillyinseln und im Südwesten Englands in Cornwall vor und wächst dort. Sie kommt dort in Vorgebirgen und an sandigen Stellen meist auf kleinen, dem Strand vorgelagerten Inseln vor. Ihr Vorkommen steht oft in Verbindung mit frühen christlichen Siedlungen, da die Mönche diese Art wahrscheinlich als Knoblauchersatz angebaut haben.

Var.bulbiferum Syme ist sehr ähnlich, hat aber kleinere, 6–8 cm große Brutzwiebeln. Man findet diese Form auf Guernsey und in Westfrankreich. W.T. Strean hat darauf aufmerksam gemacht, daß diese Formen ihr Überleben in den kühleren und feuchteren Sommern des nördlichen Europas wahrscheinlich diesen Brutzwiebeln verdanken, da für sie als Mittelmeerpflanze das Blühen und Samenreifen unter diesen Bedingungen schwierig ist.

Eine Form von *A. ampeloprasum* wird verbreitet im östlichen Mittelmeerraum angebaut und wurde um 1650 von John Tradescant dem Jüngeren in England gezogen. Es ist der großdoldige Knoblauch, eine hexaploide Form, die große, knoblauchähnliche Zwiebeln ausbildet, zahlreiche Brutzwiebeln um die Mutterzwiebel und an den Blattbasen ausbildet. Sie trägt sehr große Scheindolden, setzt aber nur wenige Samen an. 'Kurrat' ist eine alte Porreesorte, die in Ägypten und im Nahen Osten angebaut wird. Sie steht dem angebauten Porree genetisch sehr nahe, wird aber mehr ihrer Blätter wegen denn ihres Schaftes, d.h. der Porreestange wegen, angebaut. Die zahlreichen, heute angebauten Porreesorten unterscheiden sich hauptsächlich in der Farbe der Blätter, ihrer Winterhärte und der Menge der Brutzwiebeln im Bereich des Wurzelansatzes. Sorten mit blauen oder purpurn überlaufenen Blättern sind in der Regel winterhärter und können, außer in den härtesten Wintern, im Freien verbleiben. Die erwerbsmäßig angebauten Porreestangen sind meist etwa 25 cm lang und bis 2 cm dick. Im Gegensatz dazu sind die riesigen Gemüseporrees, die eine Spezialität Nordenglands sind, so groß wie möglich, was man durch viel Stickstoffdüngung im Laufe einer möglichst langen Wachstumsperiode zu erreichen sucht.

Gartenkultur

Porree braucht einen nährstoffreichen, gut wasserdurchlässigen Boden in freier Lage mit guter Versorgung an organischer Masse und Stickstoffdüngung. Sehr gute Porrees werden erwerbsmäßig auf abgetorften Fennböden Ostenglands angebaut. Die Aussaat kann unter Schutz bei mäßiger Wärme von 7°C im Januar und Februar erfolgen, wobei die Pflanzen dann bis zum Auspflanzen im Mai nach den Eisheiligen kräftig weiter wachsen. Späte Sorten können in einem Saatbeet im Freien ab März ausgesät werden, wenn der Boden sich erwärmt hat. Wenn die Porreepflanzen etwa 20 cm groß sind, werden sie von Juni bis August ausgepflanzt. Dies kann z.B. dort geschehen, wo man vorher Frühkartoffeln geerntet hat. Mit einer Stickstoffvorratsdüngung bei der Pflanzung oder entsprechender Stickstoffdüngung während des Wachstums ist für gute Entwicklung zu sorgen. Bis die Pflanzen eingewachsen sind, muß auch ausreichend gewässert werden. Porree kann auch auf dem Grund eines V-förmigen Grabens gepflanzt werden, der dann während des Wachstums der Porreestangen allmählich aufgefüllt wird. Dies ergibt lange helle Porreestangen, was man auch durch Papierröhren oder Umwickeln mit schwarzer Polyäthylenfolie oder Überstülpen von schwarzen Polyäthylenröhren erreichen kann. Auf diese Weise erhält man schöne lange, helle, feste Porreestangen. Der Pflanzabstand sollte in der Reihe 15 cm oder bei Blockpflanzung bis 30 cm betragen. Größere Abstände ergeben größere, kräftigere Porreestangen.

Krankheiten und Schädlinge

Die größte Gefahr ist der Rostbefall. Orange Sporenhäufchen auf der Blattoberfläche zeigen sich dabei, und der Befall ist je nach Jahr unterschiedlich. Die Kontrolle ist schwierig, und im Hausgarten sollten befallene Pflanzenteile oder ganze Pflanzen entfernt werden, um nicht als Infektionsherde für Folgejahre zu dienen. Die Sorten werden unterschiedlich stark befallen. Stengel- und Wurzelälchen können ebenso wie Zwiebeln auch Porree be-

Porree in Villandry

Porree von NIAB, Prickwillow, aufgenommen am 10. November

'Bleu Solaise'

fallen. Die Blätter sind dann geschwollen und verkrüppelt, und die Porreestangen faulen nach Befall. Infizierte Pflanzen sollten entfernt werden. Für den Folgeanbau im nächsten Jahr ist Flächenwechsel notwendig.

'Alita' Erntereif von September bis Oktober. Stange meist etwa 22 cm lang und am Grunde leicht zwiebelig. Ziemlich rostresistent.
'Blaustar' Blaugrüner Wintertyp. Erntereif von April bis Mai. Stange etwa 17 cm lang. Winterharte dunkelgrüne, im Winter bläuliche Blätter. Rostempfindlich. Kann sehr lange wachsen.
'Bleu Solaise' (syn. 'Blue Solaize') Alte kälteresistente französische Sorte mit im Winter blaugrünen Blättern und guter Haltbarkeit bis in den Frühling.
'Elina' Swiss Giant-Typ. Erntereif von September bis Dezember. Stengel etwa 20 cm lang und sehr gleichmäßig. Durchschnittlich empfindlich für Rost. Aufrechtes Laub.
'Goliath' Autumn-Mammoth-Typ. Erntereif ab September; gut haltbar bis April. Stangen etwa 20 cm lang. Durchschnittlich empfindlich gegen Rost. Kann sehr groß werden.
'Longa' Bulgarischer Riesentyp. Früh reifend im September/Oktober. Sehr lange, bis 40 cm lange Stangen. Blätter hellgrün. Rostempfindlich und nicht sehr winterhart.
'Mammoth Pot' Sehr massige, wegen ihrer dicken Stangen angebaute Porreesorte zur Winternutzung. 'Musselburgh': alte Sorte dieses Lauchtyps, die bei kräftiger Düngung und weiter Pflanzung ab November erntereif ist.
'Rustic' Neue Sorte von Interzaden UK Ltd. Eine kurzstämmige, blaugrüne Sorte, deren Blätter sich im Winter purpurn verfärben.
'Verina' Blaugrüner Herbsttyp. Erntereif September bis Dezember. Stangen etwa 20 cm. Blätter dunkelgrün, aufrecht. Sehr rostresistent.
'Vincent' Riesenwintertyp. Erntereif im April und Mai. Stangen etwa 16 cm. Blätter dunkelgrün. Sehr rostempfindlich, frosthart.

Porree von NIAB, Prickwillow, aufgenommen am 10. November

'Mammoth Pot'

Porreeanbau in Malawi

Weißkorniger Mais auf dem Markt in La Paz, Bolivien, aufgenommen von Sam Phillips

Maiskölbchen zum Einlegen

ZUCKERMAIS

Zea mays L. *(Graminae)*
Sweetcorn, Indian Corn, Baby Maize (GB)

Zuckermais ist ein Maistyp, dessen Körner mehr Zucker als Stärke enthalten. Der Maisanbau selbst ist ebenso bedeutend wie Weizen- und Reisanbau. Der größte Teil des Anbaues im nordamerikanischen Getreidegürtel erfolgt mehr als Viehfutter denn für den menschlichen Verzehr. In Teilen Afrikas und den meisten Gebieten Mittel- und Südamerikas ist Mais die menschliche Hauptnahrung und wird entweder in der Form von Maisbrei oder in Form von Tortillas verzehrt. Popkorn ist eine bestimmte Sorte. Ihre Körner enthalten Stärketeilchen, die bei Erhitzung explodieren.

Maisgeschichte

Mais entstand in vorgeschichtlicher Zeit in Mexiko, ist heute aber als Wildpflanze unbekannt. Die nächste wild vorkommende Verwandte ist Teosinte, *Zea mexicana (Schrad.) Reeves et Mangelsd. syn. Euchlaena mexicana Schrad.*, eine Maisart, die in den Gebirgen Mexikos und Guatemalas vorkommt und dort als Unkraut auf offenen Böden wächst und sich oft mit Maiskultursorten kreuzt. Nahe verwandt ist auch die Gattung *Tripsacum*, die in mehreren Arten vorkommt. Es gibt drei Haupttheorien über die Entstehungsgeschichte von Kulturmais. Die erste sagt, daß der Mais sowie Teosinte und *Tripsacum* von einem gemeinsamen Ahnen abstammen. Die zweite Theorie hält Teosinte für die Stammart der Kulturmaissorten, die durch Einkreuzung von *Tripsacum* entstanden. Die dritte meint, daß Mais und *Tripsacum* die Eltern von Teosinte seien. Wahr ist, daß Mais und Teosinte sehr eng verwandt sind und daß es zwischen Teosinte und den frühen Maissorten in Mittelamerika Kreuzungen und Rückkreuzungen und Übergänge gab. Die frühesten archäologischen Funde von Mais stammen aus dem Gebiet von Mexiko City, wo man Pollen in Schichten fand, die 60 000 bis 80 000 Jahre alt sind, d. h. bevor der Mensch diesen Bereich besiedelte. Funde können entweder Mais oder Teosinte sein, da der Pollen von beiden gleich ist. Die frühesten, sehr kleinen und primitiven Maiskolben fand man in den Höhlen von Tehuacan aus der Zeit von etwa 3500 v. Christus (siehe auch bei Bohnen S. 90). Die frühesten Funde in Peru stammen aus den trocknen Küstenzonen und gehen auf 1000 v. Christus zurück. Die ersten ganzen Kolben, die man in diesem Gebiet fand, stammen von etwa 500 v. Christus und zeigen, daß die Andensorten sich damals schon deutlich von den mexikanischen unterschieden. In Nordamerika wurde Mais erst nach 800 zum Hauptnahrungsmittel.

Junge Maispflanzen in China

Man nimmt an, daß die frühen kleinkörnigen Sorten als Popkorn gegessen wurden. Die frühen Maisanbauer Südamerikas, die Zuckermais zuerst entdeckten, schätzten ihn als Zuckerquelle und als Möglichkeit, dem selbstgebrauten Bier einen höheren Alkoholgehalt zu verleihen. Zukkermais wurde in Nordamerika zum Gemüse entwickelt, mit dem Ziel, gute Ernten immer weiter nördlich erreichen zu können. Die heutigen amerikanischen Zuckermaissorten werden entsprechend der Kornfarbe und dem Zuckergehalt gruppiert, so z.B. bei der Kornfarbe gelb, weiß, blau oder unterschiedlich gefärbt und beim Zuckergehalt zuckerig und extra süß (sugary, ultra sweet – auch supersweet, extra-sweet oder shrunken, nach der eingesunkenen Samenschale und sugary enhanced bei zuckrig mehliger Konsistenz). Die am schnellsten reifenden gelben Sorten für nördliche Gärten umfassen 'Early Arctic' (60 Tage), 'Early Sunglow', eine neuere Hybridsorte, (63 Tage) und 'Polarvee' (52–55 Tage). Die alte Sorte 'Golden Bantam', von 1902, benötigt 78–83 Tage. 'Seneca Chief', eine verbreitete neue Hybridsorte, benötigt 82–86 Tage. Zu den verbreiteten weißsamigen Sorten gehören die frühe 'Stardust' (66 Tage), die im zeitigen Frühjahr gepflanzt werden kann und 'Platinum Lady' (75–85 Tage). 'Silver Queen' (94 Tage) ist eine spätreifende Hybridsorte mit gutem Geschmack.

Diese rotstämmige Maissorte wird verbreitet in den Gebirgen Mittelmexikos angebaut, eine Gegend, woher der Kulturmais stammt

Kolben verschiedener Maistypen, und zwar gelbsamige, weißsamige und mischfarbensamige Typen wie 'Peaches and Cream'

Zweifarbiger Zuckermais ist heute sehr verbreitet. Es gibt Mischungen mit gelben und weißen Körnern. 'Butter and Sugar' und 'Honey and Cream' sind beide besonders süß und in 80 Tagen erntereif. 'Peaches and Cream', der in Kanada besonders empfohlen wird, ist eine früh reifende Hybridsorte, die in 62–78 Tagen erntereif ist.

Supersweet- oder extra-sweet-Sorten umfassen 'How Sweet It Is' (87 Tage) und 'Sugar Buns' (65–72 Tage). Viele der supersweet-Sorten sollten von nicht süßen Sorten getrennt angebaut werden, da die Süße des Korns durch die Menge der erhaltenen Pollen beeinträchtigt wird. Es gibt auch eine Reihe besonderer Sorten, die für Spezialzwecke angebaut werden. 'Blue Tortilla' wird angebaut und zu blauem Mehl vermahlen. 'Black Popcorn' wird beim Rösten weiß. 'Baby Asian' und 'Baby Corn' werden sehr jung geerntet und ganz eingelegt gegessen. Sie sollten 5 Tage nach dem Heraustreten der Griffel aus den weiblichen Blüten geerntet werden.

Zeitangaben bis zur Reife beruhen auf heißen, nordamerikanischen Sommern. Früh reifende Sorten, in Südengland gezogen, brauchen viel länger. Zu den empfohlenen Sorten gehören 'Kelvedon Sweetheart', 118 Tage; 'Earlibell', 123 Tage (in den USA 71 Tage); 'Seneca Star', 123 Tage (67 Tage in den USA); 'Earliking' (63–66 Tage in den USA). Alle bewährten sich gut bei Versuchen in Wisley (bei London). In der Regel brauchen die Sorten in England 50 bis 56 Tage länger. Die extra süßen Sorten sind jetzt auch in England erhältlich. 'Candle', die zu den frühreifendsten dieser Gruppe gehört, reift in etwa 122 Tagen.

Gartenkultur

Zum Anbau in Nordeuropa wird Einzelkornsaat in Töpfen, im April im Gewächshaus durchgeführt. Das Auspflanzen erfolgt nach dem Abhärten Ende Mai, wenn die Frostgefahr vorüber ist. Die Jungpflanzen wachsen schneller, wenn sie in einem Kasten mit Zusatzwärme ausgepflanzt sind. Die Aussaat kann auch direkt an Ort und Stelle Mitte Mai erfolgen. Dabei sollte aber der Boden durch Überstülpen einer Glasglocke oder Belegen mit Polyäthylenfolie stärker erwärmt werden, zumindest bis die Blätter erscheinen. Der Boden sollte leicht sauer sein und guten Wasserabzug besitzen. Vor der Pflanzung sollte eine Startdüngung mit einem Volldünger gegeben werden. Pflanzenabstand etwa 35 cm. Wenn die Pflanzen etwa 30 cm hoch sind, sollten sie angehäufelt werden, damit sie zusätzlich Wurzeln bilden, die der verstärkten Nahrungsaufnahme wie auch dem festeren Stand der Pflanze gegen Wind dienen. Zusätzliche Wassergaben sind während der Kolbenbildung nützlich, da sie deren Qualität verbessern. Mais wird in Nordeuropa kaum von Krankheiten befallen. Hin und wieder gibt es Befall durch Beulenbrand, der die Kolben grotesk verkrüppelt wachsen läßt. Diese silbrigen Auswüchse enthalten schwarzgraue Sporen, die als Dauersporen mehrere Jahre im Boden erhalten bleiben. Deshalb müssen befallene Pflanzenteile frühzeitig abgesammelt und vernichtet werden. In Süddeutschland hat regional der Maiszünsler Bedeutung, dessen Raupen Blütenkolben und Körner fressen. Beim Feldanbau lassen sie sich durch Nützlinge, und zwar Schlupfwespen bekämpfen. Die Mäuse lieben ausgesäten Zuckermais und räumen ganze frische Saaten aus, wenn sie die süßen Körner entdeckt haben. Vögel, insbesondere Sperlinge, betätigen sich an den reifenden Kolben, wenn diese die Körner offen zeigen.

In Amerika und Südeuropa wird Mais immer direkt in den Boden gesät, wenn der Boden sich nicht mindestens über 15°C erwärmt hat. Die Samen werden etwa 2,5 cm tief und etwa 15 cm in der Reihe und wegen der erforderlichen guten Bestäubung in einem Reihenabstand von 1 m gesät. Die Aussaat kann bis Juli erfolgen oder umgekehrt bis spätestens 80 Tage vor dem ersten Frost.

Ein Maisfeld in Malawi, das mit Bohnen unterpflanzt ist

Ein männlicher Maisblütenstand, mit körnerbildender Spitze

Befall durch Beulenbrand

Pflanzenmaterial aus Sellindge, aufgenommen am 28. August

'Pioneer'

''Dynasty'

'Mellogold'

Zuckermais, ausgepflanzt in einem Kasten, dessen Glasdeckung bei Wachstum der Pflanzen entfernt wurde

'Pilot'

'Strawberry Popcorn'

'Dynasty' F1-Hybridsorte, die in etwa 120 Tagen reift. Benötigt in der Jugend viel Wasser. 16–18 Körnerreihen im Kolben.

'Kelvedon Glory' F1-Hybridsorte mit Reife in 120 Tagen in Ostengland. Kolben mittelgroß, 15–18 cm lang und gut mit Körnern besetzt.

'Mellogold' Züchter Rogers Bros. 1952. In Nordamerika reif in etwa 82 Tagen. 14 Körnerreihen im Kolben.

'Pilot' F1-Hybridsorte. In Ostengland in etwa 116 Tagen reif. Mittel gefüllte, etwa 18 cm lange Kolben mit 14 Körnerreihen. 3 Kolben pro Pflanze. Züchter Rogers Bros. in den USA.

'Pioneer' F1-Hybridsorte. Reif in etwa 125 Tagen in Ostengland. Hohe Erntemenge mittellanger, mit Körnern schlecht besetzter Kolben, mit 16 bis 18 Körnerreihen.

'Strawberry Popcorn' Ziersorte mit kurzen Kolben. Diese Sorte wird in Deutschland als Erdbeermais angeboten. Eine etwa 120 cm hohe Pflanze. Muß in kühlen Lagen im März unter Schutz ausgesät und im Mai nach den Eisheiligen ausgepflanzt werden. Die Körner können für Popkorn benutzt werden.

'Sugar Chap' F1-Hybridsorte mit mittelfrüher Reife nach etwa 125 Tagen. Extra süß.

Weiße extra süße 'Snowbelle' bei NIAB, Cambridge

'Oracle'

'Topnotch'

Männliche Blütenstände an der Maispflanze

'Honeydew'

'Sunrise'

'Earlibelle' F1-Sorte. In Ostengland in etwa 123 Tagen reif und in 71 Tagen Reife in Nordamerika. Gut gefüllte, 16–20 cm lange Kolben mit 16–18 Körnerreihen. Züchter E.A. Kerr.

'Earlivee' In Ostengland in etwa 120 Tagen, in Nordamerika in 63–66 Tagen reif (nicht abgebildet).

'Eclipse' Gezüchtet von Tozer's. Mittelfrüh mit etwa 18 Körnerreihen im Kolben.

'Gold Crest' Reife in etwa 67 Tagen in Nordamerika. Kolben mit 12–14 Körnerreihen. Gezüchtet von Ferry Morse Co. 1956.

'Green Midget' Eine Sorte mit kurzen Kolben.

'Honeydew' In Ostengland reif in etwa 125 Tagen. Lange Kolben mit 14 Körnerreihen.

'Indian Dawn' In Ostengland in etwa 125 Tagen reif. Kurze, gut gefüllte Kolben mit 14 Körnerreihen.

'Kelvedon Sweetheart' F1-Hybridsorte. In Ostengland in etwa 118 Tagen reif. Gut gefüllte, lange Kolben, die größer sind als bei anderen frühen Sorten. Diese Sorte ähnelt der amerikanischen Sorte 'Earliking'.

'Mellogold' siehe S. 260.

'Miracle' In Ostengland in etwa 130 Tagen erntereif. Sugary-enhanced mit 16–18 Körnerreihen im Kolben.

'Oracle' Reife in etwa 125 Tagen. Mittellange, mäßig gefüllte Kolben mit 14 Körnerreihen. Extra süß.

'Snowbelle' Neuere, weißsamige, extra süße Sorte. Früh reifend in etwa 78 Tagen in Nordamerika. Kolben etwa 20 cm lang mit 14–16 Körnerreihen.

'Sugar Daddy' Eine Sorte, die seit unserer Aufnahme nicht mehr erhältlich zu sein scheint.

'Sunrise' Erntereif in Ostengland nach etwa 116 Tagen. Kurze, mäßig besetzte Kolben.

'Topnotch' Reif in Ostengland in etwa 125 Tagen. Mäßig bis gut besetzte Kolben mit 14 Körnerreihen. Extra süß.

Maiskolben aus Wisley, aufgenommen am 5. September

Literatur

Hinweise zur weiteren Vertiefung und auf die wichtigsten Quellen:

The Complete Vegetable Gardener's Sourcebook, Duane Newcomb and Karen Newcomb, Prentice Hall Press 1989.
The English Vegetable Garden, written by experts, Country Life c. 1912.
Evolution of Crop Plants, N.W. Simmonds (ed.), Longman 1976.
The Gardener's Dictionary, Phillip Miller from 1724, the 9th ed. revised by Thomas Martyn 1797–1804.
The History and Social Significance of the Potato, R.N. Salaman, with a new introduction by J.G. Hawkes, Cambridge University Press 1985.
The Kitchen Garden, David C. Stuart, Robert Hale 1984.
Oriental Vegetables, Joy Larkcom, John Murray 1991.
Peppers, the Domesticated Capsicums, Jean Andrews, University of Texas Press, Austin 1984.
The Potato: Evolution, Biodiversity and Genetic Resources, J.G. Hawkes, Bellhaven Press 1990.
Potato Varieties, photographed by Gifford C. Gates, Potato Marketing Board and National Institute of Agricultural Botany 1981.
The Vegetable Garden, Mme Vilmorin-Andrieux, ed. William Robinson, 1885.
The Vegetable Garden Displayed, Joy Larkcom, Royal Horticultural Society, 1990.
Vegetable Varieties for the Gardener, National Institute of Agricultural Botany 1987.
The Vegetables of Southeast Asia, G.A.C. Herklots, George Allen and Unwin 1972.

Zahlreiche äußerst interessante Artikel zu Gemüse und seiner Geschichte findet man im Journal *Economic Botany*.

Für den deutschsprachigen Raum sei hier noch hingewiesen auf:

Niller, Ernst: Der große und der kleine Gemüsegarten. Parey Verlag, Hamburg.
Wolff, Jürgen: Gemüsegarten. Kosmos Verlag, Stuttgart.
Fortmann, Manfred: Das große Kosmosbuch der Nützlinge. Kosmos Verlag, Stuttgart.
Henseler, Kurt: Der Pflanzendoktor für den Hausgarten. BLV-Gartenratgeber, München.
AID Bonn: Broschüren für den Haus- und Kleingarten; z.B. zu Düngung, Pflanzenschutz, Kompostierung, Garten als Lebensraum.
Haase, Magda: Mischkultur, Hügelbeet, Hochbeet. Ulmer Verlag, Stuttgart.
Lindner, Ulrike: Der Hausgarten biologisch. Ulmer Verlag, Stuttgart.
Michel, Hans u.a.: Pflanzenschutz im Garten. Ulmer Verlag, Stuttgart.
Schmid, Otto: Biologischer Pflanzenschutz im Garten. Ulmer Verlag, Stuttgart.
Steiner, Hans: Nützlinge im Garten. Ulmer Verlag, Stuttgart.
Fritz, Dietrich: Gemüsebau. Ulmer Verlag, Stuttgart.
Krug, Helmut: Gemüseproduktion. Parey Verlag, Hamburg.
Pötschke, Harry: Gärtner Pötschkes großes Gartenbuch. Eigenverlag, Holzbüttgen b. Neuß.

Organisationen und Beratung

Fachlichen Rat und Verbindung zu gleich interessierten Hobbygärtnern bieten die örtlichen und regionalen Obst- und Gartenbauvereine und die Gruppierungen der Kleingärtner – oft unter dem Namen Gartenfreunde. In manchen Gemeinden und auch bei den vorgenannten Vereinigungen gibt es Fachberater, die man fragen kann. Nützliche Adressen sind dazu auch

in der Bundesrepublik:
Bundesverband Deutscher Gartenfreunde e.V.
Steinerstr. 52, 53225 Bonn

in der Schweiz:
Verband deutschschweizerischer Gartenbauvereine
Hasenweid 18, CH 4612 Wangen b. O.
Schweizer Familiengärtnerverband
St. Johannesstr. 2, CH 6300 Zug

in Österreich:
Österreichische Gartenbaugesellschaft
Parkring 12/3/1, A 1010 Wien
Zentralverband der Kleingärtner, Siedler und Kleintierzüchter Österreichs
Getreidemarkt 11–10, A 1060 Wien

Pflanzenschutz

Für Haus- und Kleingärtner können von der Bundesgesetzgebung abweichende Landes- oder Ortsregelungen gelten. Diese und andere Pflanzenschutzfachfragen lassen sich beim amtlichen Pflanzenschutzdienst klären, dessen zuständige Beratungsstelle man bei der Gemeindebehörde erfragen kann. Besondere Regelungen können auch für die Einfuhr von Gemüsesaatgut und auch Saatkartoffeln bestehen.

Bezugsadressen

In örtlichen Samenfachgeschäften und spezialisierten Gärtnereien und Pflanzencentern wird heute ein reiches Gemüsesaatgutsortiment angeboten. Die nachstehenden Adressen können zusätzlich in der Bundesrepublik Deutschland mit ihrem Angebot helfen. In Österreich und der Schweiz können die obengenannten Organisationen und Beratungen meist gezielt weiterhelfen.

Bezugsadressen für Saatgut
Gärtner Pötschke Kaarst GmbH
Beuthener Str. 4, 41564 Kaarst
Dehner GmbH & Co KG
Donauwörther Str. 5, 86641 Rain am Lech
Julius Wagner GmbH
Eppelheimer Str. 18–20, 69115 Heidelberg
Carl Sperling & Co
Hamburger Str. 35, 21339 Lüneburg
Treppens Samen
Berliner Str. 88, 14169 Berlin- Zehlendorf

Bezugsadressen für Nützlinge
Firma Bio Nova
Boschstraße 16, 47533 Kleve
Firma Sautter und Stepper
Rosenstraße 19, 72119 Ammerbusch
Firma B. Schäfer
"Flora" Wunkower Weg, 15518 Hangelsberg
Fachhochschule Weihenstephan – Institut für Gemüsebau
Am Staudengarten 7, 85354 Freising
Firma Neudorff
Postfach 1209, 31857 Emmerthal

liefern auch über Bestellkarten, die beim Fachhandel erhältlich sind.

REGISTER